Elogios para *A Prática par*

"Este livro atinge o cerne da questão."

— Ryan Holiday, autor de *A Quietude é a Chave* e *O Ego é o seu Inimigo*

"Se você já sentiu que sua própria vida e o resto do mundo estão girando fora de controle, você precisa deste livro."

— Daniel H. Pink, autor de *Quando*, *Drive* e *Vender é Humano*

"Ambicioso, abrangente e impactante. Stulberg é o escritor a quem recorro para exames de sucesso em todas as suas complexidades pessoais e profissionais."

— David Epstein, autor de *Range* e *The Sports Gene*

"Este livro explora algo que muitos de nós sentimos, mas não sabemos como articular."

— Arianna Huffington, fundadora e CEO da Thrive Global

"Um livro para reflexão e prática sobre a busca por mais excelência com menos ansiedade."

— Adam Grant, autor de *Pense de Novo: O Poder de saber o que você não sabe* e apresentador do *podcast* TED *WorkLife*

"Um guia útil para sair do individualismo heroico rumo a uma visão de sucesso mais sustentável e de longo prazo."

—Scott Galloway, autor de *Os Quatro* e *Depois do Corona: Da Crise à Oportunidade*

"Uma alternativa crucial para os exaustos pelas exigências que minam a alma e que buscam uma abordagem profunda para uma vida de sucesso."

— Cal Newport, autor de *Minimalismo Digital* e *Trabalho Focado*

"Exatamente o que precisamos neste momento. Stulberg é um mestre em traduzir pesquisas em estratégias de vida."

— Kelly McGonigal, autora de *The Willpower Instinct* e *The Joy of Movement*

"A felicidade requer uma vida baseada em valores e forças. Mas isso não acontece por si só. Stulberg oferece seis etapas concretas para seguirmos que guiarão o nosso caminho."

— Arthur C. Brooks, autor de *The Conservative Heart* e *Ame seus Inimigos*

"Prescrições que o ensinam a parar de se fixar na produtividade em detrimento do bem-estar. Altamente recomendado."

— Adam Alter, autor de *Irresistível* e *Drunk Tank Pink*

"Um livro sábio e bem escrito. De maneira magistral, Stulberg mostra como a ousada humildade da prática para a excelência é relevante para todos os aspectos da sua vida. Leia e verá."

— Steven C. Hayes, Ph.D., criador da Terapia de Aceitação e Compromisso e autor de *A Liberated Mind*

"Uma leitura envolvente com dicas pragmáticas. Este livro não poderia ter vindo em melhor hora."

— Judson Brewer, MD, Ph.D., autor de *Unwinding Anxiety* e *The Craving Mind*

BRAD STULBERG

A PRÁTICA PARA A EXCELÊNCIA

Um Caminho Transformador para Alimentar – e Não Consumir – Sua Alma

ALTA BOOKS
GRUPO EDITORIAL
Rio de Janeiro, 2023

A Prática para a Excelência

Copyright © 2023 da Starlin Alta Editora e Consultoria Eireli.
ISBN: 978-65-5520-957-0

Translated from original The Practice of Groundedness. Copyright © 2021 by Bradley Stulberg. ISBN 9780593329894. This translation is published and sold by permission of Penguin Random House LLC, the owner of all rights to publish and sell the same. PORTUGUESE language edition published by Starlin Alta Editora e Consultoria Eireli, Copyright © 2023 by Starlin Alta Editora e Consultoria Eireli.

Impresso no Brasil — 1ª Edição, 2023 — Edição revisada conforme o Acordo Ortográfico da Língua Portuguesa de 2009.

Todos os direitos estão reservados e protegidos por Lei. Nenhuma parte deste livro, sem autorização prévia por escrito da editora, poderá ser reproduzida ou transmitida. A violação dos Direitos Autorais é crime estabelecido na Lei nº 9.610/98 e com punição de acordo com o artigo 184 do Código Penal.

A editora não se responsabiliza pelo conteúdo da obra, formulada exclusivamente pelo(s) autor(es).

Marcas Registradas: Todos os termos mencionados e reconhecidos como Marca Registrada e/ou Comercial são de responsabilidade de seus proprietários. A editora informa não estar associada a nenhum produto e/ou fornecedor apresentado no livro.

Erratas e arquivos de apoio: No site da editora relatamos, com a devida correção, qualquer erro encontrado em nossos livros, bem como disponibilizamos arquivos de apoio se aplicáveis à obra em questão.

Acesse o site **www.altabooks.com.br** e procure pelo título do livro desejado para ter acesso às erratas, aos arquivos de apoio e/ou a outros conteúdos aplicáveis à obra.

Suporte Técnico: A obra é comercializada na forma em que está, sem direito a suporte técnico ou orientação pessoal/exclusiva ao leitor.

A editora não se responsabiliza pela manutenção, atualização e idioma dos sites referidos pelos autores nesta obra.

Produção Editorial
Editora Alta Books

Diretor Editorial
Anderson Vieira
anderson.vieira@altabooks.com.br

Editor
José Ruggeri
j.ruggeri@altabooks.com.br

Gerência Comercial
Claudio Lima
claudio@altabooks.com.br

Gerência Marketing
Andréa Guatiello
andrea@altabooks.com.br

Coordenação Comercial
Thiago Biaggi

Coordenação de Eventos
Viviane Paiva
comercial@altabooks.com.br

Coordenação ADM/Finc.
Solange Souza

Direitos Autorais
Raquel Porto
rights@altabooks.com.br

Assistente Editorial
Andreza Moraes

Produtores Editoriais
Illysabelle Trajano
Maria de Lourdes Borges
Paulo Gomes
Thales Silva
Thiê Alves

Equipe Comercial
Adenir Gomes
Ana Carolina Marinho
Daiana Costa
Everson Rodrigo
Fillipe Amorim
Heber Garcia
Kaique Luiz
Luana dos Santos
Maira Conceição

Equipe Editorial
Beatriz de Assis
Betânia Santos
Brenda Rodrigues
Caroline David
Gabriela Paiva
Henrique Waldez
Kelry Oliveira
Marcelli Ferreira
Mariana Portugal
Matheus Mello
Milena Soares

Marketing Editorial
Amanda Mucci
Guilherme Nunes
Jessica Nogueira
Livia Carvalho
Pedro Guimarães
Talissa Araújo
Thiago Brito

Atuaram na edição desta obra:

Revisão Gramatical
Ana Mota
Denise Himpel

Diagramação
Rita Motta

Tradução
Carolina Palha

Copidesque
João Guterres

Editora afiliada à:

ASSOCIADO

Rua Viúva Cláudio, 291 — Bairro Industrial do Jacaré
CEP: 20.970-031 — Rio de Janeiro (RJ)
Tels.: (21) 3278-8069 / 3278-8419
www.altabooks.com.br — altabooks@altabooks.com.br
Ouvidoria: ouvidoria@altabooks.com.br

BRAD STULBERG

Este livro é resultado de séculos de conhecimento. Agradeço aos cientistas, escritores, filósofos, poetas, santos, monges e a todos os outros pioneiros em cujo trabalho este livro se baseia. Meu desejo é que esta seja uma pequena contribuição para uma já forte e duradoura linhagem de pensamento e escrita.

Enquanto trabalhava neste livro, continuei refletindo sobre como eu queria que o resultado fosse algo de que meu filho, Theo, pudesse se orgulhar. Portanto, este livro é para ele.

E é também para cada um de vocês.

CONTEÚDO

Parte Um

OS PRINCÍPIOS DA PRÁTICA DO SUCESSO

1 Pratique Para Voar — 3

2 Aceite Onde Está Para Chegar Aonde Deseja — 25

3 Esteja Presente Para Canalizar Sua Atenção e Sua Energia — 57

4 Seja Paciente Para Chegar Mais Rápido — 87

5 Aceite a Vulnerabilidade Para Desenvolver Força e Confiança Genuínas — 115

6 Integre a Comunidade   *139*

7 Mova o Corpo Para a
Excelência da Mente   *171*

Parte Dois

VIVENDO UMA
VIDA EXCELENTE

8 Dos Princípios à Ação   *203*

9 Foque nos Processos Que os
Resultados Virão   *229*

Conclusão   *239*
Agradecimentos   *241*
Leituras Recomendadas   *245*
Notas   *251*
Índice   *273*

Parte Um

OS PRINCÍPIOS DA PRÁTICA DO SUCESSO

1

PRATIQUE PARA VOAR

No verão de 2019, comecei a notar uma tendência preocupante entre meus clientes de coaching — executivos, empresários, médicos e atletas de elite. Eu passava a maior parte do tempo com eles discutindo hábitos e rotinas de alto desempenho; mas, nos últimos anos, o tema mudara. "Necessito dar uma pausa", disse meu cliente, Tim, médico-chefe de medicina para adultos e família de um grande sistema de saúde. "Mas, quando tento tirar um único fim de semana de folga, ainda fico verificando meus e-mails. Sei que não é preciso — e nem quero —, mas me sinto compelido a fazê-lo. Para ser honesto, fico inquieto e inseguro se não o faço."

Outros clientes ficam angustiados quando não têm o afamado "próximo projeto" em vista. E, mesmo quando o têm, preocupam-se em ficarem aquém. Eles percebem uma necessidade arraigada de estarem sempre se empenhando em alguma coisa, para não sentirem um vazio cada vez maior em suas vidas. "Achei que, quando finalmente conseguisse financiamento e lançasse esse negócio, ficaria satisfeita", disse Samantha, empresária em uma empresa de tecnologia em rápido crescimento. "Mas eu estava errada. E estou preocupada, porque, se isso não for o suficiente, não sei o que será." Outros dos meus clientes também relatam que se sentem dispersos, física e mentalmente — gastando muito tempo olhando para trás, planejando o futuro, questionando suas decisões ou sendo pegos em cenários improváveis. "Há muito tempo me distraio fácil e tendo a pensar demais nas coisas", explicou Ben, CEO de uma grande empresa de software. "No entanto, isso se intensificou. É uma hiperdistração. É mais difícil do que nunca estar presente. Posso até lidar com isso, mas não gosto."

A maioria desses indivíduos — incluindo Tim, Samantha e Ben — é ultrarrealizadora desde sempre. Eles são determinados e voltados para um objetivo, e preocupam-se profundamente com seu trabalho e sua vida pessoal. Não são alheios à adversidade. Os atletas enfrentam lesões terríveis. Os executivos que se identificam como minorias enfrentam preconceitos e discriminação. Os empresários enfrentam horas árduas. Todos já lidaram com um estresse significativo, em particular os médicos, que se deparam com situações de vida e morte regularmente. E, no entanto, apesar de superarem esses obstáculos, todos os meus clientes — indivíduos que passei a admirar muito — continuam a lutar incessantemente.

Isso não se restringe a meus clientes de coaching. Esses temas também tiveram destaque em minha pesquisa e produção, que enfocam desempenho, bem-estar e satisfação geral com a vida. Muitas pessoas que conheci por meio desse trabalho — atletas, intelectuais e artistas renomados — compartilham de um descontentamento semelhante. Pelos padrões convencionais, eles são bem-sucedidos. Mas, no fundo, também sentem que algo não está certo, que falta algo. Curiosamente, muitas dessas pessoas dizem que, quando não estão nervosas, sentem-se deprimidas. Não é que estejam clinicamente deprimidas; elas têm uma sensação perene de insatisfação. Como um atleta de alto nível refletiu: "Se eu parar de olhar para a frente, começo a sentir a tristeza pós-competição, mesmo se eu a tiver vencido! Seria bom ter um pouco mais de paz profunda."

Não se engane, todas essas pessoas experimentam momentos de felicidade e alegria, mas que são apenas isso: momentos — mais fugazes do que elas gostariam. Muitas vezes, elas se sentem jogadas de um lado para o outro pelos caprichos da vida, oscilando, sacrificando sua autonomia e perdendo o controle. Elas dizem a si mesmas (e a mim) o quanto querem se desligar — fugir de todas as notícias, ocupações e notificações de e-mails e redes sociais, pensando no que vem por aí. E, ainda assim, quando o fazem, sentem-se inseguras e inquietas, flutuando entre a falta de objetivo e a angústia. Elas sabem que estar sempre ligadas não é a saída, mas nunca se sentem bem quando se desligam. Muitos homens descrevem essa situação como uma necessidade incômoda de ser à prova de balas, invencível. Muitas mulheres relatam sentir que devem dar conta de tudo sempre, ficando constantemente aquém de expectativas impossíveis. Chamo isso de *individualismo heroico*: um jogo contínuo de luta unilateral, tanto contra você quanto contra os outros, emparelhado à crença limitadora de que realizações mensuráveis são o único árbitro do sucesso. Mesmo que você faça um bom trabalho em disfarçar o seu individualismo heroico, ainda sente cronicamente que nunca alcançou a linha de chegada, que é uma realização duradoura.

O individualismo heroico não se limita ao meu coaching, pesquisa ou produção. Seus infortúnios são um tópico comum de conversa em meu círculo social, e também entre meus primos mais novos e colegas mais velhos. Independentemente de idade, raça, gênero, endereço e carreira, sentir que nunca é suficiente parece ser uma parte significativa da vida. Isso não é exatamente novo. Desde que sabemos, os seres humanos desejam se sentir estáveis e íntegros, embora a vida esteja sempre mudando. Mas o sentimento se intensificou. O individualismo heroico é reforçado por uma cultura moderna que implacavelmente diz que você precisa ser melhor, sentir-se melhor, pensar mais positivamente, ter mais e "otimizar" sua vida — com soluções superficiais, que, na melhor das hipóteses, alimentam a ânsia.

Se isso lhe soa familiar, saiba que não está sozinho. Os detalhes podem ser diferentes dos exemplos. Talvez você não goste do seu trabalho ou tenha enfrentado muitas dificuldades. Talvez tenha acabado de sair da faculdade ou já esteja há 20 anos na sua área. Talvez esteja se aproximando da aposentadoria ou mesmo já a esteja vivenciando. Mas o individualismo heroico e seus sintomas mais prevalentes — inquietação, urgência, angústia, dispersão, exaustão, esgotamento, vazio, compulsão pelo próximo progresso e ansiedade recorrente — tudo respaldado por dados que só se avolumam, os quais examinaremos em breve, descrevendo o que tantos sentem hoje em dia, incluindo a mim.

PERDENDO O CHÃO

Meu primeiro livro, *Auge do Desempenho*[i], explorou os princípios necessários para fazer um progresso sustentável em qualquer empreendimento. O segundo, *O Paradoxo da Paixão*[ii], mostrou que algumas pessoas estão programadas para continuar seguindo a todo custo e mostrou aos leitores como desenvolver a paixão e conduzi-la em direções produtivas. Eu achava que a receita para o sucesso e a felicidade era cultivar uma paixão frutífera e, então, usar os princípios de *Auge do Desempenho* para canalizá-la, para escalar em direção à maestria. É assim que eu e muitos de meus clientes de coaching vivemos nossas vidas — em geral, com grande triunfo. Empurre, empurre, empurre. Vá! Vá! Vá! Nunca satisfeitos. Nunca o suficiente. Impulso implacável e intensidade voltada para o que está por vir.

Então, depois que *Auge do Desempenho* se tornou best-seller e esbocei *O Paradoxo da Paixão*, fui pego de surpresa pelo Transtorno Obsessivo-compulsivo (TOC), uma doença mal compreendida e debilitante. Longe de ser uma tendência a ser superorganizado ou de verificar tudo de maneira redobrada, o TOC clínico é caracterizado por pensamentos e sentimentos intrusivos que dominam sua vida. Você passa todas as horas do dia tentando decifrar o que eles significam e como fazê-los cessarem, o que só os faz voltar mais fortes e violentos. Eles causam picos de ansiedade da cabeça aos pés. Você compulsivamente tenta se distrair deles, mas eles estão sempre lá em segundo plano, explorando toda brecha do seu dia. Você vai para a cama com eles rastejando em sua mente e corpo e acorda da mesma maneira. Eles estão lá quando você come. Estão lá quando você

---

[i] Disponível pela editora Alta Books. [Nota do Editorial, doravante N. do E.]
[ii] Também disponível pela editora Alta Books. [N. do E.]

trabalha. Estão lá quando você tenta estar presente para a sua família. Estão lá mesmo durante o seu sono, atormentando seus sonhos. Pensamentos e sentimentos intrusivos são tão persistentes que você começa a achar que são reais.

No meu caso, os pensamentos e os sentimentos intrusivos (obsessões) centravam-se em desespero, vazio, mágoas pessoais e angústia existencial. Embora viver com TOC descontrolado fosse deprimente, no fundo eu sabia que não queria me machucar, mas minha mente não me deixava em paz. Foi uma espiral de terror caótica e sem fim. Foi meu cotidiano por quase um ano, antes de começar a notar os efeitos positivos da terapia e de outras práticas que mudaram meu trabalho e minha vida.

O TOC não foi necessariamente causado por traços de personalidade arraigados — desejo de resolver todos os problemas, ânsia incessante, falta de descanso, atitude ultrarrealizadora e insatisfação. Mas o diagnóstico me fez parar e refletir sobre esses traços. De alguma forma, eles pareciam ligados. Como se todo aquele empuxo me tirasse o chão. Como se o TOC fosse a versão extrema do meu modo típico de ser, só que em uma direção sombria.

OS PERIGOS DA NECESSIDADE IMPLACÁVEL DE OTIMIZAÇÃO

Após escrever sobre minha experiência com o TOC para a revista *Outside*, recebi centenas de notas de leitores que também sofriam de TOC, ansiedade, outros transtornos de humor ou de uma sensação generalizada de mal-estar. Muitos expressaram que também tinham um impulso insaciável que, antes do início de seus transtornos, era celebrado. Essa energia de impulso e avanço os ajudou a realizar grandes coisas. Era uma fonte de motivação. Mas agora, como eu, eles se perguntavam se sua incapacidade de se contentar e seu foco descomunal no crescimento e no progresso — em mais, mais, mais, sempre avançando — de alguma forma contribuíam para uma mente em sobrecarga patológica; uma mente que não conseguia reduzir a marcha nem encontrar sua excelência.

Essas notas me fizeram perceber que fazemos tudo o que podemos para otimizar nossa existência e sentir que somos suficientes. Mas talvez isso não seja o ideal. Na psicologia oriental antiga, há o conceito do fantasma faminto. Ele tem um estômago sem fundo. Continua comendo, sente enjoo, mas nunca se satisfaz. É um transtorno grave do qual muitas pessoas ainda sofrem.

O sociólogo pioneiro Émile Durkheim observou que "a ambição exagerada sempre supera os resultados obtidos, por maiores que sejam, já que não há vontade de se estagnar. Nada satisfaz e toda essa agitação é mantida ininterruptamente, sem apaziguamento. Como poderia [a saúde mental] não ser enfraquecida sob tais condições?". Embora as seguintes aflições não existam no vácuo, muitas parecem estar relacionadas ao individualismo heroico, se não um subproduto direto dele. As taxas de ansiedade clínica e depressão estão mais altas do que nunca, com estimativas mostrando que mais de uma em cada cinco pessoas sofre em determinado momento. O vício em substâncias nocivas está em seus níveis máximos na história moderna, conforme evidenciado pelo aumento das taxas de alcoolismo e da epidemia de opioides. Houve um aumento trágico do que os pesquisadores chamam de *mortes por desespero*, ou mortes causadas por drogas, álcool e suicídio. Em 2017, o ano mais recente do qual havia dados quando escrevi este livro, mais de 150 mil norte-americanos morreram de desespero. Esse é o maior número já alcançado, e quase o dobro do que era em 1999.

De acordo com as pesquisas mais recentes em ciências cognitivas, psicologia, comportamento organizacional, medicina e sociologia, grande parte das pessoas luta contra a sensação de insatisfação.

Pesquisas da Gallup, uma grande organização da área, mostram que o bem-estar geral e a satisfação com a vida nos EUA caíram quase 10% desde 2008. Os dados "sugerem uma tendência de que nem tudo está bem com as pessoas nos EUA", resume o *The American Journal of Managed Care*. As razões para isso são inúmeras. Mesmo antes da pandemia da Covid-19, menos pessoas participavam de reuniões tradicionais da comunidade do que em qualquer momento da história recente. O tribalismo político está crescendo. Ao mesmo tempo, especialistas acreditam que a solidão e o isolamento social atingiram proporções epidêmicas. Em 2019, a Organização Mundial da Saúde classificou o *burnout* como uma condição médica, definindo-o como "estresse crônico no local de trabalho que não foi bem administrado". A insônia é mais comum do que nunca, assim como a dor crônica. Quando se junta tudo isso, parece seguro dizer que os sentimentos subjacentes das pessoas de não serem ou não terem o suficiente estão cada vez mais à tona. A ironia é que muitas das pessoas que passam por essas aflições são produtivas e bem-sucedidas, pelo menos pelos padrões convencionais. Mas, certamente, esse não é o tipo de sucesso que elas buscam.

*Sinais de que Você Sofre
de Individualismo Heroico*

Os sintomas se manifestam de modos diferentes, mas as preocupações que mais ouço incluem:

- Leve ansiedade e sensação de estar sempre apressado, física e/ou mentalmente.

- Sensação de que sua vida está girando com uma energia frenética, como se você estivesse sendo empurrado e puxado de um lado para o outro.

- Uma intuição recorrente de que algo não está certo, mas você não define o que é esse algo, muito menos o que fazer a respeito dele.

- Nem sempre quer estar ligado, mas luta para se desligar e não se sente bem quando o faz.

- Sente-se muito ocupado, mas também inquieto quando tem tempo livre.

- Distrai-se facilmente e não consegue se concentrar, é uma luta ficar sentado em silêncio sem pegar o smartphone.

- Querer fazer melhor, ser melhor e sentir-se melhor, mas não ter ideia de por onde começar.

- Ficar sobrecarregado com informações, produtos e reivindicações concorrentes sobre o que leva ao bem-estar, ao autoaperfeiçoamento e ao desempenho.

- Sentir-se solitário ou vazio.

- Lutar para se sentir contente.

- Ter sucesso pelos padrões convencionais, mas sentir que nunca basta.

Essas características representam um modo comum de ser no mundo de hoje. Podem até ser as que prevalecem. Mas, como você verá nas próximas páginas, não precisa ser assim.

A EXCELÊNCIA ENTRA EM CENA, UMA SAÍDA

Tudo isso estava em minha mente durante uma caminhada com meu amigo Mario. Passávamos pelas nossas respectivas dificuldades, sentindo-nos mais inseguros do que gostaríamos. Era um dia frio e ventoso com um céu cinza-claro. Os galhos superiores das enormes sequoias da Califórnia agitavam-se violentamente, mas, centenas de metros abaixo, as árvores nem se moviam. Seus troncos eram sólidos como uma rocha, presos ao solo por uma rede de raízes fortes e interconectadas. Foi então que uma luz se acendeu. Lembro-me de olhar para Mario e dizer: *É isso. É o que estamos deixando passar. É o que precisamos desenvolver. Precisamos parar de perder tanto tempo nos preocupando com nossa história metafórica, nossos galhos altos e, em vez disso, concentrar-nos em nutrir nossas raízes profundas e internas. O material que nos mantém excelentes em todos os tipos de clima. A excelência. Os princípios e as práticas que muitas vezes esquecemos, que ficam sobrecarregados em uma vida turbulenta, focada na busca implacável, e quase sempre obstinada, de realizações externas.*

Naquele momento, percebi aquilo pelo que ansiava, pelo que Mario ansiava, pelo que os meus clientes de coaching e artistas de elite sobre os quais escrevo ansiavam, e que tenho quase certeza de ser pelo que todos anseiam: sentir-se com os pés no chão — e, como resultado, experimentar um tipo de sucesso mais profundo e gratificante.

A *excelência* é a força interna inabalável e a autoconfiança que o sustenta durante os altos e baixos. É um reservatório profundo de integridade e fortaleza, de totalidade, de onde emergem desempenho duradouro, bem-estar e realização. No entanto, eis a armadilha: quando você se torna muito focado em produtividade, otimização, crescimento e nos mais recentes objetos reluzentes, negligencia seu terreno. Em algum momento, você sofrerá. Por outro lado, e isso é algo que este livro desvendará em detalhes, quando você prioriza a excelência, não negligencia a paixão, o desempenho ou a produtividade. A excelência não elimina a ambição. Em vez disso, situa e estabiliza esses aspectos, de modo que seu empenho e sua ambição se tornem menos frenéticos e mais focados, sustentáveis e realizadores; tudo passa a se tratar menos sobre conseguir algo novo e mais sobre viver alinhado com seus valores mais íntimos, perseguir seus interesses e expressar seu eu autêntico no aqui e agora, de uma maneira da qual se orgulhe. Quando você está excelente, não há necessidade de olhar para cima nem para baixo. Você está onde está e detém poder e força verdadeiros dessa posição. O sucesso que experimenta torna-se mais duradouro e robusto. Somente quando você estiver excelente, poderá realmente voar alto, pelo menos de maneira sustentável.

Como seria, então, se em vez de sempre buscar o sucesso convencional, você se concentrasse em cultivar a excelência? E se a resposta for menos sobre entusiasmo pelo futuro e mais sobre inclinar-se para o presente? E se você parasse de se esforçar tanto para ser ótimo o tempo todo, de se concentrar em resultados externos e, em vez disso, se concentrasse em estabelecer uma base sólida — um tipo de excelência que não é um resultado ou um evento único, mas uma maneira de ser? Uma base da qual o máximo de desempenho, bem-estar e realização podem emergir e prevalecer por toda a vida? Como alguém poderia desenvolver esse tipo de excelência poderosa que não é tão suscetível às mudanças no contexto da vida? Haveria uma maneira de ficar mais à vontade e contente, mais estável e íntegro, e, ainda assim, ter o máximo de seu potencial?

Para responder a essas perguntas, recorri à pesquisa científica, à sabedoria ancestral e à prática moderna.

O QUE AS PESQUISAS DIZEM

Estudos mostram que a felicidade é uma função da realidade menos as expectativas. Em outras palavras, o segredo para ser feliz nem sempre é querer e esforçar-se mais. Em vez disso, a felicidade é encontrada no presente, ao criar uma vida significativa e estar engajado nela, aqui e agora. Não há dúvida de que atender às necessidades básicas — como abrigo, comida e saúde — é fundamental para qualquer definição de felicidade ou bem-estar. Sem esses elementos, pouco mais é possível. Embora alguns estudos mostrem que a renda está correlacionada com o bem-estar e a felicidade, outras pesquisas, como a conduzida pelo psicólogo Daniel Kahneman, vencedor do Prêmio Nobel, mostram que, acima de certo limite, algo entre US$65 mil e US$80 mil por ano, talvez com pequenos ajustes de acordo com o local, a renda familiar adicional não está associada à felicidade ou ao bem-estar adicional. Mesmo que seja um fator, não é a força motriz.

Além do mais, todos somos afetados pelo que os cientistas comportamentais chamam de *adaptação hedonista*, ou a teoria da felicidade do "ponto de ajuste": quando adquirimos ou alcançamos algo novo, nossa felicidade, bem-estar e satisfação aumentam, mas apenas por alguns meses, antes de retornarem aos níveis anteriores. É exatamente por isso que é tão difícil, senão impossível, conseguir sair do individualismo heroico. Pensar que você pode é o cerne da armadilha.

Falando sobre a luta comum para encontrar felicidade e bem-estar duradouros, o psicólogo Tal Ben-Shahar, de Harvard, que cunhou o termo "falácia da chegada", diz: "Vivemos sob a ilusão — a falsa esperança — de que, uma vez que cheguemos lá, seremos felizes." Mas quando o fazemos, quando finalmente "chegamos", diz ele, podemos sentir uma pontada temporária de felicidade, mas esse sentimento não dura. E isso para não falar de todas as vezes que não conseguimos, quando sofremos os inevitáveis contratempos que a vida traz. Ben-Shahar diz que, se o ciclo de busca da felicidade fora de nós mesmos e de não a encontrar se repetir o suficiente, perderemos a esperança. Mas não precisa ser assim. Como este livro mostrará, há uma maneira de mudar seu ponto de ajuste — para aumentar permanentemente sua felicidade, seu bem-estar, sua satisfação e seu bom desempenho — que não tem nada a ver com focar realizações externas ou perseguir status. Em vez disso, tem a ver com focar a excelência.

Na psicologia clínica, a Terapia de Aceitação e Compromisso (ACT), a Terapia Cognitivo-comportamental (TCC) e a Terapia Comportamental Dialética (DBT) são três dos métodos mais eficazes para melhorar ansiedade, humor e autoconfiança. Comum a eles é a crença de que felicidade, estabilidade e prudência surgem da excelência. Eles são usados para a recuperação de problemas graves de saúde mental e vícios, mas isso é lamentável. Como se verá nos capítulos a seguir, suas abordagens e práticas são benéficas para todos, de pessoas comuns a profissionais de alto nível.

Enquanto isso, a emergente ciência do desempenho revela que o sucesso duradouro requer uma base sólida de saúde, bem-estar e satisfação geral. Sem ela, a pessoa pode ter um bom desempenho por um curto período, mas ele se quebra e se reduz a cinzas depois de alguns anos, no máximo. Um atributo comum em pessoas de alto desempenho que lutam contra lesões e doenças — tanto físicas quanto emocionais — é negligenciar a estabilidade em favor de sempre seguir em frente. Indivíduos que priorizam cuidar de sua excelência, no entanto, tendem a ter carreiras longas, gratificantes e bem-sucedidas. Esse tema é evidente em diversos campos, do atletismo à criatividade, passando pelos negócios e pela medicina.

Por fim, décadas de pesquisas sobre motivação e esgotamento mostram que lutar por uma meta é mais sustentável e gratificante quando o impulso vem de dentro. Não da necessidade — ou, para alguns, do vício, difícil de se livrar — de receber validação externa.

O QUE A SABEDORIA ANTIGA TEM A DIZER

Quase todas as antigas tradições de sabedoria do mundo enfatizam a importância de cultivar a excelência. Uma vez que os praticantes desenvolvam esse refúgio — uma sensação íntima de força e estabilidade, de autoconfiança profunda e sincera, de pertencer a si mesmos —, ficam menos propensos a se deixar levar por desejos fugazes ou tornarem-se confusos com os desafios diários da vida.

Budismo, estoicismo, taoísmo e outras antigas tradições de sabedoria têm ensinado essa lição há milênios. Buda ensinou que o único lugar em que a verdadeira paz pode ser encontrada é em nossa "consciência amorosa" — ou o que os ocidentais chamam de alma, a parte de nós que repousa sob todas as ocupações e os conteúdos do cotidiano, nossa natureza duradoura e essencial que não se incomoda com idas e vindas externas. O budismo também ensina um conceito chamado de "esforço correto", segundo o qual, quando o esforço de uma pessoa é excelente, gera contribuição, satisfação e realização mais significativas. Os estoicos acreditavam que, para ter uma vida boa, devemos deixar de tentar obter status ou aprovação dos outros, ambos passageiros, e nos concentrar em nos tornar "devidamente excelentes", renunciando à necessidade de olhar para fora de nós mesmos em busca de satisfação e realização e, em vez disso, encontrá-las dentro de nós.

O conhecido filósofo taoísta Lao-tzu ensinou que os ventos mudam, mas, se você aprender a se manter firme, terá equilíbrio, independentemente do que aconteça ao redor. Santo Agostinho, teólogo cristão do século IV, reconheceu a propensão humana a almejar conquistas mundanas, mas, prenunciando a falácia da chegada, advertiu que, se você se tornar escravo da ambição exterior, ficará para sempre insatisfeito, sempre perseguindo a próxima melhor realização, preso no efêmero e fugaz, sempre em busca do amor nos lugares errados. Mais tarde, os ensinamentos do místico cristão do século XIII Meister Eckhart concentraram-se no desenvolvimento de uma excelência inabalável a partir da qual surgem ações autênticas. "A interioridade transforma-se em ação efetiva, e essa leva de volta à interioridade, e acostumamo-nos a agir sem nenhuma compulsão", disse Eckhart. "Quanto mais funda e baixa a excelência, mais alta e incomensurável é a elevação."

O tema recorrente é claro: se quer se dar bem e ficar bem de maneira duradoura, finque os pés no chão. O interessante, que discutirei em capítulos posteriores, é que nenhuma dessas antigas tradições de sabedoria promove a passividade. Todas promovem uma *ação sábia*. O que é muito diferente do nosso modo de *reação* padrão. Enquanto a reação é precipitada, a ação sábia é deliberada e ponderada. Ela emerge da força interna, da excelência.

O QUE OS ATUAIS ADEPTOS DA EXCELÊNCIA NOS ENSINAM

Quando vi os melhores e mais realizados artistas do mundo, descobri que eles também se concentram em nutrir sua excelência. Pense no Dark Horse Project, um estudo da Universidade de Harvard que explora como homens e mulheres em diversos campos incomuns — músicos, adestradores, escritores, sommeliers, pilotos de balão de ar quente etc. — desenvolvem processos particulares para alcançar suas próprias versões de desempenho máximo e, mais importante, de realização e satisfação com a vida. As descobertas, publicadas no livro *Dark Horse*, do pesquisador de desenvolvimento humano Todd Rose e do neurocientista Ogi Ogas, giram em torno de dois temas principais: esses "dark horses" [em português, o sentido é de ovelha negra] focam realizar o que é mais importante para eles, e não se nivelam pelos outros ou pelas definições convencionais de sucesso.

"A primeira coisa é conhecer a si mesmo", diz Rose. "Quando pensamos em quem somos, muitas vezes falamos sobre o que fazemos ou algo em que somos bons. E o que descobrimos nos "dark horses" é que eles se concentram no que é importante para eles e no que os motiva, e usam isso como base para a sua identidade. Penso que, quando você pratica a excelência no que realmente o motiva, isso o coloca no caminho da realização."

Também é útil estudar as experiências de outros artistas de alto nível que sofreram de angústia, viram seu desempenho despencar, mas depois se recuperaram. Isso inclui pessoas como a atleta de *endurance* e de duas olimpíadas Sarah True, a música Sara Bareilles, as estrelas do basquete Kevin Love e DeMar DeRozan, a atriz de *Três É Demais*, Andrea Barber, e o cientista pioneiro Steven Hayes. Como você verá nas páginas seguintes, todos eles lutaram com períodos de individualismo heroico e com o esgotamento, a ansiedade e a depressão relacionados. Seus pontos baixos tiveram algo em comum: tendiam a seguir períodos em que ficavam abertamente presos em esforços e perseguição ao sucesso convencional. Foi só quando eles voltaram a nutrir sua excelência que se sentiram melhor — e começaram a ter um desempenho melhor também.

OS PRINCÍPIOS DA EXCELÊNCIA

Um princípio norteador do meu trabalho — tanto como escritor quanto coach — é o reconhecimento de padrões. Não estou interessado em "truques", soluções rápidas ou estudos fora da curva, essas grandes promessas de pouca eficácia no mundo real. Independentemente do que digam os marqueteiros, os *clickbaits*[iii] e os evangelistas da pseudociência, não há loções, poções ou pílulas mágicas quando se trata de felicidade profunda, bem-estar e desempenho duradouros.

Estou interessado em convergência. Se vários campos da investigação científica, as principais tradições de sabedoria do mundo e as práticas dos melhores desempenhos altamente realizados apontam para as mesmas verdades, vale a pena prestar atenção a eles. Nesse caso, felicidade, realização, bem-estar e desempenho sustentável surgem quando você se concentra em estar presente no processo da vida, em vez de ficar obcecado pelos resultados, e, acima de tudo, quando você está firmemente excelente onde for.

O restante deste livro é minha tentativa de descobrir como viver essa verdade. Em primeiro lugar, desdobrarei os princípios essenciais

---

[iii] *Clickbait*: termo pejorativo que se refere a conteúdo da internet destinado à geração de receita de publicidade online, normalmente à custa da qualidade e da precisão da informação, por meio de manchetes sensacionalistas e/ou imagens em miniatura chamativas para atrair cliques e incentivar o compartilhamento do material pelas redes sociais. [Nota da Tradutora, doravante N. da T.]

da excelência baseados em evidências, com a convergência clara entre a ciência moderna, a sabedoria antiga e a experiência de pessoas felizes, saudáveis e de alto desempenho. Do compromisso com esses princípios — aceitação, presença, paciência, vulnerabilidade, comunidade e movimento —, surge uma base firme e resoluta. Em suma, os seis princípios da excelência são os seguintes:

- *Aceite* **onde você está para chegar aonde deseja.** Veja com clareza, aceitando e começando de onde você está. Não de onde queria estar. Não de onde acha que deveria estar. Não de onde outras pessoas acham que você deveria estar. Mas de onde você está.

- **Esteja** *presente* **para ter mais foco e energia.** Esteja presente, tanto física quanto mentalmente, para o que está à sua frente. Passe mais tempo plenamente nesta vida, não em pensamentos sobre o passado ou o futuro.

- **Seja** *paciente* **e tudo acontecerá mais rápido.** Dê às coisas tempo e espaço para elas se desenrolarem. Não tente escapar da vida movendo-se em alta velocidade. Não espere resultados instantâneos nem desista quando eles não ocorrerem. Mude de buscador para praticante. Jogue o jogo com calma. Fique no caminho, em vez de se desviar constantemente.

- **Assuma a** *vulnerabilidade* **para desenvolver força e confiança genuínas.** Seja autêntico. Seja verdadeiro consigo mesmo e com os outros. Elimine a dissonância cognitiva entre o seu eu do local de trabalho, o seu eu online e o seu eu real para conhecer e confiar no seu eu verdadeiro, e, por sua vez, ganhar liberdade e confiança para devotar sua energia ao que é mais importante.

- **Fortaleça seus laços na *comunidade*.** Nutra conexão e pertencimento genuínos. Priorize não apenas a produtividade, mas também as pessoas. Mergulhe em espaços de apoio, que o segurarão e apoiarão em altos e baixos, e que o darão a chance de fazer o mesmo pelos outros.

- ***Movimente* seu corpo para uma mente excelente.** Movimente regularmente seu corpo para habitá-lo completamente, conecte-o à sua mente e, como resultado, fique mais firmemente excelente onde estiver.

Exploraremos as evidências mais amplas e interdisciplinares por trás de cada um dos princípios. Veremos como todos eles se apoiam, como as raízes que prendem uma sequoia imponente ao solo. Também examinaremos um paradoxo interessante: por que abandonar — ou, pelo menos, manter mais levianamente — resultados como felicidade e realização, e, em vez disso, focar na construção de uma excelência duradoura é o caminho mais seguro para se tornar mais feliz e bem-sucedido.

FECHANDO A LACUNA DE CONHECIMENTO

Embora os conceitos e as ideias deste livro devam ter um impacto positivo em seu mindset, você perceberá seu poder total somente quando os aplicar. É por isso que você não apenas os aprenderá, mas também encontrará práticas concretas e baseadas em evidências para retirá-los dessas páginas e torná-los reais. Em meu trabalho com clientes de coaching, chamo isso de lacuna de conhecimento. Primeiro, você precisa entender algo e estar convencido de seu valor. Então, precisa agir. Os capítulos restantes serão estruturados desta forma: um exame detalhado de cada princípio, seguido por práticas concretas para transformá-los em ação.

Vale a pena reconhecer, no entanto, que os princípios da excelência não vão apenas contra as normas sociais, mas também contra sua energia de hábito pessoal, suas formas passadas de ser e fazer. Embora você possa sentir que muitos de seus métodos habituais são contraproducentes, ainda pode lutar para mudá-los. Isso é normal. A mudança é um desafio. A inércia do que você sempre fez é real — e bastante forte. Como verá ao longo deste livro, viver uma vida excelente é uma prática contínua.

Uma coisa é entender algo. Outra é torná-lo real, dia após dia. Como diz o mestre zen Thich Nhat Hanh: "Se quiser fazer um jardim, abaixe-se e toque o solo. Jardinar é uma prática. Não uma ideia."

A hora de começar a nutrir uma excelência sólida e firme é agora. Começaremos com o primeiro princípio, aprendendo o que significa aceitar onde você está e ver por que isso é o segredo para chegar aonde deseja.

2

ACEITE ONDE ESTÁ PARA CHEGAR AONDE DESEJA

Agosto de 2016. Um dia quente no Rio de Janeiro, Brasil. O cenário foi o Forte de Copacabana, base militar à beira do sul do Oceano Atlântico. Os melhores triatletas do mundo estavam prestes a mergulhar, dando início a uma competição em que nadariam, pedalariam e correriam para a glória olímpica. Uma das três atletas que representavam os EUA chamava-se Sarah True.

Aquela não era a primeira competição de True. Nos Jogos de 2012, ela terminou em 4º lugar, dolorosos 10 segundos fora do pódio e de uma medalha. True não estava apenas determinada a cuidar do que deixara inacabado em 2016, mas também competia pelo marido, Ben True — um atleta de *endurance* de alto nível, um dos melhores corredores de meia distância que os EUA já viram. No entanto, as Olimpíadas sempre o frustravam. Ben estava esperançoso de que sua dedicação aos treinos fosse recompensada em 2016, mas, durante o pré-olímpico, falhou em chegar à equipe olímpica por menos de um segundo. Um casal devotar suas vidas inteiras à busca da excelência e chegar tão devastadoramente perto de atingir seus objetivos, mas, no final das contas, faltarem segundos — e não uma, mas duas vezes —, dói.

Então, quando Sarah True saltou do cais de Copacabana para o oceano, ela carregava o dobro da responsabilidade. "Quer gostemos ou não", refletiu ela para mim, "*nossa* experiência olímpica se tornou *minha* experiência olímpica".

True nadou bem, como sempre, colocando-se em posição de competir pelo ouro. Mas, em terra, quando avançou para a bicicleta, sua perna começou a ter espasmos. Ela presumiu que seus músculos estivessem tensos e que, quando começasse a pedalar, relaxariam. Mas eles não o fizeram. True lutou na bicicleta, pedalou para a frente fazendo careta o máximo que pôde. Ela acabou desistindo da competição. "Meu corpo falhou comigo", disse ela. Era tão simples e tão difícil — e, ah, difícil demais — assim.

True fez o que pôde para manter a cabeça erguida, mas era uma atuação. Ela estava arrasada. Não demorou muito, depois que o voo do Brasil pousou nos EUA, para ela se tornar uma nuvem de depressão profunda e escura. "Eu só conseguia dormir cerca de 4 horas por noite, e isso com o uso de remédios para dormir e analgésicos prescritos", lembra ela. "Falhei com Ben. Falhei comigo mesma. Tudo foi em vão", ponderou ela.

True fez o que qualquer atleta obstinado faria. Tentou superar a dor. Disse a si mesma que passaria. Que ela podia suportar. Infelizmente, estava errada. Nem seu mecanismo de entorpecimento à prova de idiotas, passeios de bicicleta de horas de duração, funcionou. "Eu pensava obsessivamente em tirar minha vida", disse-me ela. "Eu estava em longas viagens de treinamento e não conseguia parar de pensar em desviar para o tráfego que se aproximava. Cada caminhão se tornou um objeto que poderia acabar com tudo."

Essa espiral continuou em 2017. Mês após mês True continuava pensando que a depressão não podia ficar pior. E, ainda assim, ela só piorava.

Por fim, em meados de 2017, True se abriu para o que estava acontecendo e aceitou a enormidade de sua dor e subsequente depressão. Ela parou de resistir, tentando lutar sozinha, e começou a terapia intensiva. Quando a pedi para pensar no passado, ela não conseguiu identificar um único dia, evento ou motivo que a levara a procurar ajuda. Mais do que tudo, ela estava cansada e ainda estava viva. "Atletas de *endurance* são ensinados a perseverar, a continuar avançando", disse-me. "Quando algo não está certo, você apenas segue com mais gana; você continua e continua. Mas, claramente, esse mindset não funcionaria nesse caso."

True, que lutava contra a depressão intermitentemente desde o colégio, explicou que percebeu que nunca seria um bom momento para se afastar de sua vida a fim de enfrentar a doença por completo. Mas, explicou ela, agora estava fora de controle, e ela percebeu que estava vivendo em uma excelência frágil, se é que havia alguma. Ela não aguentava continuar assim. Para True, muito mais desafiador do que seguir em frente, até mesmo na corrida de triatlo mais cansativa, foi desacelerar, aceitar onde ela estava e confrontar e trabalhar a depressão e suas causas — nada que a fazia particularmente animada para enfrentar ou superar.

PARA SEGUIR EM FRENTE, É PRECISO ACEITAR ONDE VOCÊ ESTÁ

Embora talvez não publicamente ou na mesma medida, como Sarah True, todos nós passamos por altos e baixos, profissional e pessoalmente. A vida não é fácil. As coisas nem sempre acontecem do nosso jeito. A condição humana é complicada. Muito mais do que desejamos está fora do nosso controle: envelhecimento, doenças, morte, a economia, as ações das pessoas com quem nos importamos, isso citando só alguns. Essa é uma realidade difícil e até assustadora de aceitar.

Em vez de aceitar isso quando as coisas não saem do nosso jeito, adotamos o pensamento mágico, convencendo-nos de que estamos em um lugar melhor do que onde estamos. Os cientistas sociais chamam isso de *raciocínio motivado*, a propensão de *não* ver as coisas com clareza, mas de ver como gostaríamos que fossem. Um exemplo comum de raciocínio motivado é quando você sabe que não quer mais estar em um emprego de que não gosta, mas em vez de enfrentar essa verdade incômoda, procura (e encontra) vários motivos para ele — mesmo você não o aguentando mais — ser ótimo. Ou, ainda mais fácil, ignoramos nossos estressores. Enterramos nossas cabeças na areia ou fazemos exatamente o que o individualismo heroico da sociedade e da cultura de sucesso superficial nos dizem para fazer: pensamentos positivos, entorpecimento, distração, compras, tuítes.

Adotamos ações frenéticas e compulsórias para nos distrair de problemas e medos.

Esperamos que as coisas melhorem sem nunca reconhecer ou aceitar nosso verdadeiro ponto de partida. Embora isso nos poupe algumas dores no curto prazo, não é uma boa solução no longo. Isso ocorre porque nos encaixamos em um padrão de não abordar o que precisa ser abordado — sejam hábitos pouco saudáveis, solidão em um relacionamento, esgotamento no trabalho, um sistema mente-corpo no limite ou uma comunidade à beira do caos. O resultado é nunca nos sentirmos totalmente excelentes onde estamos, porque nunca estamos realmente vivendo nossa realidade plena.

O primeiro princípio da excelência é a *aceitação*. O progresso em qualquer coisa, grande ou pequena, requer reconhecer, aceitar e começar de onde você está. Não de onde queria estar. Não de onde acha que deveria estar. Não de onde os outros acham que deveria estar. Mas onde você está. Como verá, a aceitação é o segredo para a felicidade e o desempenho no agora, e também para a mudança produtiva no futuro. O psicólogo humanista pioneiro Carl Rogers passou décadas trabalhando com indivíduos no crescimento e na realização pessoal. Sua observação mais comovente, com a qual se consagrou, diz: "O curioso paradoxo é que, quando me aceito como sou, posso mudar."

Ao ouvir sobre aceitação, você pode pensar em desistir, ser complacente, estagnar-se ou comprometer-se com a mediocridade. Mas esse não é o caso. Aceitação não é resignação passiva. É fazer um balanço de uma situação e vê-la claramente como é — quer você goste ou não. Só depois de adquirir uma compreensão clara de uma situação e ficar minimamente confortável com ela você poderá tomar uma atitude sábia e produtiva para chegar aonde deseja.

Minha história de aceitação começou durante minha recuperação do TOC; agora, faço o máximo para aplicá-la em todas as áreas da minha vida, e também com meus clientes de coaching. Antes do TOC, eu vivia em negação, resistência, ignorava os problemas ou, mais comumente, tentava resolvê-los sozinho. Essas táticas funcionaram bem quando fui cortado do time de basquete do colégio, fui dispensado pela ex da faculdade com quem pensei que me casaria, não consegui o emprego que queria, perdi possíveis clientes e tive meus escritos rejeitados. O TOC, no entanto, foi diferente.

Pensamentos constantes, sentimentos de pavor e desespero, e impulsos de se ferir são ruins quando se tem motivo para senti-los. Mas são ainda piores quando não se tem. Esse é o caso típico do TOC, e, quando sua violenta tempestade me atingiu — minha esposa estava grávida de nosso primeiro filho, o pior momento para isso —, fiz a única coisa que consegui. Primeiro, neguei, disse a mim mesmo que era alguma doença misteriosa que passaria, talvez algum vírus que afetara minha mente. Depois, resisti e busquei resolver os problemas. Tentei infinitamente fazer com que pensamentos, sentimentos e impulsos fossem embora. *Continuei dizendo a mim mesmo que era só um pesadelo; não estava nem acontecendo. Afinal, sou especialista e coach de habilidades mentais e desempenho. Deveria haver um modo de eu me esforçar mais.* Errado. Errado. Errado de novo. Minha recusa em aceitar a situação e minha resistência não só foram fúteis, como pioraram tudo. Quanto mais eu negava o TOC, mais forte ele ficava. Tentar suprimir pensamentos, sentimentos e impulsos intrusivos — ou me distrair deles — teve o efeito oposto. Isso os alimentou.

Por fim, com a ajuda de um terapeuta gentil, compassivo e habilidoso, comecei a me render. Aceitei que estava doente, que aqueles pensamentos, sentimentos e impulsos eram reais e não desapareceriam da noite para o dia. Não conseguiria resolver meus problemas em horas, nem mesmo em dias. Tive que aprender a fazer o que foi — e, em alguns dias, ainda é — o trabalho mais difícil da minha vida: aceitar pensamentos, sentimentos e desejos ruins e deixá-los lá. Quando eu estava chegando a um acordo com eles, meu terapeuta disse que eu não precisava gostar do TOC, mas precisava aceitá-lo. No mínimo, eu tinha que ver claramente o que ele era. Tive que aprender a parar de resistir à realidade e de querer que as coisas fossem diferentes. Em vez disso, eu tinha que aceitar o que estava acontecendo, mesmo, e especialmente, se eu não aguentasse. Foi o primeiro passo real da minha recuperação. Só quando reconheci e aceitei o que não queria reconhecer nem aceitar, pude começar a tomar medidas que melhorariam a situação. Você não pode trabalhar em algo de forma significativa se estiver lutando contra ele. E, mesmo antes disso, não pode trabalhar em nada de forma significativa recusando-se a aceitar que está acontecendo. Muitas vezes nos concentramos nos desafios agudos de nossas vidas sem perceber, aceitar e abordar suas causas.

ACEITAÇÃO E FELICIDADE

A lacuna entre o pensamento positivo e a realidade não apenas o impede de tomar ações produtivas para melhorar sua situação no futuro, mas também causa insatisfação no aqui e agora. Em 2006, epidemiologistas da University of Southern Denmark começaram a explorar por que seus cidadãos pontuavam mais alto do que os de qualquer outro país ocidental em felicidade e satisfação com a vida.

Suas descobertas, publicadas em *The BMJ*, focaram a importância das expectativas. "Se as expectativas forem excessivamente altas, levam à decepção e à baixa satisfação com a vida", escrevem os autores. "Embora os dinamarqueses sejam muito satisfeitos, suas expectativas são bastante baixas."

Em um estudo de 2014, pesquisadores da University College London examinaram a felicidade momentânea. Eles descobriram que "a felicidade em resposta aos resultados de uma tarefa de recompensa probabilística não é explicada pelos ganhos dela, mas pela influência combinada das expectativas de recompensa recentes e erros de previsão decorrentes delas". Em termos leigos, a felicidade em qualquer momento é igual à realidade menos as expectativas. Se suas expectativas são constantemente superiores à sua realidade, você nunca ficará satisfeito. Jason Fried, fundador e CEO da bem-sucedida empresa de software Basecamp, autor de vários artigos sobre satisfação profissional, disse: "Eu criava expectativas o dia todo. Comparar a realidade com uma realidade imaginada é desgastante e cansativo. Tira a alegria de experimentar algo pelo que é."

A mensagem aqui não é, necessariamente, sempre definir expectativas baixas. Buscar sempre mais, desafios justificáveis, faz parte do crescimento e da realização. É bom, até mesmo admirável, estabelecer padrões elevados, mas — e esse é um grande mas — é preciso estar presente e aceitar enquanto se esforça. Em vez de querer que as coisas sejam diferentes e ficar desapontado quando não o são, é preciso estar com a sua realidade como é, não apenas para os altos, mas também para os baixos. Só então você poderá tomar atitudes sábias para realizar o tipo de mudança que deseja. É mais ou menos assim: tentar desesperadamente ser feliz ou bem-sucedido é uma das piores maneiras de realmente o ser.

Muito antes de os estudos mencionados serem concluídos, Joseph Campbell, um dos maiores especialistas do mundo em mitologia e heroísmo *real*, escreveu: "O ponto crucial da curiosa dificuldade para o herói reside no fato de que nossas visões conscientes do que a vida deveria ser *raramente* correspondem ao que ela é." Durante suas décadas de pesquisa, Campbell observou que, em histórias que abrangem culturas e tradições, em algum ponto de sua jornada, o herói mítico deve fechar a lacuna entre sua realidade e suas expectativas. Geralmente, o provável herói fica preso, resistindo à sua realidade por um bom tempo. Em algum momento, no entanto, ele aprende a enfrentar e a superar essa dificuldade; em essência, aprende a praticar a aceitação. Isso abre as portas para que tome medidas fortes e apropriadas — para se tornar um herói.

Longe da atividade frenética e reativa, em que tantas vezes nos envolvemos com o individualismo heroico, podemos ser mais como o herói de Campbell, aprendendo a praticar a aceitação e a agir com sabedoria ao longo de nossas vidas, mesmo em meio às dificuldades. Felizmente, há um método estabelecido para ajudar, respaldado por quase 40 anos de pesquisa e mais de mil estudos científicos.

ACEITAÇÃO E COMPROMISSO

Steven Hayes é psicólogo clínico e professor da Universidade de Nevada, Reno. Ele escreveu 44 livros, assessorou inúmeros alunos de doutorado e é um dos 1.500 estudiosos mais citados no mundo, vivos ou mortos. Ele está indiscutivelmente entre os psicólogos clínicos mais influentes de nosso tempo. Sua própria jornada do herói chegou ao auge em 1982, às 2h, em um tapete felpudo marrom e dourado em um apartamento térreo de um quarto, que dividia com a então namorada em Greensboro, na Carolina do Norte.

Por três anos, Hayes me disse que esteve "mergulhando no inferno que é o transtorno do pânico". Para um recém-doutor em psicologia, isso era particularmente angustiante e desnorteador. Hayes deveria estar preparado, mas ele sentia uma ansiedade avassaladora nas reuniões de departamento. Por fim, a ansiedade invadiu sua vida pessoal, afetando-o quando saía com amigos, fazia exercícios e até em casa. Em uma noite de 1982, Hayes acordou com o que descreveu como um ataque de pânico monstruoso. Seu coração batia forte. Ele sentia a pulsação no pescoço, testa e braços. Seu peito estava apertando. Seus braços doíam. Ele lutava para respirar.

"Eu queria ligar para o 193. Achei que estava tendo um ataque cardíaco", lembrou. "Sim, eu estava ciente do transtorno de pânico. E, como psicólogo, sabia muito bem que esses eram os sintomas da minha variedade dele, mas meu cérebro dizia que era diferente, que era real." Hayes queria desesperadamente correr, lutar, esconder-se — qualquer coisa, menos estar onde estava. Ele se lembra de ter pensado que não havia como dirigir naquele estado, então era melhor chamar uma ambulância. "Ligue, peça para eles prepararem o pronto-socorro, faça a maldita ligação, Steven, você está morrendo. Eu só pensava isso", disse-me ele.

Mas ele não fez a ligação. Em vez disso, Hayes lembra-se de ter o que chama de "experiência fora do corpo", ganhando espaço entre o que estava acontecendo e a sua consciência do que estava acontecendo — não mais estar na situação, mas vendo-a de longe. Nesse espaço, Hayes imaginou o que aconteceria se chamasse uma ambulância. "Eles me apressariam para o hospital. Me conectariam a tubos e dispositivos. Então, o médico, um jovem com um sorriso malicioso no rosto, entraria na sala e diria: 'Steve, você não está tendo um ataque cardíaco. Está apenas tendo um ataque de pânico.'" Hayes sabia que era a verdade. "Foi apenas descer mais um nível para o inferno", disse ele. "O fundo do poço."

Mas, daquela vez, Hayes se recuperou, e outro caminho surgiu. Isso o levou a uma profunda parte dele, raramente visitada. Ele se lembra dessa parte dizendo: *Não sei quem você é, mas você pode me machucar. Você pode me fazer sofrer. Mas uma coisa você não pode fazer. Você não pode fazer com que eu me afaste da minha própria experiência.* E, com isso, Hayes se levantou. Ele olhou para o tapete felpudo marrom e dourado e prometeu que nunca mais fugiria de si mesmo ou de suas circunstâncias. "Não sabia como cumprir essa promessa", disse-me, "e não tinha ideia de como a levaria para a vida de outras pessoas. Mas eu sabia que o faria. Parei de fugir."

Hayes emergiu de sua experiência angustiante, dedicado a entender o que havia acontecido e como abordar — não apenas para ajudar a si mesmo, mas também aos outros. Isso deu início a uma exploração científica de quatro décadas. Por meio de centenas de experiências, Hayes aprendeu que, quanto mais alguém tenta evitar circunstâncias, pensamentos, sentimentos e impulsos desagradáveis — exatamente o que vinha fazendo antes de seu insight naquela noite fatídica —, mais fortes e frequentes se tornam. "Se não consegue se abrir para o desconforto sem supressão", diz ele, "fica impossível enfrentar problemas difíceis de maneira saudável".

O trabalho de Hayes gerou um modelo terapêutico chamado de Terapia de Aceitação e Compromisso, ou ACT, para abreviar. Em suma, a ACT sugere que, quando você está em uma situação difícil ou assustadora — física, emocional ou social —, resistir piora. Muito melhor é aceitar o que está acontecendo; para se abrir para isso, senti-lo profundamente e deixá-lo ficar lá. Então, você se compromete a viver sua vida em alinhamento com seus valores mais íntimos. Você sente o que é. Você aceita o que é. Você vê claramente o que é. E, em vez de fugir do que é, carrega consigo e executa uma ação produtiva.

Uma parte da ACT é dar-se permissão para *nem* sempre controlar tudo. Trata-se de se permitir sentir dor, mágoa, mal-estar, ganância, raiva, ciúme, tristeza, insegurança, vazio e todas as outras emoções desagradáveis fundamentais para a nossa espécie, mesmo que o individualismo heroico de nossa cultura indique falsamente que não. Um antigo ensinamento budista afirma que todos na vida experimentarão dez mil alegrias e dez mil tristezas. Se você não aceita a escuridão inerente à condição humana, nunca encontrará alegria duradoura. Isso ocorre porque, sempre que experiências ou situações desagradáveis surgirem, você só desejará que desapareçam. Mas, como o trabalho de Hayes e minha própria experiência com o TOC mostram, é essa mesma resistência que os torna mais arraigados e fortes. Em vez de negar sua realidade, fingindo que certas circunstâncias são diferentes, aprenda a aceitá-la e a vê-la claramente.

O objetivo da ACT não é a eliminação das dificuldades. Em vez disso, é estar presente em tudo o que a vida coloca em seu caminho e mover-se na direção de seus valores, mesmo que pareça difícil no momento. Embora a pesquisa de Hayes e de seus colegas — experimentos mostrando que a ACT melhora drasticamente a depressão, a ansiedade, o TOC, o esgotamento e até o desempenho — seja inovadora, a premissa da ACT não é exatamente nova. Hayes será o primeiro a dizer que, de muitas maneiras, sua ciência moderna meramente oferece um suporte empírico para a sabedoria ancestral.

Os ensinamentos mais poderosos da ACT, que detalharei mais adiante neste capítulo, estão em um processo de três partes, que acabam formando o acrônimo ACT:

1. **A**ceite o que está acontecendo sem fundir sua identidade a isso. Afaste o foco para ter uma perspectiva ou uma consciência mais ampla, a partir da qual você poderá observar sua situação sem sentir que está preso nela.

2. **C**omo você deseja seguir em frente é uma escolha, alinhe isso com seus valores mais íntimos.

3. **T**ome uma atitude, mesmo que isso seja assustador ou desconfortável.

A SABEDORIA DA ACEITAÇÃO: NÃO DEIXE A FLECHA ATINGI-LO MAIS DE UMA VEZ

Mais de 2 mil anos atrás, em seu diário de meditações, o imperador estoico, Marco Aurélio, escreveu: "É normal sentir dor nas mãos e nos pés se usá-los como se deve. Para um ser humano, sentir estresse é normal — se ele está vivendo uma vida humana normal." Epiteto, outro estoico reverenciado, ensinou que, quando odiamos ou temermos nossas circunstâncias, elas nos dominam. Diferentemente dos tempos modernos, em que o culto do pensamento positivo domina e somos bombardeados com mensagens como: *Se você não está sempre feliz, exalando felicidade, está errado*, os estoicos tinham uma visão mais honesta e psicologicamente correta da vida. É normal sentir estresse. É normal nos encontrarmos em circunstâncias desagradáveis. Isso não significa que você está destruído. Significa que você é humano. Quanto mais você temer, negar ou resistir aos problemas, à dor e às circunstâncias difíceis — de pequenas a grandes perturbações —, pior será para você. Quanto mais você se concentra no que pode controlar e deixa de se preocupar com o que não pode, melhor.

Mais ou menos na mesma época, os estoicos escreviam sobre a aceitação na Grécia e em Roma; e, em todo o mundo, na Índia e no sudeste da Ásia, os budistas chegavam a conclusões semelhantes. Uma elegante parábola budista ensina a não permitir que a flecha o acerte duas vezes. A primeira — pensamento, sentimento, evento ou circunstância negativa — você nem sempre pode controlar. Mas pode controlar a segunda ou sua reação à primeira. Frequentemente, essa reação é de negação, supressão, julgamento, resistência ou impulso — tendendo a criar mais, não menos, dificuldade e angústia. Buda ensinou que essa segunda flecha dói mais, e também é ela que o impede de fazer qualquer coisa sábia a respeito da primeira.

A ideia da segunda flecha está profundamente enraizada nos ensinamentos budistas. Reza a lenda que, na véspera de seu despertar, Buda foi atacado pelo demônio Mara, que representa o medo, o desejo, o sofrimento, a raiva, a ilusão e uma série de outras doenças. Durante a noite, Mara lançou sobre Buda tempestades, exércitos e demônios. Ele o atacou com flechas de ganância, ódio, ciúme e ilusão. No entanto, em vez de resistir a elas, Buda encontrou cada uma delas com uma consciência presente, terna e ampla. Ao fazer isso, as flechas se transformaram em flores. Com o tempo, as pétalas se amontoaram, e Buda tornou-se cada vez mais calmo e esclarecido. Mara continuou atacando o Buda, e ele, respondendo com aceitação e compaixão. Por fim, Mara percebeu que Buda não resistiria nem sucumbiria a seus ataques e recuou. Foi assim que se iluminou. Ele finalmente viu clara e completamente. Ele estava excelente, independentemente das flechas que iam em sua direção.

Mara não fez uma visita única, ele aparece repetidamente em antigos textos budistas. Cada vez que Buda é confrontado com Mara, em vez de ser atraído para um ciclo de negação, ilusão e sofrimento, ele diz simplesmente: "Eu vejo você, Mara", e passa a aceitar o que está acontecendo e a tomar uma atitude sábia, uma expressão clara de firmeza inabalável. Em seu livro *Radical Acceptance*, a psicóloga e estudiosa budista Tara Brach escreve: "Assim como Buda se abriu para um encontro com Mara, também podemos fazer uma pausa e nos colocarmos à disposição de tudo o que a vida nos oferece a cada momento." Nós, também, podemos transformar as barreiras do sofrimento em flores, ou, pelo menos, suavizar seus contornos e, ao fazer isso, ganhar uma sensação de excelência inabalável.

Essa abordagem vai contra os modos habituais de ser e fazer, especialmente para aqueles de nós que cresceram em uma sociedade ocidental. Somos programados para reagir às circunstâncias, assumir o controle de nossas situações, forçar pensamentos positivos e imediatamente pular para a resolução de problemas. Mas é a aceitação que torna todas essas outras estratégias eficazes. Sem aceitação, corremos o risco de andar em círculos, sem trabalhar nos problemas, sem nunca progredir. Não aceitar nossa realidade faz com que nos sintamos tênues e instáveis, como se nunca estivéssemos em terreno sólido. Também nos impede de alcançar nosso potencial.

ACEITAÇÃO E DESEMPENHO MÁXIMO ANDAM DE MÃOS DADAS

O senso comum afirma que, se você quiser atingir o auge, deve estar sempre com fome e esforçando-se, nunca satisfeito ou contente. Mas, como é o caso com axiomas inspiradores, a verdade é mais complexa. Algo que discuto com frequência com meus clientes de coaching é a diferença entre atuar em um lugar de liberdade e amor e em um de coação e medo. O primeiro acontece quando você aceita onde está; quando confia no seu treinamento, tem expectativas realistas e fica dentro de si mesmo. Quando está excelente. O último, quando questiona, nega ou resiste à sua realidade; quando sente a necessidade, ou, em alguns casos, a compulsão, de estar em algum lugar ou de ser alguém que você não é.

Quando você mente para si mesmo sobre sua situação, surgem a dúvida e a ansiedade. Você passa de jogar para ganhar a jogar para não perder. Os psicólogos chamam isso de diferença entre uma abordagem de desempenho e um mindset de evitação de desempenho. Quando você adota um mindset de abordagem de desempenho, joga para vencer, focando as recompensas potenciais do sucesso. É mais fácil mergulhar no momento e entrar em um estado semelhante a um fluxo. Sob um mindset de evitação de desempenho, entretanto, seu foco está em evitar erros e contornar o perigo. Você está constantemente à procura de ameaças e problemas, porque, no fundo, sabe que está fora do seu lugar.

Pesquisas da Universidade de Kent, na Inglaterra, mostram que, quando os atletas competem com um mindset de desempenho, tendem a ter um desempenho acima e além de suas expectativas e nível de talento percebido. Por outro lado, um mindset de evitação de desempenho é prejudicial. Um estudo publicado no *Journal of Sport and Exercise Psychology* descobriu que os objetivos da evitação de desempenho levam a um funcionamento pior e evocam níveis mais elevados de angústia, medo e tensão quando comparados aos objetivos de desempenho. Outros estudos mostram que, embora o medo funcione como um motivador de curto prazo, em longo prazo é insatisfatório e leva ao aumento do estresse e ao esgotamento. Embora esses estudos tenham se concentrado em atletas, observei o mesmo padrão nos meus clientes executivos, empresários e médicos. Quando alguém se engana e não aceita sua realidade, fica em dúvida e inseguro. Quando é honesto consigo mesmo e aceita sua realidade, ganha uma confiança tranquila e firme.

A feminista e ativista dos direitos civis Audre Lorde personificava esse tipo de confiança. Lorde lutou incansavelmente contra o racismo, o sexismo e a homofobia. Ela não tinha medo de expor a marginalização onde quer que a visse — e, infelizmente, ela a viu muito. Era frequentemente atacada por essas observações por uma sociedade que preferia mantê-las embaixo do tapete. Mesmo assim, a escrita de Lorde ofereceu uma mensagem de esperança. Ela escreveu com força e amor quando seria fácil escrever com desespero. "Nada que eu aceite sobre mim pode ser usado para me diminuir", escreveu em *Sister Outsider*, publicado em 1984. Sua aceitação não foi um veículo para ignorar a responsabilidade nem o esforço. Não se tratava de aquiescência ou submissão. Em vez disso, a aceitação de Lorde de si mesma e da situação das pessoas marginalizadas garantiu-lhe o oposto. Permitiu que se mantivesse firme e de coração aberto, para continuar lutando o bom combate, mesmo quando isso significava ir contra todas as probabilidades.

Outro exemplo de aceitação e atuação de um lugar de amor ocorreu durante os primeiros dias da pandemia da Covid-19, no início de 2020. Em meio à tanta dor e sofrimento, com um sistema de saúde à beira da sobrecarga, Dr. Craig Smith, presidente do Departamento de Cirurgia da Universidade de Columbia Irving Medical Center, enviou uma atualização diária ao corpo docente e à equipe sobre as prioridades do hospital e a resposta à pandemia. Smith não floreou a situação nem a viu por lentes cor-de-rosa. Como verá nos exemplos a seguir, suas atualizações foram aceitáveis, honestas e até sombrias. Mas elas estavam cheios de amor e, portanto, apoiaram jogar para vencer durante um momento crítico da história contemporânea.

> Nada me daria mais prazer do que pedir desculpas profusamente em algumas semanas por ter superestimado a ameaça… [Mas] nos próximos dois meses, será um horror imaginar que a subestimamos. Então, o que podemos fazer? Tomar todas as precauções e seguir em frente. Nossa carga deve chegar aonde for. Lembre-se de que nossos familiares, amigos e vizinhos estão com medo, ociosos, sem trabalho e se sentem impotentes. Quem trabalha na saúde ainda desfruta da rapidez da ação. É um privilégio! Seguimos em frente. [20 de março de 2020.]

> O *The New York Times* apresenta uma página inteira dos obituários por Covid-19 hoje. Isso continuará por um tempo. A primeira expedição ocidental para atravessar a África, cobrindo 12.000 km ao longo de 3 anos, durou de 1874 a 1877. Os perigos, privações e ataques por doenças eram homéricos. Tudo começou com 228 almas (incluindo 36 mulheres e 10 crianças). Houve alguns recrutamentos e deserções ao longo

do caminho, e 114 morreram — mortalidade de 50%. Eles conseguiram levar 108 almas para casa. Teriam sido 105, exceto que 3 crianças nasceram na jornada e sobreviveram até o fim. A vida encontra o seu caminho. [29 de março de 2020.]

As atualizações do Dr. Smith foram amplamente divulgadas em hospitais de todo o país. Sua liderança ajudou os EUA a resistirem à tempestade inicial da Covid-19. Infelizmente, a não aceitação, a negação, a ilusão e o individualismo heroico descarado de muitos outros líderes levaram a um prolongamento terrível e trágico da crise. Infelizmente, muito na cultura atual leva as pessoas a evitarem, a negarem, a agirem de um lugar de evitação e medo. Esse mindset gera anseios por resultados específicos e mensuráveis; pois, somente os alcançando, pensamos, somos dignos e íntegros. Mas esse tipo de desejo não está associado ao desempenho máximo. Está associado à ansiedade, à depressão, ao esgotamento e ao comportamento antiético.[i] O estresse e a pressão de carregar esse peso são terríveis. Somente quando você aceitar totalmente suas habilidades e circunstâncias atuais, poderá atuar em um lugar de liberdade e jogar para vencer. Após anos de aperto, parecerá que as algemas foram removidas.

Um dos meus clientes de coaching, Blair, odiava que lhe perguntassem: "Está preparado?", antes de grandes reuniões e apresentações. Isso o deixava nervoso, como se ele sempre pudesse ter feito mais e estar mais bem preparado. Blair e eu trabalhamos juntos para entender que isso não importava — ele estava tão pronto quanto deveria estar. Aceitar isso era libertador. Blair chegou a aceitar isso, senti-lo de todo o coração e possuí-lo. Sempre que outras pessoas

---

[i] Para saber mais sobre esse assunto, veja meu livro anterior, *O Paradoxo da Paixão* em coautoria com Steve Magness. Disponível pela Editora Alta Books.

perguntavam se ele estava preparado, ou, quando ele se perguntava, respondia: "Estou tão pronto quanto estarei." Ele se tornou mais solto, mais relaxado e mais aberto. Ele se sentiu melhor e começou a ter um desempenho melhor também. Vale a pena repetir que aceitação não significa que você não pode mudar ou melhorar. Com o tempo, Blair fez as duas coisas. Significa apenas que onde você está hoje é onde está; é exatamente onde precisa estar, e é o segredo para chegar aonde você deseja.

Sarah True passou meses em terapia para tratar a depressão. Embora, no momento em que este livro foi escrito, estivesse muito melhor, ainda não se pode colocar um ponto-final em sua história. Ela é um trabalho em andamento, e essa é a questão. "A aceitação agora faz parte da minha vida", disse-me. "É perceber que nem todo dia será perfeito, e tudo bem. Diz respeito a ser humilde. É saber constantemente onde estou. Sinto uma liberdade profunda que vem de reconhecer minha dor, minhas falhas e meus fracassos, e seguir em frente de qualquer maneira", diz ela. Como todos nós, True ainda tem suas lutas. Mas ela se sente mais forte do que não se sentia há muito tempo. Em vez de negar suas dificuldades e empurrá-las para debaixo do tapete, ela as aceita como parte do ser humano, até mesmo como parte de ser uma atleta de alto nível. Ao aceitar e confrontar sua realidade, ela finalmente encontrou um terreno mais sólido. O próximo grande desafio de True será deixar o esporte, à medida que se aproxima de sua aposentadoria, algo que acontece por volta dos 40 anos para a maioria dos atletas de resistência. Atualmente, ela está fazendo os cursos pré-requisitos para a pós-graduação e planeja se formar em psicologia clínica. "Não é notável como a vida nos leva a essas jornadas inesperadas?", escreveu para mim.

PRÁTICA: CULTIVE A LENTE DO "OBSERVADOR SÁBIO"

Em vez de se envolver tanto com o que está vivenciando, é útil dar um passo para trás e ver de longe. Isso o ajudará a criar um espaço entre você e sua situação, para aceitá-la e visualizá-la com mais clareza. A lente do observador sábio é cultivada com a prática formal e também com o desenvolvimento de ferramentas para utilizar no cotidiano. Cobriremos ambos, começando com a prática formal.

- Sente-se ou deite-se em uma posição confortável. Defina o cronômetro entre 5 e 20 minutos. Feche os olhos e concentre-se na sua respiração. Você pode se concentrar na sensação do ar entrando e saindo de suas narinas, nas subidas e descidas de sua barriga ou em qualquer outra parte do corpo em que o sinta. Sempre que sua atenção se desviar de sua respiração, simplesmente observe que ela se desviou e leve-a de volta à respiração, sem se repreender por se distrair.

- Após se estabelecer, depois de 1 ou 2 minutos, embora às vezes mais, imagine-se como uma força vital separada de pensamentos, sentimentos e circunstâncias. Imagine que você é a própria consciência — a tela sobre a qual surgem todos os seus pensamentos, sentimentos e circunstâncias, o recipiente que contém tudo. Também imagine sua consciência como um céu azul, e qualquer coisa que surgir, como nuvens flutuando.

- Olhe por essa lente de consciência para ver pensamentos, sentimentos e circunstâncias. Comece a sentir como se estivesse assistindo a um filme, em vez de estar nele.

Quando se distrair ou se envolver em sua experiência, observe-a sem julgar a si mesmo e, então, volte a se concentrar na respiração movendo-se pelo corpo. Após estabilizar sua consciência na respiração, volte a ver seus pensamentos e sentimentos de longe.

- Deixe que essa consciência se torne um recipiente para conter tudo contra o qual você está lutando. A partir desse espaço, você aceitará e verá as situações com clareza, e, assim, tomará decisões mais sábias. O resultado da adoção dessa perspectiva é semelhante ao efeito do observador na física quântica: quando você muda sua relação com o que está observando, a natureza do que está observando muda. Nesse caso, os desafios vão de permanentes e intransponíveis para impermanentes e gerenciáveis.

- Continue praticando. Você notará que, quanto mais forte for o pensamento, o sentimento, o desejo ou a situação, mais difícil será manter um espaço entre eles e sua consciência. Mas mesmo um mínimo grau de separação já ajuda muito. Quanto mais você pratica, mais separação será capaz de criar e mais rápido conseguirá diminuir o zoom quando se encontrar convergindo para uma experiência desafiadora.

Quanto mais você fortalecer a perspectiva do observador sábio na prática formal, mais disponível ela estará para você no cotidiano. A professora de meditação Michele McDonald desenvolveu um método de quatro etapas chamado de RAIN [em inglês, o acrônimo significa chuva] que ajuda. Quando você perceber que está persistindo em uma experiência ou situação, pare por um momento e respire algumas vezes. À medida que você:

1. Reconhece o que está acontecendo.

2. Autoriza que a vida seja o que é.

3. Investiga a sua experiência interna com gentileza e curiosidade.

4. Nota ou pratica a desidentificação, sem fundir sua experiência, mas vendo-a a distância.

Quando você aceita e avalia sua situação de uma perspectiva mais ampla, sua capacidade de trabalhar com ela de maneira hábil melhora. Pesquisas mostram que isso vale para tudo, da dor física à dor emocional, até ansiedade social e tomada de decisões difíceis. Quanto mais espaço você colocar entre você e sua experiência, melhor.

Outra maneira de acessar rapidamente as lentes do observador sábio é usar o que os pesquisadores chamam de *autodistanciamento*. Imagine que um amigo esteja passando pela mesma situação que você. Como olharia para esse amigo? Que conselho daria a ele? Estudos conduzidos pela Universidade da Califórnia, em Berkeley, mostram que esse método ajuda as pessoas a aceitarem suas situações, a vê-las com mais clareza e a tomar atitudes mais sábias, em particular quando a aposta é alta. Imagine também uma versão mais velha e sábia de si mesmo — talvez 10, 20 ou 30 anos depois. Que conselho você daria no futuro para o seu eu de hoje? Você pode seguir esse conselho agora? Ao criar um espaço entre você e suas circunstâncias, você se torna mais propenso a aceitá-las como são e, por sua vez, a gerenciá-las de maneira mais produtiva. Você para de negar e resistir às coisas difíceis, embora também não se funda completamente com elas. Você começa a cultivar um senso de identidade mais profundo, mais robusto e mais excelente do que o seu momento a momento, sempre mudando a experiência.

PRÁTICA: ESCOLHA A AUTOCOMPAIXÃO, EM VEZ DE O AUTOJULGAMENTO

Aceitar e ver sua situação com clareza é difícil, mas fazer algo produtivo é ainda mais. Isso é particularmente verdadeiro se você não ficar entusiasmado com o que for encontrar. Mergulhe na autocompaixão. Ela serve como ponte entre aceitar o que está acontecendo e tomar uma atitude sábia. Se sua voz interior for excessivamente crítica, você provavelmente ficará travado ou, pior, retrocederá. Você precisa ser gentil consigo mesmo. Se não estiver acostumado com isso, pode soar suave e supersticioso, mas recomendo que teste suas noções preconcebidas. Inúmeros estudos mostram que os indivíduos que reagem a situações desafiadoras com autocompaixão respondem melhor do que aqueles que se julgam com severidade. A lógica por trás disso é direta: se você se julga, é provável que sinta vergonha ou culpa, e muitas vezes é essa vergonha ou culpa que o mantém preso em sua situação indesejável, impedindo-o de tomar uma ação produtiva. Se, por outro lado, você conseguir reunir bondade para consigo mesmo, ganhará força para seguir em frente de maneira significativa. Os efeitos da autocompaixão são verdadeiros, quer você tenha 80 anos e adore os contos de fadas da Disney, seja um jogador profissional de futebol de 30 anos ou um recém-aposentado de 65 anos.

A autocompaixão não vem facilmente, especialmente para pessoas motivadas, do tipo A[ii], que são bem treinadas em serem duras consigo mesmas. Pense nisso como uma prática contínua de conceder a si mesmo o benefício da dúvida. Não é que você queira abrir mão da autodisciplina — é que você quer casar autodisciplina com autocompaixão. Ao fazer isso, você ganha a capacidade de confrontar tudo o que está acontecendo com maior força e clareza. Você também se torna mais uma rocha para as outras pessoas se apoiarem. "Que progresso fiz?", questionou o filósofo estoico Sêneca, há cerca de 2 mil anos. "Estou começando a ser meu próprio amigo. Isso é progresso, de fato. Essa pessoa nunca estará sozinha, e você pode ter certeza de que ele é um amigo de todos."

- *Pare de se cobrar.* Mude de um diálogo interno de *não deveria estar nessa situação* para *gostaria de não estar nessa situação;* de *eu deveria estar fazendo isso de forma diferente* a *quero fazer isso de forma diferente.* A linguagem molda a realidade, e essas mudanças sutis ajudam a eliminar a culpa, a vergonha e o julgamento e, em vez disso, a fomentar a autocompaixão. Quando você se pegar se cobrando, use outra palavra e veja o que acontece.

- *Trate-se como trataria um bebê chorando.* Qualquer pessoa que já segurou um bebê chorando sabe que gritar com ele só piora as coisas. Há duas maneiras de lidar com um bebê chorando: (1) segurá-lo, embalá-lo e demonstrar amor ou (2) deixá-lo chorar. Intervir raramente fun-

---

[ii] Personalidade do tipo A: padrão de comportamento caracterizado por competitividade, senso de urgência, impaciência, perfeccionismo e assertividade, e possivelmente associado a um risco aumentado de doença cardíaca. [Nota da Revisora, doravante N. da R.]

ciona. O melhor que você pode fazer é criar um espaço seguro para o bebê se exaurir. É sensato nos tratarmos da mesma maneira.

Quando erramos, nossa tendência é nos repreender por falharmos e nos julgar por ficarmos para trás. Mas essa reação piora tudo. Mais eficaz é resistir à vontade de gritar com nós mesmos, e, em vez disso, mostrar amor. Se isso não funcionar, devemos parar de nos envolver na situação e criar espaço para fazer o equivalente a gritar.

- *"Isso é o que está acontecendo agora. Estou fazendo o melhor que posso."* É um dos meus mantras favoritos. Quando você se depara com uma situação desafiadora e se pega atirando a segunda, a terceira e a quarta flechas, pare e diga: *Isso é o que está acontecendo agora. Estou fazendo o melhor que posso.* Pesquisas mostram que mantras como esse são eficazes para neutralizar o julgamento negativo e levá-lo de volta ao presente, para que possa tomar uma atitude produtiva, em vez de resistir ou ruminar. Eu usava muito esse mantra assim que fui pai. Quando meu filho me acordava várias vezes durante a noite, eu me pegava mergulhando em pensamentos negativos: *Não dá. Não durmo. Amanhã estarei podre. Nunca voltarei a dormir. Talvez tenhamos cometido um erro.* Substituir essa conversa interna negativa por uma firme, mas gentil: *Isso é o que está acontecendo agora. Estou fazendo o melhor que posso*, levou-me de volta ao presente para que eu aceitasse a situação como era e tomasse medidas produtivas, o que muitas vezes significava apenas trocar a fralda e voltar a dormir. Não era meu bebê chorando que me mantinha acordado e estressado. Era a história que contava a mim mesmo — a segunda, a terceira e a quarta flechas. Esse é o caso de muitos desafios, muito além da paternidade.

PRÁTICA: O HUMOR CORRESPONDE À AÇÃO

Nem sempre você pode controlar suas circunstâncias, mas pode controlar a forma como reage a elas. O senso comum afirma que a motivação leva à ação: quanto melhor você se sentir e quanto mais vantajosa for a sua situação, maior será a probabilidade de tomar uma atitude construtiva. Embora isso seja verdade às vezes, na maioria dos casos é o oposto. Você não precisa se sentir bem para agir. Precisa agir e então se dará a chance de se sentir bem.

Além da Terapia de Aceitação e Compromisso, outras abordagens clínicas baseadas em evidências, como a Terapia Cognitivo-comportamental (TCC) e a Terapia Comportamental Dialética (DBT), colocam um foco imenso na parte comportamental da equação. Isso porque é difícil, senão impossível, controlar pensamentos, sentimentos e circunstâncias. Pesquisas psicológicas de longa data mostram que quanto mais você tenta pensar ou se sentir de certo modo, menos provável é que consiga. Você não pode entrar em um certo estado de espírito e, conforme discutido ao longo deste capítulo, também não pode entrar em uma nova realidade. O que pode controlar, entretanto, é seu comportamento — ou seja, suas ações. Realizar ações alinhadas com seus valores — independentemente de como você se sinta — é o catalisador para que a situação melhore. Na literatura científica, isso é chamado de *ativação comportamental*. Em termos leigos, e na frase que ouvi pela primeira vez do apresentador de *podcast* Rich Roll, o humor corresponde à ação.

A ideia de que o humor corresponde à ação está imbricada nos componentes da ACT: *escolher* sua resposta em vez de reagir impulsivamente e, então, *agir* produtivamente. Tudo começa com o conhecimento de seus valores essenciais. Eles são os princípios fundamentais que representam seu melhor eu ou a pessoa que deseja se tornar. Alguns exemplos incluem autenticidade, saúde, comunidade, espiritualidade, presença, amor, família, integridade, relacionamentos e criatividade. Vale a pena passar um tempo refletindo sobre seus valores fundamentais. Recomendo chegar a entre três e cinco.

Após identificar seus valores essenciais, eles se tornam guias para suas ações. Por exemplo, se seus valores essenciais incluem criatividade, família e autenticidade, pergunte-se: O que uma pessoa criativa faria nessa situação? Como seria priorizar a família? Qual seria a forma mais autêntica de agir? O modo como você responde a essas perguntas orienta suas ações. No início, parece que você está se obrigando a seguir em frente. Isso é bom. Faça-o de qualquer maneira. Pesquisas em ativação comportamental e em ACT mostram que sua situação melhora como resultado.

É assim que as peças se juntam:

- Aceite onde você está. Essa é a parte mais difícil para chegar aonde você quer.

- Use as lentes do observador sábio para ver sua situação claramente, sem se fundir a ela. Se sua situação e sua consciência dela começarem a desabar, faça uma pausa, perceba o que está acontecendo.

- Respire fundo algumas vezes e diminua o foco para ganhar espaço.

- Se começar a julgar a si mesmo ou a situação com severidade, ou se pegar ruminando, pratique a autocompaixão. *Isso é o que está acontecendo agora. Estou fazendo o melhor que posso.*

- Depois de sentir que avaliou sua situação de um ponto de vista de aceitação e clareza, escolha uma resposta que se alinhe a seus valores essenciais. Você está fazendo uma escolha consciente, respondendo, em vez de reagir impulsivamente. De muitas maneiras, essa é a personificação da sabedoria.

- Aja de acordo com seus valores, mesmo que não tenha vontade. O humor corresponde à ação.

Tudo isso é muito mais fácil de dizer do que de fazer. Mas, com a repetição e a prática, esse ciclo gradualmente se tornará mais natural.

PRÁTICA: RELAXE E VENÇA

Quando se sentir tenso, ansioso ou inseguro sobre um empreendimento importante em sua vida, faça uma pausa e lembre-se de que você está tão pronto quanto deveria estar. Respire fundo e imagine que nada está errado. Qual é a sensação? Quando faço esse exercício com meus clientes, eles relatam que seu peito se abre, sua respiração fica mais lenta e seus ombros caem. Pergunte-se: Qual estado físico é mais propício para o alto desempenho? Ansioso e tenso ou relaxado e aberto? Por unanimidade, meus clientes preferem o último.

Judson Brewer, neurocientista da Brown University e autor de *Unwinding Anxiety*, descobriu que, quando deixamos de nos preocupar e tentar controlar uma situação para aceitá-la e estar com ela, a atividade no córtex cingulado posterior (PCC) diminui. O PCC é uma região do cérebro associada ao pensamento autorreferencial, ou de ser pego em uma experiência. Quanto mais atividade do PCC, menor a probabilidade de entrarmos no alto desempenho. "De certa forma, se tentamos controlar uma situação (ou nossas vidas), temos que trabalhar duro para obter os resultados que desejamos", escreve Brewer. "Em contraste, podemos relaxar em uma atitude como uma dança com o objeto, simplesmente *estando com ele* conforme a situação se desenrola, sem necessidade de esforço ou luta, conforme saímos do nosso próprio caminho."

Como Bud Winter, amplamente considerado um dos maiores treinadores de atletismo, era conhecido por dizer: "Relaxe e vença." Intuitivamente, faz sentido. Preocupar-se com uma situação ou negá-la não a altera, mas causa desperdício de energia. O que está acontecendo agora é o que está acontecendo agora. Você pode muito bem aceitar, porque está tão pronto quanto estará.

IDEIAS FINAIS SOBRE ACEITAÇÃO

Aceitar é estar com a sua realidade, seja ela qual for. Ao fazer isso, você diminui a angústia causada por querer que as coisas sejam diferentes e se julgar quando não são. Você se livra da lacuna entre suas expectativas e sua experiência, e elimina a segunda, a terceira e a quarta flechas. Somente depois de aceitar sua realidade, você encontrará paz, força e estabilidade, ou, pelo menos, uma compreensão das ações que pode realizar para atingir esses estados. Aceitar não é não fazer nada. Em vez disso, trata-se de acertar as contas com o que está à sua frente para enfrentar de maneira habilidosa. A aceitação é necessária para experimentar contentamento e felicidade aqui e agora, e é o primeiro passo para fazer progresso no futuro. Ela se aplica a todos os níveis da vida. Seja no que for que esteja trabalhando — grande ou pequeno, micro ou macro —, a aceitação é uma prática essencial e contínua. Se aceitar sua realidade, você se sentirá mais firmemente excelente nela. Você estará onde está e terá uma chance muito maior de chegar aonde deseja.

3

ESTEJA PRESENTE PARA CANALIZAR SUA ATENÇÃO E SUA ENERGIA

Com a celebração do individualismo heroico — de mais, mais, mais; da felicidade em se sobrepor aos outros —, as sociedades ocidentais vangloriam a otimização. Ficamos maravilhados com a inteligência artificial, elogiamos a produtividade e medimos tudo, do número de passos dados ao de horas dormidas. Como verá nos dados deste capítulo, procuramos fazer mais, cada vez mais rápido e melhor. É um desejo racional. Exceto que há um problema. Ao contrário daquilo em que o individualismo heroico quer fazê-lo acreditar, não somos máquinas. Computadores e robôs podem realizar processos duplos. Eles não sentem fadiga. Nem têm uma vida emocional rica que depende da qualidade da atenção. Nós, seres humanos, somos diferentes. Quando nos esforçamos para estar em todos os lugares e fazer tudo, não experimentamos nada plenamente. Se não tomarmos cuidado e protegermos nossa atenção, sentiremos o controle de nossas vidas se perder, indo de uma distração a outra. Esse enigma não é novo. Milhares de anos atrás, o filósofo estoico Sêneca alertou contra ser pego em um ciclo de "ociosidade agitada" ou, como disse: "Toda essa agitação que muitos têm… sempre dando a impressão de estarem ocupados [sem realmente fazer nada]." Se estar ocupado e disperso é um problema atemporal, há motivos para acreditar que também é oportuno. Vivemos em um etos que enfatiza velocidade, quantidade e ação; tecnologia que permite e nos incentiva a estarmos online o tempo todo; e uma economia cada vez mais baseada em produtos e serviços com um incentivo para conquistar e controlar a nossa atenção.

Um exemplo comum dos esforços fúteis do individualismo heroico para fazer mais com mais rapidez à custa de uma atenção profunda é a multitarefa — física e psicológica. Diferentemente daquilo em que a maioria das pessoas acredita, os estudos mostram que, quando fazemos multitarefas, não estamos fazendo ou pensando em duas coisas ao mesmo tempo. Em vez disso, nosso cérebro alterna entre tarefas, alocando apenas uma parte da nossa capacidade cognitiva para uma tarefa por vez. Pesquisadores da Universidade de Michigan descobriram que, embora pensemos que estamos fazendo o dobro quando realizamos várias tarefas, na verdade cumprimos apenas cerca da metade, e com um nível inferior de qualidade e prazer. Um estudo conduzido pelo King's College London descobriu que interrupções persistentes, como as causadas pela multitarefa, levam a uma queda de 10 pontos no QI. É o dobro da diminuição que alguém experimenta depois de usar canábis e se equipara à diminuição esperada após ter virado a noite. Multitarefa é ótimo, dizemos a nós mesmos. Superprodutivo, otimizado, realizador! Essa história é uma ilusão.

Não é apenas o desempenho que sofre quando nossa atenção está dispersa, mas o bem-estar emocional também. Interrupções constantes e atividades ininterruptas cobram um preço severo para a saúde mental. Pesquisadores de Harvard descobriram que, quando as pessoas estão totalmente presentes em suas atividades, ficam muito mais felizes e realizadas do que quando pensam em outra coisa. Quanto mais dispersas as pessoas estiverem, maior é a probabilidade de sentirem angústia e descontentamento. "Uma mente vagando", escrevem os pesquisadores, "é infeliz". Essa é uma das razões para videoconferências tornarem-se tediosas e exaustivas — o que alguns cunharam *fadiga do Zoom* — quando temos outros programas funcionando ao mesmo tempo (ou quando estamos constantemente nos afastando da conversa para verificar e-mails, notícias ou redes sociais).

O que é assustador é o quanto da vida de uma pessoa comum é gasto sob atenção fragmentada. Está se tornando cada vez mais nossa maneira padrão de operar. Estudos descobriram que, em média, as pessoas passam 47% de suas horas acordadas pensando em algo diferente do que está à sua frente. Fomos condicionados a acreditar que, se não estivermos constantemente planejando e criando estratégias, fazendo um inventário do passado ou pensando no futuro, deixaremos algo escapar e ficaremos para trás. Mas talvez o oposto seja a verdade. Se estivermos constantemente planejando e criando estratégias, sempre olhando para trás ou pensando no futuro, perderemos tudo.

O segundo princípio da excelência é a *presença*. Trata-se de estar totalmente presente para o que está à sua frente. Presença é uma qualidade concentrada da mente que se presta à força e à estabilidade. Se praticá-la, sua vida, pessoal e profissional, melhorará drasticamente. Mas, antes de nos aprofundarmos nos benefícios, vamos primeiro explorar suas barreiras. Infelizmente, a presença é cada vez mais difícil de conseguir. Só depois de entendermos por que isso acontece, poderemos começar a superar.

VICIADOS EM DISTRAÇÃO

Mais do que qualquer outra coisa, os dispositivos digitais possibilitam que estejamos em constante estado de distração. Uma pesquisa do órgão regulador de telecomunicações do Reino Unido mostra que a pessoa média verifica o smartphone a cada 12 minutos — e isso não inclui as situações em que alguém pensa em verificá-lo, mas não o faz. Outra pesquisa mostra que 71% das pessoas nunca desligam o smartphone, e 40% olham para ele 5 minutos depois de acordarem, sem contar o despertador. E não é apenas quando estamos fisicamente olhando nossos dispositivos que nossa atenção sofre. Isso porque toda essa verificação nos habitua à distração. Em essência, treinamos nosso cérebro para estar em um estado constante de hiperalerta, sempre pensando no que pode estar acontecendo em outro lugar e sentindo a necessidade de verificar e ver. Embora esse tipo de comportamento tenha sido vantajoso durante as fases iniciais da evolução da nossa espécie — ajudou-nos a evitar predadores e a encontrar presas em tempos de escassez, por exemplo —, não é uma ótima fórmula para viver uma vida feliz, saudável e plena no século XXI.

Stuart McMillan passou os últimos 20 anos imerso em culturas de alto desempenho, tendo treinado mais de 35 medalhistas olímpicos no atletismo. Stu (como o conheço) tornou-se um grande amigo. Quando discutimos seus maiores desafios de hoje, não nos limitamos a lesões nos isquiotibiais ou ansiedade de desempenho. Também há a distração digital. "Para você e para mim, os smartphones são uma distração da vida", diz ele. "Para alguns dos atletas que treino, a vida é uma distração dos smartphones, mesmo na loucura das Olimpíadas."

De acordo com Adam Alter, autor de *Irresistível* e cientista comportamental que estuda dispositivos digitais na Universidade de Nova York, um grande motivo para todos nós, incluindo os atletas de McMillan, não desligarmos os smartphones ou desconectarmos o e-mail é porque associamos notificações à validação da nossa importância no mundo. Cada notificação que recebemos — curtidas, retuítes, comentários, e-mails — envia a mensagem, por mais superficial que seja, de que existimos e importamos. E essa é uma recompensa significativa a se buscar. Atualizar os dispositivos é o caça-níqueis existencial. Não é de se admirar que tantos de nós sejamos fisgados.

Além do desejo de nos sentirmos relevantes, a economia da atenção tira proveito de nosso sistema neural inato. Tudo nos aplicativos que usamos — *feeds* de notícias e redes sociais, manchetes apelativas até a música de fundo fascinante e as cores na tela (muito vermelho, que os especialistas concordam ser a cor mais carregada de emoção) — é feito para atacar nossos impulsos programados de prestar atenção ao que *parece* importante e excitante. A maneira como as notícias são apresentadas, seja na televisão, em sites ou nos aplicativos, desencadeia a liberação de dopamina, um poderoso neuroquímico que marca as experiências como significativas e nos faz querer buscá-las constantemente. Em seu livro, *Riveted*, Jim Davies, professor de ciência cognitiva da Carleton University, em Ontário, escreve: "A alta dopamina faz com que tudo pareça significativo. As notícias precisam espalhar medo, independentemente de relevância. Retira a ênfase da rotina constante e nos chama a atenção para discrepâncias."

Em 1951, escrevendo em *A Sabedoria da Insegurança*, o filósofo Alan Watts lamentou que "essa droga que chamamos de nosso alto padrão de vida, uma estimulação violenta e complexa dos sentidos, nos torna progressivamente menos sensível e, portanto, necessitado de ainda mais estímulo. Ansiamos por distração — um panorama de imagens, sons, emoções e excitações, tanto quanto possível, aglomerado no menor período de tempo." O vício não é novidade. Acontece que a droga de hoje é exponencialmente mais acessível e poderosa.

MENOS DOCES, MAIS ALIMENTOS – UMA MANEIRA MELHOR DE OTIMIZAR

Todas as notificações, notícias e outras distrações onipresentes na sociedade de hoje são como doces. Nós as desejamos, e têm um gosto bom enquanto as comemos, mas são calorias vazias, que não satisfazem nem nutrem de fato. No mínimo, prejudicam-nos, em particular quando as consumimos em grandes quantidades. Nenhum retuíte, tipo, mensagem do chefe às 21h, postagem no Instagram ou notícia "de última hora" é mais significativo ou satisfatório do que estar presente para pessoas e atividades que nos são relevantes.

Em *A Arte de Viver*, o mestre zen Thich Nhat Hanh escreve: "Tornou-se um hábito pegarmos o smartphone ou o computador e mergulharmos em outro mundo. Fazemos isso para sobreviver. Mas queremos mais do que sobreviver. Queremos viver." Concordo.

Otimizamos as coisas erradas: Negócios. Informações ininterruptas. Relevância digital. É fácil convencermo-nos de que fazemos muito, quando, na verdade, quase nada fazemos, não de valor real. Não é de surpreender que distrações implacáveis deixem as pessoas insatisfeitas. Você não fica satisfeito comendo um monte de doces. O que você obtém é um pico efêmero seguido de doenças e arrependimento.

A otimização em si não é ruim. Mas estamos fazendo tudo errado. De acordo com o dicionário Merriam-Webster, a definição de *otimizar* é "tornar o mais perfeito, eficaz ou funcional possível". *Otimizar* deriva do latim *optimus*, que significa simplesmente "melhor". Se o objetivo é otimizar, não devemos nos concentrar em fazer mais só por fazer. Em vez disso, devemos nos concentrar em estar presentes para as atividades e as pessoas que mais importam para nós. Como você verá em breve, quando otimizamos dessa forma, sentimos e realizamos o nosso melhor. Fazer só tem valor se houver valor nisso.

Ed Batista é professor da prestigiosa Stanford Graduate School of Business (GSB) e conselheiro de vários executivos importantes no Vale do Silício. Seu curso, Art of Self-Coaching, é um dos mais populares da GSB, conhecido por seu foco na humanidade dos alunos, não apenas em suas habilidades de gestão. Com seus alunos e clientes, e em sua própria vida, Batista enfatiza a importância da presença e de focar a atenção. Para ele, isso começa avaliando honestamente as compensações. "Muitas vezes pensamos no valor potencial do que adicionamos aos nossos pratos, mas raramente consideramos a que custo", diz ele. Em outras palavras, é importante lembrar que sempre que você diz sim a algo, está dizendo não a outra coisa.

O mindset de Batista não se aplica apenas a reuniões ou projetos, mas também às pequenas decisões do dia a dia. A cada vez que você verifica seu smartphone, sacrifica o potencial de um pensamento criativo que preencheria aquele espaço. A cada vez que muda de foco para responder a um e-mail, sacrifica progredir em uma tarefa importante. A cada vez que é pego pensando em algo que aconteceu no passado ou pode acontecer no futuro, perde a capacidade de se conectar intimamente com a pessoa ou trabalho à frente. "A atenção é um recurso finito", diz Batista. "E os vampiros de atenção ficam à espreita por toda parte, sugando a vida de todos nós."

Batista é um grande defensor de projetar seu entorno de forma que proteja a sua atenção. "Projetar o ambiente certo facilita tudo internamente, na minha cabeça", diz ele. Isso pode significar deixar seu smartphone desligado e em outra sala, ou seu navegador de internet e provedor de e-mail fechados. Estudos mostram que essas distrações potenciais à vista já reduzem a qualidade de nossa presença, mesmo se não as estivermos usando. Os pesquisadores especulam que isso ocorre por duas razões: (1) É necessário uma boa quantidade de energia mental para resistir a verificá-las e (2) elas convocam tudo o mais que está acontecendo no mundo, cuja ideia já é uma grande distração em si. Mesmo que seu smartphone esteja virado para baixo e no silencioso, é difícil não pensar no que está acontecendo do outro lado. Se ele está dentro da sua linha de visão, provavelmente está contribuindo para a deterioração da sua presença e atenção. Estabelecer limites firmes é outro conceito que Batista ensina e incorpora. Ele não tem nenhum problema em recusar se envolver com pessoas e projetos que não lhe interessam ou que o fariam se sentir dispero e acelerado. "Se nos encontramos em situações em que não podemos gerenciar nossa atenção, vale a pena perguntar: *O que estou fazendo aqui?*", diz ele.

"Não estou sugerindo que devemos ficar hipnotizados com o que está à nossa frente. Mas, se estamos sempre entediados e distraídos, é um sinal de que não devemos gastar nosso tempo, nossa atenção e nossa energia com aquela pessoa ou atividade em particular."

Aqui, Batista traz o filósofo estoico Sêneca e sua obra-prima, *Sobre a Brevidade da Vida*, escrita por volta de 49 d.C. "Não é que tenhamos pouco tempo de vida", escreve Sêneca. "É que o desperdiçamos muito. As pessoas são frugais na guarda de seus bens pessoais, mas, quando se trata de desperdiçar tempo, perdem muito daquilo com que se deveria ser mesquinho." Sêneca e os estoicos ensinaram que a vida, na verdade, é muito longa, se soubermos como vivê-la. Quando protegemos nosso tempo, nossa energia e nossa atenção e os direcionamos com sabedoria — quando estamos presentes para pessoas, lugares e atividades significativas —, nossa experiência de estar vivo melhora drasticamente.

SIMBIOSE PERFEITA – QUANDO A CIÊNCIA DE VANGUARDA ENCONTRA A SABEDORIA ANTIGA

Quando você está totalmente presente para o que está à sua frente, torna-se mais propenso a entrar no fluxo, um estado no qual é absorvido por uma atividade — seja correr, fazer amor, pintar, codificar, resolver provas matemáticas, engajar-se em uma boa conversa, meditar, surfar, o que quiser. No fluxo, suas percepções de tempo e espaço são alteradas. Você entra no que é coloquialmente conhecido como "a zona". Décadas de pesquisas psicológicas mostram que as pessoas têm melhor desempenho e se sentem melhor quando entram nesse estado. Uma precondição crítica para o fluxo é a eliminação de distrações para se concentrar completamente no que estiver fazendo.

Outra característica comum do fluxo é o abandono da autoconsciência. É como se você se tornasse um com sua experiência. A delimitação entre sujeito e objeto, entre você e sua atividade, se dissolve. Embora apenas nas últimas décadas os cientistas tenham documentado esse elemento definidor de fluxo, as principais tradições do mundo falam dele há milênios. Considere o seguinte: no budismo, a meta do caminho espiritual, se houver, é o Nirvana, ou a dissolução do eu em conexão com algo maior, com uma amplitude cada vez maior e com a atemporalidade. O conceito central do taoísmo, o Caminho, é descrito como uma experiência não dual, a fusão de sujeito e objeto — representada por yin e yang. Os estoicos escreveram que a satisfação duradoura surge quando a atenção da pessoa está totalmente absorvida em seu trabalho ou sua conversa. Na Grécia antiga, uma virtude moral primária era *arête*, excelência pela aplicação da presença completa em seu ofício. Os gregos acreditavam que por arête alguém expressa todo o seu potencial. Eles obtêm o máximo de si próprios e, ao fazê-lo, partilham seus talentos únicos com a comunidade. Embora essas tradições tenham evoluído em diferentes partes do mundo, sua mensagem compartilhada é clara. Estamos em nosso melhor quando estamos absortos no presente.

Em um estudo realizado em Harvard, os psicólogos Matthew Killingsworth e Daniel Gilbert queriam entender melhor a ligação entre a presença e o estado emocional. Eles desenvolveram um aplicativo para iPhone (a ironia disso não passou despercebida) que contatou mais de 2.250 voluntários em intervalos aleatórios para perguntar se estavam felizes, o que estavam fazendo no momento e se haviam se concentrado em suas atividades atuais ou pensando no passado ou no futuro. Killingsworth e Gilbert descobriram que a qualidade da presença de alguém determinava a qualidade de sua vida. "A frequência com que nossa mente deixa o presente e para onde tende a ir indica mais nossa felicidade do que as atividades nas quais estamos engajados", diz Killingsworth. Quanto mais presentes estivermos, melhor. Os paralelos entre suas descobertas e os ensinamentos das antigas tradições não foram ignorados por Killingsworth e Gilbert. "Muitas tradições filosóficas e religiosas ensinam que a felicidade é encontrada vivendo o momento", escreveram na revista *Science*. Os resultados de seu estudo, concluem, provam que esses ensinamentos antigos estão corretos.

Em um estudo à parte, também realizado em Harvard, os pesquisadores monitoraram o bem-estar físico e emocional de mais de 700 pessoas que cresceram em Boston durante as décadas de 1930 e 1940. É um dos estudos mais longos e abrangentes do tipo, acompanhando de perto assuntos desde o final da adolescência e início dos 20 anos até os 80 e 90 anos. Dessa forma, o Estudo de Desenvolvimento de Adultos de Harvard está bem posicionado para responder a perguntas sobre o que significa viver uma vida boa e gratificante. Muitas das descobertas são o que você esperava: não beba muito, não fume, faça exercícios regularmente, tenha uma dieta nutritiva, mantenha um peso corporal saudável e continue aprendendo. Mas, de acordo com George Vaillant, psiquiatra e terapeuta clínico que dirigiu o estudo por mais de três décadas, o componente mais importante para uma vida boa e longa é o amor. "Os 75 anos e 20 milhões de dólares gastos no Grant Study apontam para uma conclusão que se resume em cinco palavras", escreve Vaillant. "Felicidade é igual a amor — ponto-final."

O que é o amor — por uma pessoa, por uma busca ou pela própria vida —, senão presença, atenção e carinho retumbantes? Quando estamos totalmente presentes, entramos em um espaço sagrado, no qual, segundo o filósofo e mestre de aikidō George Leonard, "Deus vive." Talvez esse espaço seja também onde o amor vive. Quem sabe, talvez Deus, amor, Nirvana, o Caminho, *arête* e fluxo não sejam todos um e o mesmo.

A VIDA É AGORA

Em 2008, quando Mike Posner era um universitário de 20 anos da Duke, ele escreveu a canção "Cooler Than Me" no seu dormitório. Era uma faixa única, um *mashup* de pop e música eletrônica, antes que esse tipo de mixagem fosse comum. As estações de rádio de sua cidade natal, Detroit, adoraram a música. Sei disso porque eu estava morando fora da cidade logo após o lançamento de "Cooler Than Me", e, por meses, o refrão da música foi o pano de fundo de todo passeio de carro, visita à barbearia, sessão de ginástica e experiência em um café. Não demorou muito para a música se espalhar além de Detroit e, em maio de 2010, alcançar o número 2 na Billboard Hot 100. Posner — que, quando criança, preocupava os pais, porque, nas palavras deles, ele "não falava com ninguém, só executava batidas" — estava no auge. Em 2016, Posner lançou seu segundo álbum, *At Night, Alone*, que incluiu o grande sucesso "I Took a Pill in Ibiza", uma reflexão sobre os altos, os baixos e mais do que o vazio ocasional do estrelato. Posner presumiu que assinar um contrato com uma gravadora e ficar famoso o faria feliz, mas estava enganado. Dinheiro, sexo, drogas e programas em série não eram o que ele pensava ser.

Posner lançou o álbum seguinte, *A Real Good Kid*, em 2019. Muita coisa acontecera nos quatro anos anteriores. Seu grande amigo Tim Bergling, o icônico artista do eletrônico conhecido como Avicii, suicidou-se. Posner terminou com a namorada. E seu pai, seu melhor amigo no mundo, faleceu, aos 73 anos, devido a um câncer no cérebro de evolução rápida. Enquanto os álbuns anteriores de Posner tendiam para o jovial e otimista, *A Real Good Kid* confrontava sua realidade sombria. Ele disse que essa criação o ajudou a processar a dor. O álbum sangra vulnerabilidade. Há momentos em que Posner está irremediavelmente perturbado, gritando e chorando.

Lembro-me de ter ficado maravilhado na primeira vez em que o escutei. A presença de Posner — sua dor, seu sofrimento, seu questionamento, sua cura, sua alegria, tudo — passou pelos fones de ouvido e chegou ao meu coração. Eu estava no espaço sagrado de George Leonard com ele. Isso não é por acaso. *A Real Good Kid* começa com uma breve introdução na qual Posner implora ao ouvinte: "O álbum tem 40 minutos e deve ser ouvido de uma só vez, direto. Destina-se a ser ouvido sem mensagens de texto, e-mails, distrações de qualquer tipo. Se, neste momento, você não for capaz de devotar 40 minutos de atenção total, peço que o desligue e volte mais tarde."

Quando falei com Posner, cerca de um ano após o lançamento de *A Real Good Kid*, ele disse que se sentiu mal quando o álbum foi lançado. Temia a autopromoção, os altos e baixos das turnês e a fachada superficial que as empresas são para uma estrela pop. A perda ainda estava em primeiro plano. Ele teve uma percepção visceral de que também morreria. "Então eu disse: foda-se", falou. "Quero caminhar pelos EUA. É algo que sempre sonhei em fazer e não esperarei. Não sei por quanto tempo ficarei aqui. Então, farei isso agora." A gravadora não gostou, mas Posner não se importou. Ele não estava saindo em turnê. Não estava fazendo todos os programas noturnos. Estava caminhando pelo país, escapando de todo o barulho na esperança de encontrar algum sinal, ansiando por saciar sua sede de uma realização duradoura.

Em 15 de abril de 2019, Mike Posner partiu de Asbury Park, Nova Jersey, para caminhar pelos EUA. Seis meses depois, na sexta-feira, 18 de outubro, ele terminou, em Venice Beach, Califórnia. A jornada de 4.589km foi além de qualquer coisa que ele poderia ter imaginado. No leste do Colorado, foi mordido no tornozelo por uma cascavel e quase morreu. Ele foi levado de helicóptero para um hospital, onde passou cinco dias na UTI, seguidos de semanas de internação. Mas Posner estava determinado. Após recuperar as forças para andar, voltou para onde foi mordido e recomeçou a andar. Mais do que os desafios físicos, ele me disse que a jornada emocional teve o impacto mais profundo sobre ele. "Fui a lugares que não sabia que existiam", disse. "Aprendi a estar presente nos altos e baixos e a superá-los, até mesmo para me manter forte e estável."

Em algumas das comunidades pelas quais passou, Posner fez pequenos shows acústicos. Ele me disse que elas lhe lembravam das coisas que mais amava na música: a conexão profunda e a presença, tanto com suas músicas quanto com seu público. "Quanto mais me sinto amado pela minha comunidade, menos me importo com as distrações, o barulho, os retuítes, os *likes*, os comentários [...]. Simplesmente não importa", diz ele. "A vida se desacelerou. Pela primeira vez, em muito tempo, eu me senti excelente. Foi bonito." Posner percebeu que o modo como pensava sobre felicidade e realização estava equivocado. "Eu pensava que havia uma zona final ou uma trave a que eu chegaria. Mas isso não é verdade. Não há zona final. É uma decisão do dia a dia. Como quero aparecer? Para onde desejo direcionar minha energia e atenção? Para que quero estar presente? Respondendo a essas perguntas com integridade, encontra-se a felicidade."

Logo após terminar a caminhada, Posner postou um vídeo no YouTube, uma música dele, "Live Before I Die". No meio do vídeo, em letras maiúsculas grandes, em negrito, "A VIDA É AGORA" aparece na tela. Mais do que tudo, foi o que a caminhada de Posner lhe ensinou e ensina a todos nós. Praticar a excelência é estar aqui — realmente estar aqui — para nossas vidas agora. Sim, a caminhada de Posner foi drástica. Mas você pode fazer uma jornada semelhante na criação de filhos, na criatividade, na arte, nos esportes ou qualquer outra atividade. Se prestar atenção em como está prestando atenção, experimentará visceralmente o poder de praticar a excelência e se perder — e perceberá que esses opostos aparentes são, na verdade, o mesmo. As pessoas costumam pensar no número de anos de suas vidas. Mas talvez mais importante seja a quantidade de vida, a quantidade de presença, nesses anos.

ESQUEÇA A PRODUTIVIDADE – PENSE EM TER UMA ATIVIDADE *PRODUTIVA*

Quando estava iniciando sua caminhada, Posner afirmava: "Não estou caminhando para mostrar às pessoas quem sou. Estou caminhando para descobrir quem me tornarei." Nesse sentimento há o paradoxo crucial da presença. Quando você está presente, não apenas molda sua experiência do agora, mas também seu futuro.

Alguém que entendeu isso bem foi Erich Fromm, um judeu alemão que fugiu do regime nazista e mudou-se para os EUA em 1933. Era polímata: um brilhante psicólogo, sociólogo e filósofo humanista. Em 1976, Fromm escreveu *Ter ou Ser?* No livro, cunhou a expressão *atividade produtiva*: quando a atividade de uma pessoa é "uma manifestação de seus poderes; quando a pessoa, sua atividade e o resultado dela são um". Se isso lhe parece familiar, é porque o é. A atividade produtiva de Fromm é semelhante ao que os cientistas modernos chamam de fluxo; o Budismo, de Nirvana; o Taoísmo, de Caminho; e o que os gregos antigos chamavam de *arête*.

Fromm acreditava que a atividade produtiva é geradora não apenas do melhor trabalho, mas também da melhor vida. Em sua teoria, a qualidade da atividade produtiva molda o que você faz hoje, e isso, quem você será amanhã. Sua atividade produtiva baseia-se no que chama de *concentração* e *preocupação suprema* — ou o que chamamos de *presença*. De acordo com Fromm, para fazer o seu melhor trabalho e tornar-se o que você tem de melhor, é preciso cultivar a presença e direcioná-la para atividades produtivas e significativas. Seu conceito de atividade produtiva é diferente das formas modernas de pensar sobre produtividade. Enquanto o último tende a ser frenético e disperso, o primeiro é intencional e atencioso. A atividade produtiva não tem nada a ver com ser varrido pela inércia do trabalho. Também não se trata de quantidade. Em vez disso, é uma escolha deliberada de onde e como direcionar a atenção.

A importância dessa escolha não pode ser exagerada. Pesquisas mostram cada vez mais que o que é importante não necessariamente chama a nossa atenção, mas o que chama a nossa atenção torna-se importante. Isso reflete um conceito da psicologia budista antiga que é conhecido como *irrigação seletiva*. Em suma, a mente contém uma grande variedade de sementes: alegria, integridade, raiva, ciúme, ganância, amor, ilusão, criatividade etc. A psicologia budista ensinou que devemos pensar em nós mesmos como jardineiros, e em nossa presença e atenção como alimento para as sementes. As sementes que regamos crescem. As sementes que crescem moldam o tipo de pessoa que somos. Em outras palavras, a qualidade de nossa presença — sua intensidade e para onde escolhemos canalizá-la — determina a qualidade de nossas vidas. Mais de 2 mil anos depois que esses ensinamentos budistas foram registrados, o escritor David Foster Wallace, em seu popular discurso de formatura "This Is Water", no Kenyon College, em Ohio, em 2005, disse: "Aprender a pensar significa ser consciente o suficiente para escolher em que você presta atenção e como constrói o significado a partir da experiência. Porque, se não puder exercer esse tipo de escolha na vida adulta, ficará esgotado." Foster Wallace está certo.

Espero que agora os perigos da distração e os benefícios da presença estejam claros. Entender isso é uma coisa, mas colocá-los em prática é outra. A presença não é automática. Só porque você a compreende intelectualmente, não significa que a incorporará. Você precisa treiná-la como qualquer outro músculo. Quase todos os meus clientes de coaching executivo lutam contra a distração e a ocupação incessantes. Às vezes, eu também. Acho que quase todo mundo o faz. Todos nós queremos estar mais presentes. Todos nós entendemos as vantagens de estar mais presente. No entanto, todos nós ainda lutamos para saber como estar mais presente. A seguir, apresento algumas práticas concretas para ajudá-lo. Não é fácil desistir de uma vida de distração por uma de presença. Mas você pode fazer um progresso incremental. O esforço vale a pena.

PRÁTICA: SAIA DA LOJA DE DISTRAÇÕES

É difícil escolher arroz integral e vegetais se você está constantemente cercado por M&Ms de amendoim. Presença, fluxo e atividade produtiva tornam-se mais acessíveis quando você remove os doces, as distrações. Muitos dos dispositivos digitais que chamam sua atenção são feitos por engenheiros altamente qualificados e especialistas em vício comportamental. O objetivo é prendê-lo e eles são proficientes nisso. Resistir às distrações causadas por esses dispositivos é uma batalha perdida. Assim, é útil pensar na força de vontade como algo que se materializa não no momento em que você deseja estar presente, mas antes. Talvez a cena mais famosa da odisseia épica de Homero seja quando Ulisses, o protagonista, quer ouvir o canto das sereias, sabendo que isso o impossibilitaria de pensar racionalmente. Sua beleza irresistível o distrairia de sua missão e o uniria às forças inimigas. Então, Ulisses põe cera nos ouvidos da tripulação para que não ouçam, e a instrui a amarrá-lo ao mastro do navio e a não o soltar em nenhuma circunstância. Assim, ele pode ouvir a música sem se tornar escravo dela. Nos círculos da filosofia, isso é conhecido como pacto de Ulisses. Sua lição é que, quando somos confrontados com grandes tentações, a força de vontade sozinha quase nunca basta.

Subir a corrente das distrações tentadoras é um processo de duas etapas: identificar momentos em que deseja se envolver em um trabalho de foco profundo ou apresentar o jogo e a conexão e, em seguida, eliminar as distrações antes desse momento.

- Bloqueie os períodos em sua agenda para presença total ou torne-os parte de sua rotina. Saber o que fazer nesses blocos com antecedência é a chave. Sem essa etapa de planejamento e intencionalidade, a distração facilmente invade a presença.

- Pense em onde armazenar seus dispositivos digitais e em como eliminar outras distrações. Lembre-se de que a simples visão de alguns dispositivos digitais, como smartphones e computadores, interfere na sua capacidade de estar presente. Desligá-los pode não ser o suficiente. Fora da vista é fora da mente. Tive clientes que deixavam seus smartphones e computadores em suas bases ou que saíam do escritório para ir a cafés sem wi-fi. Essa etapa é crucial se você costuma verificar seus e-mails, curtidas, retuítes ou comentários nas redes sociais. Lembre-se de que ver essas notificações é jogar no caça-níqueis existencial. É difícil prestar atenção em outra coisa em um cassino.

- Não se surpreenda se você se sentir pior antes de se sentir melhor. Se está acostumado a ficar preso a seus dispositivos digitais o tempo todo, deixá-los para trás será estressante. Comece com pequenos intervalos sem distração, de até 20 minutos, e aumente gradualmente a duração. Os psicólogos chamam esse processo de *prevenção de exposição e resposta*, ou ERP. Esse tratamento é o padrão ouro para a ansiedade. Você se expõe a coisas que o deixam ansioso e, então, evita a resposta que, de outra forma, faria a ansiedade passar. Nesse caso, a exposição é estar totalmente presente, sem verificar seu dispositivo ou se preocupar com o passado ou o futuro, e a resposta evitada é verificar o smartphone ou ser pego em ruminação.

- Com o ERP, a inquietação e a angústia aumentam no início, mas melhoram com o tempo. Saber isso já ajuda, principalmente se você tiver dificuldades no início. Continue a prática. Após algumas semanas, seu cérebro reaprenderá que o mundo não acaba quando você deixa seu smartphone para trás e que não precisa se preocupar constantemente com o passado ou com o futuro. Como consequência, você será mais capaz de praticar a excelência no presente sem se distrair. Realizará um trabalho mais significativo, se sentirá cada vez mais estável e com mais realização e satisfação.

- Um último ponto a ser observado: Certifique-se de reservar alguns minutos para mergulhar no foco profundo e na presença. Como doces, as distrações quase sempre são mais atraentes no momento. Demora um pouco para se sentir bem comendo arroz integral. Nove entre dez vezes, quando me sentei para trabalhar neste livro, teria sido muito mais fácil tuitar, responder a e-mails ou navegar em sites de notícias e política. Mas, após alguns minutos afundado no ritmo, eu sempre ficava feliz em escrever e não fazer outras coisas.

Você pode pensar que, se algum nível de presença é bom, mais deve ser melhor; então, por que não evitar distrações durante todo o dia? Embora seja um objetivo nobre, para muitos de nós, inclusive eu, é irreal. O que acaba acontecendo é que cedemos à tentação das novidades e distrações e depois nos repreendemos. Sugiro uma abordagem diferente com meus clientes de coaching. Eu os faço reservar blocos de tempo para um trabalho sem distrações e uma conexão íntima e deixar que, durante o resto do dia, aconteça o que for. Se eles checarem seus e-mails um zilhão de vezes, tudo bem, contanto que não os verifiquem durante os bloqueios de retirada de presença. Dessa forma, em vez de falhar constantemente ou tentar evitar um resultado negativo (não se distrair), eles padronizam o sucesso e alcançam um resultado positivo (a sensação de estar presente). Com o tempo, quanto mais você experimenta a presença, menos atraentes se tornam as distrações. Esse processo o leva a uma vida inteira de presença.

Certa vez, tive um cliente de coaching chamado Tim, um vendedor muito bem-sucedido, acostumado a estar sempre online. Embora ele não gostasse de como isso o fazia se sentir, mal cogitava outra maneira de existir. Começamos nos comprometendo com dois blocos de 30 minutos de trabalho de foco profundo ao longo do dia e, à noite, desligar seu smartphone e guardá-lo em uma gaveta às 20h. Após quatro meses trabalhando juntos, Tim fazia três blocos de 90 minutos de trabalho de foco profundo na maioria dos dias e guardava o telefone às 18h30. Quando lhe perguntei sobre sua transformação, ele disse que era bastante simples: ele continuava conquistando pequenas vitórias. Aos poucos, percebeu que, quanto mais presente estava, melhor se apresentava e se sentia. "As primeiras semanas foram difíceis. Eu me sentia nervoso por estar ficando para trás e tinha o desejo subsequente de abrir meu e-mail. Mas continuei." Ele acabou aprendendo a gostar de comer arroz integral e vegetais mais do que M&Ms de amendoim. "Percebi que estava me enganando; a maioria dos e-mails e mensagens não exige uma resposta imediata. A maioria das coisas pode esperar algumas horas." À medida que Tim recuperava sua atenção e capacidade de presença, recuperava horas e horas da sua vida. Ele passava mais tempo com as atividades e as pessoas que importavam para ele e menos tempo com coisas efêmeras e superficiais. Ele começou a sentir que estava em terreno mais sólido. A história de Tim representa uma lição importante. A melhor maneira de alcançar uma vida sem distração é começar aos poucos e construir gradualmente ao longo do tempo. Comece com minutos, avance para horas e você chegará a dias.

PRÁTICA: SURFE NA ONDA DA DISTRAÇÃO

Você nem sempre será capaz de se amarrar a um mastro (como fez Ulisses) ou de remover todas as distrações. E não é como se pudesse controlar seus pensamentos, sentimentos e impulsos — que, muitas vezes, interrompem o foco. Mas o que pode fazer é sentir a tentação de se voltar para a distração ou de se prender a outra coisa e não agir de acordo com ela. "Cada vez que você pega uma onda de desejo sem ceder a ela", diz o neurocientista Judson Brewer, da Brown University, "você para de reforçar o hábito". Em essência, aprende a sentir necessidade de comer doces sem precisar comê-los. "Essas ondas são como Us invertidos — você as sente subir, subir e depois cair", diz Brewer. Seu trabalho é surfar nessas ondas.

À medida que praticar o surfe nas ondas de distração, haverá momentos em que sucumbirá. Você verificará seu telefone. Mergulhará na toca do coelho do e-mail ou das redes sociais. Você se pegará pensando no passado ou se preocupando com o futuro. Isso é bom. Apenas preste muita atenção em como se sente durante e depois que isso acontecer. Provavelmente, você se sentirá bem por um tempo, mas, como ocorre com comer muitos chocolates, começará a se sentir mal. Quanto mais profundamente você sentir a insatisfação que vem com um dia passado em distração, ou mesmo interrompendo temporariamente momentos de plena presença, mais fácil se tornará pegar a próxima onda de distração sem ser engolido por ela. Em essência, você está treinando seu cérebro para identificar distrações como ruídos sem sentido — e não sinais significativos.

O outro lado também é válido: é útil sentir a presença profundamente. Parece óbvio, mas, conforme você faz a transição para estar mais presente, pode se descobrir emergindo de estados de fluxo e de volta ao mundo da distração tão rápido que não percebe como é bom estar no fluxo. Reserve momentos, após um período presente, para refletir sobre sua experiência. Uma maneira fácil de fazer isso, que uso com meus clientes de coaching, é com um diário. Passe uns minutos anotando algumas palavras para descrever sua experiência presente. Quanto mais você reflete e internaliza como é estar presente, menos provável será ceder às distrações. Você perceberá de forma visceral que as recompensas vazias, vibrantes e reluzentes que recebe com as distrações — por um dia checando seus e-mails, curtidas, comentários e retuítes — são pálidas em comparação com o regalo muito mais satisfatório de estar presente para as pessoas e os projetos significativos de sua vida.

PRÁTICA: DESENVOLVA O MINDFULNESS

Quando você pensa em meditação, pode imaginar alguém sentado com as pernas cruzadas e os olhos fechados em um estado de êxtase. É assim que a prática é retratada na mídia, pelo menos, no Ocidente. Mas essa representação gera um grande equívoco: o objetivo principal da meditação é ajudá-lo a relaxar. Isso não poderia estar mais longe da verdade. O mindfulness, a variedade de meditação que discutiremos aqui, desenvolve sabedoria, compaixão e presença para estar totalmente na sua vida.

A cada vez que você se senta em silêncio e tenta se concentrar na respiração, muitos pensamentos, sentimentos e impulsos — muitas vezes, desagradáveis — surgirão. A prática de mindfulness requer não se envolver com pensamentos, sentimentos e impulsos, e, em vez disso, retornar à respiração. "Seu trabalho é simplesmente ver e deixar ir, ver e deixar ir, às vezes de forma implacável, se necessário. [...] Apenas ver e deixar ir, ver e deixar ser", escreve o professor de meditação Jon Kabat-Zinn.

O mindfulness o ensina a deixar uma coceira, seja física ou metafórica, presente sem coçá-la. Você a vê e a sente, sorri e se concentra novamente na respiração. O que descobrirá é que, se deixada de lado, a maioria das coceiras se resolve por conta própria. Se praticar mindfulness regularmente, muitas das proverbiais coceiras da sua vida perderão o poder sobre você, permitindo que direcione sua atenção para onde quiser. Você ganhará a habilidade de perceber distrações — tanto externas quanto internas — e, sem julgamentos, redirecionar sua atenção de volta ao que é importante, em vez de reagir a tudo que surge no seu caminho. Isso não acontece da noite para o dia. Você precisa praticar regularmente.

"Padrões de pensamento habituais, profundamente arraigados, requerem mindfulness constante aplicado repetidamente durante qualquer período necessário para quebrar seu controle", escreve o monge Bhante Gunaratana. "As distrações são tigres de papel. Não têm poder próprio. Precisam ser alimentadas constantemente, ou morrem." A ciência mais recente concorda. Estudos mostram que a atenção é como um músculo. Prestar atenção no agora fortalece sua capacidade de prestar atenção no futuro. Da mesma forma, ser pego na distração agora torna mais provável que você o faça no futuro.

Pratique mindfulness formal e informalmente.

- ***Durante a prática formal,*** defina um cronômetro para entre 3 e 45 minutos e sente-se ou deite-se em uma posição confortável. Comece aos poucos e aumente a duração com o tempo. É melhor começar com alguns minutos de prática formal por dia e ser consistente do que dar um passo maior do que a perna e ficar sempre aquém. Em seguida, dirija sua atenção para a sensação da respiração, onde quer que a sinta com mais força, seja no nariz, no peito ou no abdômen. Quando sua atenção se desviar da respiração para os pensamentos, sentimentos ou impulsos, simplesmente observe, sem julgar, que seu foco mudou e, em seguida, volte-o para a respiração. Se começar a se julgar por estar distraído, tente não se julgar por se julgar! Apenas preste atenção ao que está acontecendo, percebendo que tudo se desdobra, sem se apegar a nada. Isso é tudo o que há para fazer. A prática é assim, em sua simplicidade e dificuldade. Se estiver lutando com a meditação, não é uma coisa ruim. É um sinal de que você está melhorando. Simplesmente perceber como é difícil se concentrar na respiração sem se distrair é uma sacada importante e valiosa por si só. E você ganha autocompaixão ao perceber, de perto e pessoalmente, quantas vezes nos julgamos e quão pouco ganhamos com isso. Você até aprenderá a rir dessas vozes internas.

- ***Informalmente, durante o dia, praticar o mindfulness*** é perceber quando sua atenção se desvia de tudo ou de para quem você quer estar presente e voltá-la ao foco.

Tanto na prática formal quanto na informal, o objetivo não é nunca se distrair. Até os monges se distraem. O objetivo é perceber mais rapidamente quando você está distraído, sem se culpar por isso, para redirecionar sua atenção para onde deseja. O resultado é dominar mais a sua atenção e, portanto, a sua vida.

A prática formal de mindfulness também pode ser combinada à adoção das lentes do observador sábio, a partir do Capítulo 2. Trabalhe em suas habilidades de presença nos primeiros minutos voltando repetidamente à respiração e, em seguida, diminuindo o zoom e adotando uma perspectiva mais ampla, a do observador sábio. Faça isso também na outra direção.

PRÁTICA: FAÇA UMA LISTA DO QUE NÃO FAZER

Embora a data exata seja desconhecida, em algum momento dos anos de 1200, o mestre Zen chinês Wumen Huikai escreveu: "Se sua mente não está turva por coisas desnecessárias, essa é a melhor época da sua vida." Senti isso em 2019, quando comecei a trabalhar com uma cliente de coaching chamada Michelle. Michelle é gerente sênior de uma grande organização. Ela entende profundamente o valor da presença, mas estava lutando para praticá-la desde que havia sido promovida a uma nova função, com relatórios e projetos mais diretos. Como resultado, Michelle sentia que tinha pouco ou nenhum controle sobre o seu dia. Combinado com o tempo, esse sentimento de dispersão a levava por uma ladeira cada vez mais íngreme rumo ao esgotamento. Ela não estava gastando seu tempo, sua energia e sua atenção nas atividades que queria, o que causava significativa frustração, ressentimento e raiva. Seus colegas estavam percebendo e seu parceiro, também. Michelle não estava regando as sementes de sua vida que queria regar, e isso ficava nítido.

Pedi a ela que me contasse tudo o que temia a respeito de seu trabalho — todas as coisas com pouco ou nenhum valor —, que a perturbavam. Ela fez uma longa lista. Então perguntei por que ela simplesmente não parava de fazer tudo da lista. Parte de sua resistência era habitual (ou seja, a ideia de "sempre fiz as coisas assim"). Podíamos trabalhar para cortar aquelas atividades, mas uma série delas envolvia outras pessoas. Ela temia ofender seus colegas se expressasse preocupação com o fato de que parte do trabalho deles era inútil.

Eu disse a ela que isso era compreensível. Perguntei sobre seu nível na confiança de que estava avaliando com precisão o valor das atividades da lista. "Tenho certeza. Tudo isso é absurdo", disse-me. Então perguntei se seus colegas talvez pensassem o mesmo, se talvez eles estivessem com medo de confrontá-la sobre todas as bobagens pelas mesmas razões que ela não queria confrontá-los. Os olhos dela brilharam. "Nunca pensei nisso", disse-me. Nas semanas seguintes, Michelle iniciou conversas abertas e honestas com os colegas de trabalho. Ela conseguiu eliminar quase 70% do lixo de sua lista. Ela não apenas se sentia mais livre e mais presente para o que realmente importava, mas também todos da sua equipe.

É impressionante quanto de nosso tempo, nossa energia e atenção dedicamos a tarefas que não nos atendem. Podem ser atividades habituais que já foram úteis, mas não o são mais. Ou, como era o caso de Michelle, podem ser empreendimentos que envolvam outras pessoas. Frequentemente, a única coisa que nos impede de colocar nossa atenção nessas atividades somos nós mesmos. Mas podemos mudar isso, especialmente se lembrarmos que as apostas são altas. Como gastamos nossas horas é como passamos nossos dias. E, como a escritora Annie Dillard tão eloquentemente apontou: "Como passamos nossos dias é [...] como passamos nossas vidas."

No Capítulo 2, definimos nossos valores essenciais e refletimos sobre algumas das ações que funcionam a seu serviço. Vale a pena se perguntar regularmente se você está direcionando sua atenção e energia de maneira que se alinham com esses valores. Que mudanças você pode fazer em sua vida, tanto pessoal quanto profissional, para passar menos tempo em coisas superficiais e mais nas significativas? Quais sementes você rega regularmente que não quer regar? Como pode ter mais liberdade para regar as que deseja regar? Considere fazer uma lista como a de Michelle, e não tenha medo de fazer cortes implacáveis. Embora as listas de tarefas sejam benéficas, se forem pesadas impedem a presença, impedindo-nos de executar atividades produtivas e apontando-nos para uma produtividade indistinta, ou o que Sêneca chamou de ocupação ociosa. Quando se trata de reivindicar sua presença, a criação de uma lista do que não fazer geralmente é mais poderosa.

IDEIAS FINAIS SOBRE PRESENÇA

Estar presente não é apenas estar excelente no aqui e agora, ou seja, não ser empurrado e puxado por distrações infinitas, mas também lançar a excelência para o futuro. A presença permite que você direcione ativamente sua própria evolução pessoal, em vez de ir aonde a corrente levá-lo. Ela garante que você esteja envolvido em atividades produtivas significativas, em vez de pensar menos e ter uma produtividade impulsionada pela inércia.

Também aprendemos que, quando você está no fluxo — ou no que há muito Buda chamava de Nirvana e os taoístas, de Caminho —, o tempo parece evaporar-se completamente. Isso faz sentido. Quando você está presente, não está pensando no passado nem no futuro. Não está preocupado em ficar para trás ou em qualquer outra coisa que tenha que fazer. Está simplesmente existindo no aqui e agora. Como consequência, quando pratica a presença, tende a se tornar menos apressado e mais paciente. Esse é o princípio da excelência do ser que veremos a seguir.

4

SEJA PACIENTE PARA CHEGAR MAIS RÁPIDO

Donna começou a trabalhar para uma empresa Fortune 100 logo depois da faculdade, no início dos anos 1990. Por duas décadas, foi subindo na hierarquia, assumindo funções com responsabilidades e compromissos cada vez maiores. Em 2016, ela teve a maior e menos esperada promoção da carreira. Foi convidada a ingressar na diretoria, em que seria uma de apenas oito líderes em uma organização com milhares de funcionários e escritórios em todo o mundo. Ela também seria a única mulher e afro-americana na equipe de liderança, o que alguns de seus colegas passaram a chamar de "duplo". Nós nos encontramos para nossa primeira sessão de coaching logo depois que ela aceitou o cargo. Ela me disse que nunca imaginaria aquilo. "Apenas segui meus interesses e tentei trabalhar com pessoas boas. Sou uma executiva acidental, acho", disse. "Isso tudo é surreal." Embora Donna já tivesse exercido grandes funções de liderança antes, nada se comparava a isso.

Parte do que catapultou Donna para sua nova posição foi a sua capacidade de ver grandes projetos até a sua conclusão. Ela ganhou a reputação de alguém que impulsionava o trabalho em uma grande organização, e, quando não estava indo no ritmo certo, ela mesma o fazia. Era uma realizadora de alto nível; tinha um talento especial para fazer as coisas acontecerem. Isso é vantajoso quando você lidera dez, cem ou talvez até mil pessoas. Mas, quando lidera milhares, quando está no leme de um enorme navio, navegando por correntes que mudam constantemente, o desejo de fazer as coisas acontecerem começa a atrapalhar. Em sua nova posição de liderança, toda vez que Donna tentava forçar um problema, impulsionar algo, acabava frustrada. Ela estava estressada, trabalhando horas interminaveis e quase sem dormir. Enquanto isso, apesar de todos os seus esforços, planos e projetos que estava tentando agilizar não se moviam mais rápido. Na verdade, alguns deles diminuíram o ritmo.

Donna experimentou o que muitos de meus clientes de coaching executivo passam quando assumem grandes funções de liderança e o que todos vivenciamos quando nos empenhamos em atingir metas significativas. Queremos resultados agora. Queremos nos sentir confortáveis e no controle, para resolver problemas e consertar as coisas. É verdade que essas atitudes, componentes-chave do individualismo heroico, são como o combustível de um foguete em certas situações, impulsionando-nos para a frente em alta velocidade. Mas, em muitas outras situações, tornam-se contraproducentes. Para ser eficaz e manter-se centrada, Donna teve que aprender uma nova forma de liderança, uma nova forma de ser. Ela teve que aprender a praticar a paciência.

Como verá, o tipo de paciência a que me refiro não é equivalente a esperar para sempre sem resultados. Em vez disso, é uma persistência cuidadosa e constante que requer desaceleração em curto prazo para ir mais rápido e mais longe em longo prazo. É o que Donna e eu nos referimos como a diferença entre fazer as coisas acontecerem e permitir que aconteçam, a diferença entre intervir e exercer sua vontade e recuar e permitir que as coisas ocorram em seu tempo. Embora haja um tempo e um lugar para essas duas estratégias, a maioria das pessoas usa a primeira, mesmo quando a última é a ideal.

O terceiro princípio da excelência é a *paciência*. A paciência neutraliza nossa inclinação para apressar, correr e enfatizar demais as situações agudas em favor de um longo jogo. Ao fazer isso, ela se presta à estabilidade, à força e ao progresso duradouro.

ÀS VEZES, A PACIÊNCIA É LANCINANTE

Em 2014, na Universidade da Virginia, em Charlottesville, o psicólogo social Timothy Wilson teve um palpite de que as pessoas não gostam de esperar. Para testar sua hipótese, Wilson recrutou centenas de universitários e membros da comunidade para participar do que ele disse que eram "períodos de reflexão". Os participantes foram colocados em salas vazias por 15 minutos, sem nada para se distrair. Seus smartphones e notebooks foram confiscados. Wilson deu aos participantes duas opções: sentar-se e esperar 15 minutos ou levar um choque com uma forte corrente elétrica. Os resultados foram chocantes — literalmente. Dos homens, 67%, e 25% das mulheres optaram pelo choque, muitas vezes repetidamente, em vez de ficarem parados e esperar. Eles não eram masoquistas. Antes do estudo, todos os participantes disseram que pagariam para não levar um choque.

Mas, quando se tratava de se sentar e esperar — novamente, por meros 15 minutos —, a maioria dos homens e uma proporção considerável das mulheres prefeririam passar eletricidade por seus corpos.

A hipótese de Wilson estava correta. Os resultados de seu estudo demonstram que as pessoas não gostam do tédio e lutam para não esperar. Embora as dores que as pessoas do estudo de Wilson tenham sentido para evitar a espera fossem surpreendentes, o tema geral não o é. Nossa sociedade enfatiza os resultados agora. Pedimos comida com um clique e esperamos que chegue à nossa porta em minutos. Lemos tuítes de 280 caracteres em vez de reportagens investigativas extensas. Constantemente promovemos uma variedade de soluções rápidas e "truques". Ele acredita que o individualismo anseia por riqueza e saúde instantâneas e felicidade constante. Algumas pessoas até querem viver para sempre, tornando-se obcecadas pela longevidade — a ironia é que elas querem isso agora e em uma pílula mágica, dieta ou algum outro tipo de solução rápida.

Pesquisas conduzidas pela empresa Forrester mostram que, em 2006, os compradores online esperavam que as páginas carregassem em menos de 4 segundos. Três anos depois, esse número foi reduzido para 2 segundos. Em 2012, os engenheiros do Google descobriram que os usuários da internet esperam que os resultados da pesquisa sejam carregados em apenas 2 segundos, ou o tempo de piscarem. Não há razão para acreditar que essa tendência esteja se desacelerando. O autor Nicholas Carr, cujo livro *The Shal Lows* explora os efeitos de longo alcance da internet, diz: "À medida que nossas tecnologias aumentam a intensidade do estímulo e o fluxo de novas coisas, nós nos adaptamos a esse ritmo. Tornamo-nos menos pacientes. Quando surgem momentos sem estímulo, entramos em pânico e não sabemos o que fazer com eles, porque nos treinamos para esperar o estímulo."

Um relatório presciente de 2012, sobre o quanto os millennials se beneficiariam e sofreriam devido a suas vidas hiperconectadas, conduzido pelo Pew Research Center, do Internet and American Life Project, previu que um efeito colateral de nosso mundo hiperconectado é a "expectativa de gratificação instantânea". Escrevo "efeito colateral", porque é apenas isso. Não há nada de intrinsecamente ruim na tecnologia — confio nela e tenho a mesma chance de ficar frustrado quando a ampulheta em qualquer tela para a qual eu esteja olhando não se esvazia rápido o suficiente. Mas, quando esperamos esse tipo de velocidade, estímulo contínuo e gratificação instantânea em outras áreas de nossas vidas, temos um problema.

De modo geral, as coisas boas levam tempo para se concretizar. Paciência é uma vantagem no atletismo, nos negócios, na criatividade, na ciência e nas relações. O Vale do Silício nos diz para "agir rápido e quebrar as coisas[i]". Mas, como evidenciado pelos fracassos e consequências indesejáveis de tantas empresas de lá, se você adotar esse mindset, você que acabará quebrado. Cultivar a paciência serve como um amortecedor contra ser pego pela energia frenética e pela angústia. Ajuda a compensar a tentação de buscar novidades sempre e mudar constantemente de rumo. Isso nos convida a aparecer de maneira confiável e cuidadosa, mesmo quando as coisas parecem se mover lentamente. Isso nos incentiva a ter uma visão mais ampla, a reconhecer quando é sensato deixar as situações se desenrolarem em seu próprio tempo. Até nos ajuda a nos movermos rapidamente no momento. Um dos meus amigos mais próximos, Justin, é médico

---

[i] "Agir rápido e quebrar as coisas": ditado comum nas indústrias da ciência e da engenharia. Nesse contexto, significa que cometer erros é uma consequência natural da inovação num ambiente altamente competitivo e complexo. [N. da R.]

socorrista do centro de Oakland, na Califórnia. Seu mantra durante cada segundo dos casos de trauma é: "Vá devagar para ir rápido."

Pense em um tópico familiar à maioria: dietas. Atraídos por abordagens novas, muitos se esforçam para perder peso alternando entre modismos: lowfat [baixo consumo de gordura], lowcarb [baixo consumo de carboidrato], South Beach[ii], Atkins[iii], DASH[iv], Zone[v], Ornish[vi], ceto[vii], jejum intermitente… a lista continua. Não é que essas dietas não funcionem. É que a mudança contínua é prejudicial à perda de peso. Um estudo de 2018 de Stanford comparou dietas com baixo teor de gordura e carboidratos, rastreando participantes designados aleatoriamente a elas por um ano. O melhor preditor de perda de peso não foi a dieta, mas se eles aderiam de fato a ela. Fora das abordagens menos confiáveis, a melhor dieta é aquela que você segue.

[ii] Dieta de South Beach: criada pelo cardiologista Dr. Arthur Agatston, médico do Hospital Monte Sinai, no sul da Flórida. Originalmente desenvolvida para pacientes obesos com problemas cardíacos. [N. da R.]

[iii] Dieta Atkins: também conhecida como dieta da proteína, criada pelo cardiologista norte-americano Dr. Robert Atkins, e tem como base a restrição do consumo de carboidratos e o aumento do consumo de proteínas e gorduras ao longo do dia. [N. da R.]

[iv] Dieta DASH: plano de alimentação que tem como objetivo principal ajudar a diminuir a pressão arterial. Também tem sido utilizada para baixar o peso e ajudar a controlar a diabetes. A sigla DASH vem do inglês *Dietary Approaches to Stop Hypertension*, que significa Métodos para Combater a Hipertensão. [N. da R.]

[v] Dieta da Zona (Zone): tornou-se popular devido a uma série de livros sobre a dieta escritos pelo bioquímico Barry Sears. A dieta ajudou pessoas a perderam quantidade significativa de gordura ao encorajá-las a consumir carboidratos, proteínas e gordura em uma proporção específica. [N. da R.]

[vi] Dieta Ornish: dieta vegetariana de baixo teor de gordura, projetada pelo Dr. Dean Ornish, professor da Universidade da Califórnia, São Francisco. [N. da R.]

[vii] Dieta cetônica: feita com base em alimentos gordurosos e com pouco carboidrato. [N. da R.]

Isso é tudo o que há a fazer. Fácil de entender, mas, aparentemente, difícil de praticar. Escrevendo sobre esses e outros resultados nutricionais experimentais no *The New York Times*, Aaron Carroll, médico pesquisador da Escola de Medicina da Universidade de Indiana, explica: "Dietas bem-sucedidas em longo prazo são provavelmente aquelas que envolvem mudanças lentas e constantes."

Claro, não se trata apenas de dietas. O mesmo vale para qualquer mudança persistente em desempenho, saúde ou felicidade. Se você apressar o processo ou esperar resultados rápidos, ficará desapontado. Quanto maior e mais significativo for o esforço, mais paciência é necessária. Quando eu estava no auge da minha experiência com o TOC, um dos melhores conselhos que recebi foi do meu psiquiatra, Dr. Lucas V. D. "Seja paciente", disse-me ele. "É um jogo de nove entradas[viii]." Embora desejasse estar no final da nona com uma vantagem de sete corridas, a verdade é que, na época, provavelmente ainda estava no meio da segunda. Ele estabeleceu a expectativa de que a recuperação seria um esforço de longo prazo, uma jornada que se desenrolaria com altos e baixos, com alguns momentos melhores do que outros. Seu conselho me tocou. Em muitas áreas da vida — tanto pessoal e profissional —, tendemos a ampliar o presente e vê-lo como abrangente. Não ajuda nossa cultura reforçar isso com seu foco incessante na velocidade e no progresso da noite para o dia. Mas, quando diminuímos o zoom e percebemos que muitos dos projetos em nossas vidas são jogos de nove entradas, a percepção imediata de tudo aquilo com que lidamos relaxa. E o mesmo ocorre com a

---

[viii] Referência ao jogo de beisebol. Uma entrada (*inning*) consiste em duas metades. Em cada metade, uma equipe rebate até três eliminações serem feitas, com a outra equipe jogando na defesa. Uma entrada completa é composta de seis eliminações, três para cada time; e um jogo, de acordo com o regulamento, é formado por nove entradas. [N. da R.]

angústia que causa o imediatismo percebido. Tempos desafiadores tornam-se menos desafiadores quando percebemos que não durarão para sempre. Consequentemente, podemos seguir em frente com mais consideração, consistência e uma chance maior de alcançar um tipo de sucesso gratificante, a marca registrada da excelência.

NÃO EXISTEM DESCOBERTAS REPENTINAS

Como jovem geólogo, Charles Darwin passou quase 5 anos no HMS *Beagle*, um grande navio que circunavegava o globo em uma expedição científica de longo alcance. Embora o navio tenha zarpado em 1831, só em 1835, em uma visita às Ilhas Galápagos, no final da viagem, Darwin começou a formular sua teoria da seleção natural, que na época era conhecida como transmutação de espécies. Levou mais de 4 anos no mar até que sua visão revolucionária começasse a tomar forma. Mas mesmo isso foi apenas o começo. Após seu retorno, Darwin trabalhou vigorosamente na teoria, obtendo ganhos significativos entre 1836 e 1838. No entanto, foi somente em 1859 que publicou sua obra-prima, *A Origem das Espécies*. Em outras palavras, ele passou mais de 20 anos trabalhando e retrabalhando suas ideias. Durante esse tempo, Darwin passou por incontáveis caminhos errados, críticas e bloqueios mentais. Em suas palavras, seu sucesso deveu-se principalmente "ao amor pela ciência e à paciência ilimitada para refletir longamente sobre qualquer assunto". Indiscutivelmente, o maior avanço científico da história moderna não foi, realmente, um avanço. Demandou mais de duas décadas de construção. Quando *A Origem das Espécies* foi publicada, 28 anos após ter embarcado no HMS *Beagle*, Darwin, o provocador e nada convencional pioneiro, tinha 50 anos.

Diferentemente do que o mindset do individualismo heroico o faz pensar, o progresso é lento, e tudo bem. Para fazer uma diferença significativa em praticamente qualquer coisa importante, seu trabalho precisa persistir por tempo o suficiente para romper barreiras e planaltos inevitáveis. O que parece um período estático pode não ser um período estático; você pode simplesmente não estar vendo os efeitos de seus esforços ainda. Quando você trabalha em algo significativo, algo significativo está trabalhando em você. Ainda estou para conhecer alguém que descreva seus momentos mais felizes ou gratificantes como aqueles em que estava com pressa e ansiedade.

Na teoria, tudo soa bem. Na realidade, porém, os platôs podem ser especialmente frustrantes. Expõem todos os tipos de motivações ocultas. Você está fazendo o que está fazendo porque é viciado em resultados externos? Você pode continuar sem a dopamina constante (o efeito neuroquímico do bem-estar) que acompanha o progresso observável? Você consegue se desligar de uma cultura de consumo que tenta desviá-lo do curso com infinitas promessas de sucesso repentino, truques, outros modismos e soluções rápidas atraentes?

A forma como você responde a essas perguntas é a chave para o sucesso e a realização de longo prazo. Às vezes, é preciso bater na pedra repetidamente até que ela fure. Lembre-se de que isso não significa que seus golpes anteriores não funcionaram. A tensão aumenta, você só demora para ver. Um avanço pode estar logo ali.

Avanços "repentinos" são comuns nos esportes; é comum ir de fazer quilômetros em 13 minutos por semanas e, de repente, cair para 7min45s. Ou seu agachamento na musculação ficar estagnado em 120kg por meses e, aparentemente da noite para o dia, saltar para 160kg. Os cientistas do exercício chamam isso de ciclo de compensação e supercompensação. Seu corpo leva tempo para absorver e se adaptar a um treinamento pesado. Em nível celular, o mais rápido que você verá os benefícios duradouros de um treino é em dez dias após ele, e, em muitas vezes, muito mais. Normalmente, o que acontece é que os atletas pioram um pouco antes de melhorarem. Em níveis de elite do esporte, não é incomum que os atletas treinem por um ano inteiro antes de verem as adaptações específicas dos treinos. Seus corpos compensam a carga de trabalho — isto é, permanecem os mesmos ou talvez até se deterioram um pouco enquanto se recuperam do estresse do treinamento — antes de supercompensarem ou ficarem mais fortes de maneiras observáveis.

Não é apenas o esporte que segue esse padrão. Um estudo de 2018 publicado na prestigiosa revista *Nature* examinou o desempenho em atividades criativas e intelectuais. Os pesquisadores descobriram que, embora a maioria das pessoas tenha uma "onda de sucesso" na carreira — "um período específico durante o qual o desempenho de um indivíduo é substancialmente melhor do que o normal" —, o momento é um tanto imprevisível. "A onda de sucesso surge aleatoriamente dentro da sequência de trabalhos de um indivíduo, é temporariamente localizada e não está associada a nenhuma mudança detectável na produtividade", escrevem os pesquisadores. Mas o que quase todas as ondas de sucesso têm em comum?

Todas se baseiam em trabalho anterior, durante o qual a melhoria observável foi menos substancial. Se esses indivíduos tivessem desistido, deixado suas carreiras ou mudado de abordagem muito cedo, seus avanços não teriam ocorrido. Eles tiveram que praticar a paciência. Vincent van Gogh produziu mais de 20 pinturas em 1888, apenas 2 anos antes de sua morte. Essas pinturas incluem duas de suas obras mais famosas, *A Noite Estrelada* e *Doze Girassóis numa Jarra*.

Outro exemplo de paciência e persistência que levou a uma onda de sucesso inovadora é Ta-Nehisi Coates. Como jovem escritor, Coates lutava para sobreviver no início da carreira. De 1996 a 2008, circulou por várias publicações. Quando seu primeiro livro, *The Beautiful Struggle*, foi publicado, em 2008, quase ninguém percebeu. Àquela altura, Coates havia perdido três empregos, e, para sobreviver, sua família dependia do seguro-desemprego, da renda da esposa e do apoio de parentes. Mas Coates continuou. Em 2008, conseguiu uma coluna online no *The Atlantic*, que, de forma lenta, mas estável, ganhou força e ávidos leitores. Mas foi só em 2012, quase duas décadas e centenas de histórias em sua carreira, que Coates atingiu seu ritmo. Naquele ano, ele escreveu a reportagem de capa do *The Atlantic* "Fear of a Black President". Em 2014, seu ensaio "The Case for Reparations" tornou-se um dos mais lidos e discutidos na internet. E, em 2015, seu segundo livro, *Between the World and Me*, foi best-seller número um do *New York Times* e finalista do Prêmio Pulitzer. Ainda mais importante, mudou indiscutivelmente o discurso dos EUA — talvez até de outros países — sobre raça. Em 2017, alguns dias antes de seu aniversário de 42 anos, o *Times* o chamou de "um dos intelectuais negros mais influentes de sua geração".

Para jovens escritores, falando sobre a importância de eliminar distrações e praticar a paciência, Coates disse: "Isso o torna capaz de ver o mundo, mas você precisa de tempo para vê-lo. Você precisa de tempo. E não quer cultivar coisas que roubam seu tempo." Quando questionado sobre o avanço criativo, ele disse: "Não é nada místico — resume-se a praticar repetidas vezes e mais vezes, e de repente você se torna algo que não tinha ideia de que poderia." Quando escrevi isso, em 2020, em meio a um grande movimento pela justiça social, o trabalho de Coates era citado em quase todos os lugares, várias vezes por semana. Sua paciência e persistência não permitiram apenas que ele se transformasse. Também ajudou a transformar o mundo.

Talvez as áreas mais surpreendentes em que a paciência seja uma vantagem substancial sejam a tecnologia e as empresas de ponta. Tendemos a associar a cultura das startups ao individualismo heroico, à velocidade e à juventude. Mas essa associação é falsa. Mark Zuckerberg, fundador e CEO do Facebook, disse uma vez sobre os empreendedores: "Quero enfatizar a importância de ser jovem e técnico. Os jovens são simplesmente mais espertos." No entanto, Zuckerberg, que lançou essa pérola quando tinha quase 30 anos, está errado.

Sabemos disso graças aos pesquisadores da MIT Sloan School of Management. Em um estudo substancial, eles examinaram todas as empresas lançadas nos EUA entre 2007 e 2014, um conjunto de dados que abrangeu 2,7 milhões de fundadores. Eles compararam a idade dos fundadores a uma variedade de medidas de desempenho da empresa, como emprego, crescimento das vendas e, quando relevante, seu valor na oferta pública inicial (IPO). Eles descobriram que havia muito mais chances de os empreendedores de sucesso estarem na meia-idade do que de serem jovens. Para 0,1% das empresas dos EUA de crescimento mais rápido durante o período do estudo, a idade média do fundador no lançamento da empresa era de 45 anos. Os fundadores de meia-idade também tinham os IPOs mais bem-sucedidos. Um fundador de 50 anos tinha 1,8 vezes mais chance que um de 30 de criar uma empresa de alto crescimento. Mesmo aqueles que começam suas empresas quando jovens podem não atingir o pico até mais tarde na vida, de acordo com os pesquisadores da Sloan. O iPhone, indiscutivelmente o produto mais inovador de Steve Jobs e da Apple, chegou ao mercado quando Jobs tinha 52 anos, 2 anos a mais do que Darwin quando *A Origem das Espécies* foi publicado.

Não se pode esquecer de que há riscos associados a fazer a mesma coisa de sempre sem ver mudança — na academia, no trabalho ou em uma relação. Como o escritor de ciências David Epstein apontou em seu livro *Range*, às vezes perdemos muito tempo tentando descobrir quando seria mais sensato mudar e encontrar algo mais adequado aos nossos interesses e nossas habilidades. Isso é especialmente válido quando nos lançamos em novas áreas. Os economistas chamam isso de *qualidade de combinação* — ou alguém adequado para certos tipos de atividades e trabalho. Epstein apresenta um caso convincente de que a qualidade da combinação é ainda mais importante do que a determinação. Afinal, se você se alinha bem ao que faz, é provável que continue.[ix] Mas, uma vez que tenha estabelecido a qualidade de combinação, há um risco igual, senão maior, de parar ou mudar sua abordagem prematuramente. Com base na minha experiência e em uma pesquisa informal com meus colegas coaches — que trabalham com atletas, executivos e artistas —, desistir de algo cedo demais é mais comum do que esperar muito. Isso não é surpreendente. Os seres humanos sofrem com o que os cientistas comportamentais chamam de *preconceito de compromisso*, ou a tendência de errar preferindo a ação à inação. Se não vemos resultados, ficamos impacientes e sentimos

---

[ix] Um exemplo pessoal: Sempre fui um escritor corajoso, superando inúmeros obstáculos e fracassos desde o primário, quando me disseram que eu não sabia escrever. Essas falhas continuaram durante o Ensino Médio e culminaram na minha rejeição da faculdade de Jornalismo. (E, é claro, com incontáveis ensaios e artigos recusados, o que acontece com frequência até hoje.) Mas nunca demonstrei coragem em Ciências ou Matemática. Isso não significa que não sou uma pessoa corajosa. Significa simplesmente que gosto mais de escrever do que de Ciências ou de Matemática. A escrita é uma qualidade de combinação melhor para mim. Como resultado, aqui estamos.

uma forte necessidade de fazer algo — qualquer coisa — para acelerar o progresso. Mas, muitas vezes, a melhor coisa que podemos fazer é nada — manter o curso, ajustar à medida que avançamos e deixar as coisas acontecerem. Em vez de pensar sempre: *Não fique aí parado, faça algo*, devemos considerar: *Não saia fazendo, espere*.

COMPONDO SOBRE A COERÊNCIA

A verdade sobre o progresso é esta: quando você não apressa o processo, quando dá passos pequenos e consistentes ao longo do tempo, dá a si mesmo a melhor chance de obter ganhos massivos. Alguém que sabe disso bem é BJ Fogg, professor de Stanford, um dos maiores especialistas mundiais em comportamento humano. No modelo de progresso humano de Fogg, para alguém realizar uma ação desejada depende tanto de sua motivação quanto de sua capacidade de a completar. Independentemente da motivação, se você regularmente exagerar no que diz respeito à sua capacidade, tentando fazer muito cedo demais, pode ficar desanimado e rapidamente se exaurir. Ou talvez se machuque com frequência — emocional ou fisicamente. Mas, se aumentar gradativamente o desafio, o que foi difícil na semana passada parecerá mais fácil hoje. Em outras palavras, os hábitos se constroem sobre si mesmos. Vitórias pequenas e consistentes aumentam com o tempo. Isso não significa que o progresso seja sempre linear. Você terá dias bons e dias ruins. Mas a sua média aumentará.

Vemos um exemplo poderoso de paciência e aumento de sua média em finanças. Há uma filosofia de investimento subutilizada (talvez porque requeira paciência) conhecida como *média de custo em dinheiro*. A teoria básica é assim: coloque um pouco de dinheiro em um grande fundo todos os dias. Quando o mercado estiver em baixa, você estará comprando mais ações. Quando estiver em alta, comprará menos. A média aproveita o que os estatísticos chamam de regressão em direção à média, ou a tendência de curto prazo de qualquer sistema dinâmico de retornar a seu estado médio.

Em longo prazo, enquanto o mercado subir gradualmente — em essência, uma média cada vez maior —, você cria riqueza. Essa filosofia se aplica a áreas da vida muito além do investimento. Uma estratégia superior a aplicar esforços heroicos ocasionais e esgotar-se é focar a consistência e melhorar a média com o tempo. Isso exige que você apareça não apenas nos dias bons, mas também nos ruins. Adotar um mindset que favoreça pequenos passos consistentes pode tirar a empolgação de experimentar altos e baixos massivos, mas leva a um progresso mais duradouro. Também gera uma maior sensação de estabilidade e facilidade, que, a seguir, argumentarei, é mais gratificante do que empolgação.

FACILIDADE VERSUS EMPOLGAÇÃO

Eliud Kipchoge é um corredor queniano que, em 2018, quebrou o recorde mundial na maratona. Ele é o melhor do mundo no que faz. Além de ser extremamente rápido, é extremamente minucioso. Ele recebeu o apelido de "o rei filósofo da corrida".

Quando questionado sobre sua receita para o sucesso, Kipchoge responde que o segredo é não se esforçar demais nos treinos. Ele não é fanático por tentar ser grande o tempo todo. Ele é, no entanto, consistente e paciente. Por exemplo, treinou com o mesmo treinador por mais de uma década em um esporte em que a maioria dos atletas muda com frequência. Pouco antes de bater o recorde mundial, Kipchoge disse ao *The New York Times* que ele raramente, ou nunca, ultrapassa 80% — 90%, no máximo — de seu esforço máximo nos treinos. Isso lhe permite reunir semanas de treino consistente. Ele é mestre em deixar as coisas acontecerem no próprio tempo, em vez de tentar fazer com que elas aconteçam. Seu treinador, Patrick Sang, diz que o segredo da velocidade de Kipchoge é que ele progride devagar.

Por sua vez, Kipchoge disse ao *Times*: "Quero correr com a mente relaxada." E, a esse respeito, ele faz exatamente o que quer.

Talvez mais do que pela velocidade, Kipchoge é conhecido pela sua tranquilidade, tanto dentro quanto fora da pista. Na pista, seus passos são suaves como a seda, e ele corre com um sorriso no rosto, mesmo no final de corridas cansativas. Quando outros corredores estão sofrendo, com caretas nos rostos e passos robóticos e vacilantes, Kipchoge parece deslizar sem esforço. Fora da pista, ele fala lenta e suavemente. Enquanto outros corredores preocupam-se em tentar vencer corridas e estabelecer recordes, Kipchoge, não. Por exemplo, quando questionado sobre seus objetivos antes de sua corrida para estabelecer o recorde mundial, Kipchoge encolheu os ombros e informou às mídias: "Para ser preciso, darei o meu melhor. Se acontecer um recorde mundial, será interessante."

Muitas vezes, a tranquilidade é um subproduto da paciência (e da presença; como mencionado, esses princípios andam de mãos dadas). A tranquilidade se manifesta quando você está totalmente no momento, deixando as coisas acontecerem em seu tempo, sem forçar nem apressar o processo. A empolgação tem uma textura diferente. Ela se contrai, o que estreita seu mundo. Seu foco fica no que vem a seguir, passos à frente de onde você está. Ela parece boa, temporariamente. E não há dúvida de que explosões de emoção adicionam textura à vida. Mas, se busca obsessivamente gerar sensações, pode perder o que está à sua frente, por já estar avançando. A tranquilidade, por outro lado, é expansiva. O tempo se desacelera e o espaço se amplia. "Devemos distinguir felicidade de entusiasmo", escreve o mestre zen Thich Nhat Hanh. "Muitas pessoas pensam que emoção é felicidade. Pensam em algo, ou esperam algo que consideram felicidade, e para elas isso já é felicidade. Mas, quando você está empolgado, não fica em paz. A verdadeira felicidade reside na paz."

Aprendi em primeira mão a diferença entre a empolgação carregada de velocidade e a tranquilidade da paciência. Certa manhã, quando ainda era bebê, meu filho demonstrou um grande interesse por uma bola azul macia e saltitante. Talvez ele, aos 8 meses, quisesse jogar uma versão adaptada de algum esporte, pensei comigo mesmo. Como atleta de longa data, fiquei empolgado. Mas o que realmente estava acontecendo era que eu queria que ele jogasse. E, na minha empolgação, eu queria que isso acontecesse naquele momento. Achei que, se eu o encorajasse e demonstrasse o jogo de todas as maneiras, ele gostaria. Mas ele não se interessou. Após cerca de 5 minutos, percebi isso. Meu filho estava se divertindo com a bola do seu jeito. Chupando-a. Olhando para ela. Tocando-a. Tentando comê-la. Maravilhando-se quando ela rolava após soltá-la. Fiquei tão ocupado me animando com o que poderia acontecer, tentando controlar a situação, fazer um jogo acontecer, que estava perdendo a chance de ver meu filho ser ele mesmo. Assim que me livrei disso, da empolgação sobre o que poderia vir, minha experiência mudou. Fiquei menos tenso, inquieto e restrito. Tornei-me mais presente e aberto para experimentar o que estava à minha frente, mesmo que não fosse nada perto de um esporte. Passei de pensar sobre o que poderia acontecer para ficar com o que estava acontecendo. Fiz a transição da empolgação para a facilidade, da velocidade e pensamento futuro para paciência e presença.

Isso me fez pensar que eu — e muitas das pessoas motivadas que conheço — prefiro a empolgação à tranquilidade. Fechamos algo porque queremos que seja de certa maneira, porque ficamos entusiasmados com o que *pode* acontecer. Isso funciona a nosso favor se definirmos favor como obtenção de resultados rápidos e mensuráveis, para que se torne um tanto habitual. O problema é que a empolgação ocorre em detrimento da alegria e do conforto. Ela nos empurra na direção de tentar controlar e fazer as coisas acontecerem quando seria melhor *deixá-las* acontecer.

Vale a pena ser explícito que isso não significa que você nunca deve aproveitar a velocidade e a emoção. É só que você também deve pensar no que está desistindo como resultado. Talvez sua pedra proverbial esteja prestes a se quebrar com apenas mais alguns golpes. Talvez você esteja perdendo cronicamente a facilidade que advém de ser paciente e estar presente para o que está acontecendo agora. Fazemos as coisas rapidamente — não melhor, mas rapidamente — para ganhar tempo. Mas de que adianta se, com o tempo, apenas fazemos mais coisas rapidamente? Ainda não conheci alguém que queira que sua lápide registre: "Ele se apressou."

PRÁTICA: DEIXE AS COISAS ACONTECEREM EM VEZ DE SEMPRE FORÇÁ-LAS A ACONTECER

Donna, a "executiva acidental" com quem abrimos este capítulo, aprendeu a deixar de intervir em grandes projetos quando era apropriado. Sempre que sentia um forte desejo de se inclinar e fazer as coisas acontecerem, usava esse desejo como deixa para se perguntar o que aconteceria se ela não agisse. Em alguns casos, a resposta era o caos; aí, ela forçava, com razão. Mas, na maioria das vezes, significava que o projeto ou iniciativa progredia de modo diferente, mas não pior, do que se ela se metesse. Quanto mais confortável ela ficava dando um passo para trás, mais à vontade se sentia. Tinha um desempenho melhor também. Ela percebia que, às vezes, os projetos tinham que ser mais lentos hoje para serem mais rápidos e eficientes amanhã. Donna cresceu em seu papel esplendidamente, tornando-se uma das líderes mais firmes que conheci. Passou por incontáveis altos e baixos por ter uma visão de longo prazo, por lembrar que a maioria dos empreendimentos significativos em nossas vidas, tanto pessoais quanto profissionais, tende a ser jogos de nove entradas.

Enquanto treinava Donna em sua transição de liderança, tive em mente o conceito da *mãe suficientemente boa*. Ele foi desenvolvido no início dos anos 1950 pelo psicanalista D. W. Winnicott. Usarei como "pai suficientemente bom". De acordo com Winnicott, o pai suficientemente bom não responde a todas as necessidades dos filhos. Ele não é superprotetor, mas também não os negligencia. Em vez disso, o trabalho de um pai suficientemente bom é criar um espaço seguro para o filho se desenvolver com autonomia. Há momentos em que o pai suficientemente bom deve intervir. Mas esse não é o objetivo. O objetivo é criar um espaço para que o processo — no caso, a criança — desenvolva-se por conta própria. O trabalho de Winnicott apontou que intervir é fácil para a maioria dos pais. Mas aprender a se inclinar exige um esforço deliberado.

Para muitos dos grandes projetos de nossas vidas — incluindo nosso desenvolvimento e criação de filhos —, é útil adotar o mindset do pai suficientemente bom. Isso é especialmente válido se tivermos uma tendência a nos apressar e fazer as coisas acontecerem, a nos inclinar mesmo quando seria melhor desacelerar e sair. Quando você sentir necessidade de intervir tomando uma atitude rápida, pergunte-se como seria desacelerar o que quer que esteja fazendo em 10%. Qual seria a sensação de dar um passo para trás e deixar as coisas se desenrolarem no próprio tempo um pouco mais? (Essa prática também pode ser usada em uma escala menor, como adiar o envio de um e-mail.) Às vezes, *faz sentido* intervir. Essa pausa — e, de forma geral, adotar o mindset do pai suficientemente bom — ajuda a levar discernimento para a decisão, em vez de seguir no piloto automático. Ajuda a quebrar o padrão de andar em círculos e o estresse subsequente em favor de ser *e* agir de forma excelente.

PRÁTICA: O PROCESSO SUPERA O RESULTADO – PEQUENOS PASSOS PARA GRANDES GANHOS

Um dos textos taoistas mais populares é o *Tao Te Ching*. Foi escrito no século VI a.C. por Lao-tzu, que se acredita ser contemporâneo mais velho de Confúcio. Lao-tzu é referido como eremita passivo. Mas, de acordo com o estudioso taoista Stephen Mitchell, essa é uma percepção equivocada que surge da insistência de Lao-tzu em *wei wu wei*, "fazer, não fazer". Se você ler com atenção o *Tao Te Ching*, aprenderá que Lao-tzu ofereceu todo tipo de conselho para agir no mundo. Acontece que o tipo de ação que ele defendia deveria ser feita de modo lento, constante e harmonioso. Ele aconselhava prestar atenção ao fluxo da vida, ser paciente e dar passos consistentes e alcançáveis, em vez de tentar esforços intrépidos e falhar. O mestre, escreveu Lao-tzu, "realiza grandes tarefas por meio de pequenos atos".

Quando você define grandes objetivos, é fácil ficar excessivamente animado para alcançá-los e, como resultado, apressar seu processo por estar preocupado em alcançar o resultado desejado. Às vezes, isso leva até mesmo a comportamentos imprudentes. Para um atleta, pode resultar em lesões, doenças e excesso de treino. Para outros profissionais, esgotamento. Em um artigo da Harvard Business School sobre "Metas que se perderam: os efeitos colaterais sistemáticos da prescrição excessiva do estabelecimento de metas", uma equipe de pesquisadores de Harvard, Northwestern e da Universidade da Pensilvânia se propôs a explorar desvantagens do estabelecimento de metas. Eles descobriram que as enfatizar demais — especialmente as baseadas em resultados mensuráveis —, muitas vezes leva à redução da motivação, ao risco irracional e ao comportamento antiético.

Em vez de focar a realização heroica de grandes objetivos, divida-os em seus componentes e concentre-se neles. Isso é um mecanismo de foco incrivelmente poderoso. Ele o mantém presente no aqui e agora e, portanto, o mantém paciente, mesmo na busca de objetivos distantes. Se estiver se concentrando no trabalho à sua frente, ele ficará melhor. Essa atitude, que chamo de mindset de processo, ajuda a evitar que você tente se apressar para chegar a um resultado quando gastar seu tempo é uma estratégia melhor. Para a maioria dos empreendimentos consequenciais, o progresso de longo prazo tem menos a ver com esforço heroico e mais com ritmo inteligente; diz menos sobre a intensidade em um determinado dia e mais sobre a disciplina ao longo dos meses e, em alguns casos, até dos anos.

Cultive um Mindset de Processo

- Primeiro, defina uma meta.

- Descubra as etapas menores para atingir essa meta, que estão sob seu controle.

- Esqueça a meta e concentre-se em executar essas etapas. Julgue a si mesmo com base no seu nível de presença e no esforço exercido no momento.

- Se você se pegar obcecado pela meta, use isso como uma deixa para se perguntar o que poderia estar fazendo *agora* para ajudá-lo a alcançá-la. Às vezes, a resposta pode ser absolutamente nada — descansar.

- Ao longo do seu processo, lembre-se de que fazer coisas por fazer não é progresso. É só fazer coisas.

PRÁTICA: FAÇA REPETIÇÕES CURTAS

Fazer uma repetição curta é um velho ditado usado por treinadores esportivos sábios. Significa encerrar o treino quando você ainda tiver mais uma volta, levantamento ou quilômetro sobrando. Embora seja tentador continuar — fazer aquela série extra de *sprints*, por exemplo —, diferentemente do que o individualismo heroico o faz pensar, você não pode constantemente chegar ao seu limite. Você precisa ser capaz de retomar o próximo treino de onde parou. O que você é capaz de realizar amanhã é, em parte, influenciado pela restrição de hoje. Essa estratégia vale para muito além dos esportes. Por exemplo, um conselho comum de escrita é interromper uma frase curta, encerrar um bloco de escrita quando ainda está no fluxo para pegar mais facilmente e estabelecer um bom ritmo na próxima sessão. A prática geral funciona assim:

- Identifique áreas da sua vida em que a falta de paciência lhe tenha causado problemas — talvez lesões, doenças ou esgotamento — no passado.

- Em vez de fazer o que está acostumado, o que pode querer fazer no momento, force-se a fazer o equivalente a uma repetição curta, dia após dia.

Fazer uma repetição curta requer disciplina. Você precisa de confiança no seu processo, confiança de que se permanecer paciente, mostrar comedimento quando apropriado e dar pequenos passos consistentes, terá grandes ganhos. Uma pesquisa publicada no *British Journal of Sports Medicine* mostra que a maioria das lesões esportivas acontece quando um atleta aumenta a carga de treino muito rapidamente. A melhor maneira de evitar lesões é aumentar lentamente o volume do treino com o tempo. Quando a carga de trabalho fica aguda, ou o que você faz nesta semana é mais do que o dobro do padrão, há uma probabilidade maior de você sofrer uma lesão do que quando faz um aumento mais modesto no volume e na intensidade do treino. Embora o ponto ideal para aumentar a carga seja uma questão de debate científico, a ideia geral é não aumentar muito em relação à média do mês anterior. Vejo esse mesmo princípio na minha prática de coaching executivo. Quando as pessoas assumem muito, muito cedo ou se convencem de que podem aumentar sua produção do nada, os sintomas de esgotamento aparecem logo depois.

Mesmo assim, fazer uma repetição curta é uma das coisas mais difíceis, especialmente para pessoas motivadas. A maioria de minhas próprias lesões (nos esportes) e períodos de estagnação (no processo criativo) vieram como resultado de desconsiderar essa prática. Essa é uma maneira prolixa de dizer que eu entendo, realmente entendo. Descobri que é útil recrutar colegas e amigos para ajudar a firmar o compromisso. Pense como o recordista Kipchoge. O progresso acontece lentamente. Se você é propenso a ser pego pela emoção e velocidade hoje, ultrapassando o alvo apenas para acabar frustrado ou se sentindo exausto amanhã, cole a palavra — *devagarinho* — em seu espaço de trabalho, seja um escritório, um atelier, uma sala de aula ou na academia na garagem.

PRÁTICA: ESQUEÇA SEU SMARTPHONE

No capítulo 3, discutimos os benefícios de eliminar distrações como dispositivos digitais para dar início a períodos planejados de presença. Mas você também pode praticar deixar seu smartphone ou outros dispositivos digitais para trás quando realizar as atividades normais do seu dia. Por exemplo, considere deixar o smartphone no carro ao entrar no supermercado. Se acabar tendo que esperar na fila do caixa por alguns minutos, será forçado a praticar a paciência. Duas barreiras comuns a essa prática são:

1. É fácil e, portanto, não vale a pena fazer.
2. Por que eu forçaria o tempo de inatividade quando poderia estar me atualizando sobre eventos, mensagens de texto, redes sociais ou e-mails?

A primeira barreira não é tangível, sabemos isso graças ao estudo da Universidade da Virgínia, que revelou que as pessoas preferem levar um choque do que esperar, sem nada para fazer. Rolar a tela do smartphone é muito menos doloroso do que um choque. (No entanto, seria interessante ver o que aconteceria se as pessoas que aguardam na fila não tivessem seus smartphones, mas pudessem levar um choque.)

Sobre a segunda barreira, defendo que os benefícios do treino da paciência superam em muito os custos percebidos de não responder a uma mensagem imediatamente ou potencialmente ficar para trás nos eventos atuais, especialmente porque tantas notícias "de última hora" são supérfluos disfarçados de algo importante. Não estar com nossos smartphones durante curtos períodos de espera ajuda a descondicionar o vício em estímulo, novidade e velocidade. Isso se transfere para aspectos mais amplos da vida. Quanto menos dependemos da novidade e da velocidade, mais podemos tomar decisões intencionais sobre quando buscar novidades e agir rápido em comparação com quando ficar parado e ir mais devagar.

Deixar seu smartphone para trás também oferecerá a oportunidade de estar mais presente no que fizer. Lembre-se de que paciência e presença andam de mãos dadas. No supermercado, você pode ter uma ideia criativa enquanto espera na fila do caixa. Também pode olhar o caixa nos olhos, sorrir e fazer uma conexão social, o que é benéfico para todos os envolvidos. Algumas outras ideias de quando deixar seu smartphone para trás e desenvolver paciência e presença:

- Fazer atividades em geral.
- Dar passeios.
- Ir à academia.
- Ir ao banheiro (essa é difícil).

Você não precisa fazer isso sempre e há muitos outros exemplos que podem funcionar melhor para você. A questão é identificar, pelo menos, alguns momentos do seu cotidiano para se desconectar e se afastar da velocidade e da novidade implacável.

PRÁTICA: TRÊS DE CINCO RESPIRAÇÕES

Como os outros princípios da excelência, a paciência é uma habilidade que precisa ser desenvolvida. Você não pode simplesmente ser paciente. Não há interruptor a ligar. Desenvolver paciência exige paciência, o que é difícil se você for acostumado à velocidade e a soluções rápidas. Um exercício simples, mas eficaz, é praticar pausas regulares. Uma maneira modesta de fazer isso é fechar os olhos e respirar fundo cinco vezes, três vezes ao dia. Emparelhe essas respirações com atividades específicas, como jantar, tomar banho, escovar os dentes ou faça-as antes de verificar o smartphone de manhã. Seu único trabalho é perceber cada inspiração e expiração.

Essa pode ser a prática mais óbvia de todo o livro, mas não significa que seja fácil. Se você está habituado à velocidade, parar por apenas um minuto, que é tudo o que esse exercício requer, parecerá uma eternidade desconfortável, principalmente no início. Se, depois de respirar duas vezes, você perceber que está descansando menos ou com pressa, observe o que está acontecendo e depois volte à respiração, sem se julgar por ter se afastado. Se continuar com a prática, começará a se sentir mais confortável com ela. Você também descobrirá que isso se transfere para outras partes do seu dia, ajudando-o a experimentar a abertura e a estabilidade da facilidade quando, de outra forma, você se sentiria tenso, retesado, ansioso e apressado.

Conforme mencionado, a capacidade de pausar é mais benéfica quando você sente o desejo de mudar de abordagem ou fazer mudanças significativas. Lembre-se de que os seres humanos são propensos ao preconceito de compromisso e a uma predisposição à ação em vez da inação. Tendemos a perguntar-nos o que ganharíamos fazendo uma mudança ou uma ação, mas não se desistíssemos. Basta uma breve pausa para considerar o último. Não existe uma resposta certa, dependerá das circunstâncias específicas da sua situação. O segredo é fazer uma pausa para considerar a questão. Dessa forma, pausar não significa apenas aprender a ser mais paciente no agora, mas também ajudá-lo a ter uma visão mais longa e cuidadosa do futuro.

IDEIAS FINAIS SOBRE PACIÊNCIA

Há uma razão para tendermos a termos mais pressa do que paciência. A velocidade é um mecanismo de defesa. Mover-se incessantemente rápido e ser arrastado pela propensão do individualismo heroico de olhar para fora nos ajuda a evitar o confronto com o que mais tememos. Mas nenhuma atividade frenética o fará ir embora. Por mais que tentemos, não podemos fugir desses medos. Eles sempre se atualizarão. Isso inclui o que para muitos é o medo subjacente a todos os outros: nossa mortalidade, particularmente difícil de enfrentar.

Em antigos textos budistas, há uma parábola sobre uma divindade estridente chamada de Rohitassa, que se via como um herói. Em uma ocasião, Rohitassa perguntou a Buda: "Você acha que é possível escapar desse mundo de nascimento e morte, de sofrimento e discriminação, por meio da velocidade?"

Buda respondeu: "Não, Rohitassa. Não é possível escapar desse mundo viajando, mesmo em grande velocidade."

Rohitassa disse: "Você está certo. Em uma vida anterior, viajei extremamente rápido, tão rápido quanto a velocidade da luz. Eu não comia, não dormia, não bebia. Não fiz nada além de viajar em grande velocidade e ainda assim não consegui sair desse mundo. No final, morri antes que conseguisse."

Mover-nos em alta velocidade não nos leva aonde queremos ir, nem nos dá forças ou estabilidade. Não há nada de heroico em soluções rápidas, pílulas mágicas ou truques, especialmente porque raramente, ou nunca, funcionam. A maioria das descobertas repousa sobre uma base de longa data de esforço constante e consistente. Para muitos empreendimentos significativos de nossas vidas, a melhor maneira de agir rápido é indo devagar, prosseguindo com uma persistência gentil, porém firme. A ciência moderna, a sabedoria ancestral e a prática de profissionais de alto desempenho extremamente realizados nos mostram que isso é verdade. Quando prosseguimos com paciência, nossa produção se torna mais sustentável em longo prazo. Também tendemos a ter uma experiência melhor ao longo do caminho. Tornamo-nos menos retesados e mais abertos, menos apressados e mais presentes. E, embora a transição da velocidade para a paciência exija que enfrentemos nossos medos, isso não é problemático. Como você verá no próximo capítulo, quando confrontamos nossos medos, desenvolvemos confiança e segurança mais profundas dentro de nós mesmos e também criamos conexão com os outros. Ao abrirmos e explorarmos nossas fissuras, tornamo-nos mais sólidos. A vulnerabilidade — com a raiz *vulnus*, que significa literalmente "ferida" — requer força. E a força requer vulnerabilidade.

5

ACEITE A VULNERABILIDADE PARA DESENVOLVER FORÇA E CONFIANÇA GENUÍNAS

Quando tive a primeira manifestação do TOC, eu estava começando a me estabelecer como especialista em performance humana, com textos e citações em veículos de prestígio, como *The New York Times*, *The Wall Street Journal*, NPR, *Forbes* e *Wired*. Em uma noite particularmente difícil, recebi um e-mail de um jovem perguntando como eu conquistara tanto e construíra uma vida tão atraente com apenas 31 anos. Mal sabia ele que eu havia passado a maior parte daquele dia cheio de angústia, lutando contra pensamentos sobre a ausência de sentido da vida. Eu estava em um dos ciclos viciosos do TOC: um pensamento angustiante seguido de uma sensação terrível; lutar contra o pensamento e o sentimento; vê-los voltar mais fortes; repetir *ad eternum*. Quando li o e-mail daquele jovem, quase desmaiei. Eu me sentia um impostor, uma fraude, como se vivesse uma vida dupla. Especialista em performance e autor por fora, mas em um naufrágio completo, em ruínas, por dentro.

Embora minha sensação de vida dupla, sobre a qual falarei em breve, seja extrema, isso não é incomum. Embora esse sentimento seja tão antigo quanto o tempo, intensificou-se graças à internet e às redes sociais, em que as pessoas se mostram perfeitas. Pesquisadores da Universidade de Stanford descobriram que as redes sociais retratam uma visão exagerada. A maioria dos usuários filtra o que compartilhar, explicam os pesquisadores, e depois edita essas imagens e eventos selecionados para torná-los ainda melhores e mais atraentes.

O novo pai que compartilha algo sobre seu bebê perfeito, enquanto omite noites sem dormir, dúvidas, afastamento da parceira e tensão no casamento. Ou o executivo que posta no LinkedIn sobre o enorme sucesso de seu projeto sem mencionar a angústia, o esgotamento e o impacto destrutivo nas suas relações. Como resultado desse compartilhamento seletivo, muitos acreditam que estão sozinhos em suas dificuldades. Todos os demais, ao que parece, têm vidas fantásticas e felizes. Essa percepção equivocada leva a uma angústia ainda maior para todos os envolvidos, porque cria um ciclo no qual os usuários nunca sentem que suas vidas são boas o suficiente, então postam atualizações cada vez mais filtradas e editadas, e contam a si mesmos histórias cada vez mais filtradas e editadas sobre si mesmos — em essência, acompanhamos a vida digital perfeita. Considerando que muitos usuários fazem isso, toda a experiência se torna uma espiral ascendente de viver de fachada, fazendo com que, tanto quem posta quanto quem vê (a maioria das pessoas desempenha os dois papéis no mesmo dia), só se sintam pior.

Claro que esse ciclo não se resume às redes sociais. Tentar viver de acordo com uma persona inflada — não apenas seu eu online, mas seu eu no trabalho, em eventos na comunidade e até mesmo a história perfeita que você conta sobre si mesmo — cria o que os psicólogos chamam de *dissonância cognitiva*, uma incoerência entre quem você retrata ser e quem realmente é. Em seu livro de 1959, *A Representação do Eu na Vida Cotidiana*, o sociólogo Erving Goffman definiu o que chama de nosso eu "de palco" e "de bastidores". Nosso eu de palco é o que levamos para situações sociais ou quando tentamos nos iludir. Tende a ser performático, como se representássemos um papel para um público. Nosso eu de bastidores representa quem somos quando paramos de atuar, quando não pensamos como seremos percebidos pelos outros ou quando não nos medimos conforme uma perfeição arbitrária, o padrão ilusório do individualismo heroico. Nossos eus de palco e de bastidores não são categóricos. A maior parte do comportamento humano está em um espectro entre esses extremos. Mas, quando alguém passa muito tempo interpretando seu eu de palco, especialmente quando há uma grande lacuna entre ele e o eu de bastidores, a angústia é a consequência.

Angústia é algo de que eu não precisava mais em minha vida. Então, logo após receber aquele e-mail do jovem perguntando sobre o segredo do meu sucesso, decidi compartilhar minha experiência com o TOC com o público. Eu queria ajudar outras pessoas que estivessem sofrendo em silêncio? Claro. Mas, mais do que tudo, eu queria criar coerência na minha identidade. Escrevi um longo ensaio para a *Outside* no qual me abri. Coloquei tudo para fora. Grandes partes do ensaio foram cortadas, porque meu editor se preocupou com o efeito que teria sobre as pessoas que sofrem sozinhas com transtornos mentais. Aqui estão algumas partes que chegaram a ser impressas:

> *Um momento particularmente angustiante ocorreu em uma longa viagem de carro, em outubro. Do nada, fui golpeado pelo pensamento: "Você deveria sair da estrada e acabar com tudo agora. Sua família ficará bem sem você." Era como se eu tivesse me tornado o pensamento e não houvesse saída para escapar dele. Eu sabia, em algum lugar lá no fundo, que não queria me matar. Eu tinha consciência suficiente para perceber que aqueles pensamentos e sentimentos não faziam sentido. Mas eu teria dado qualquer coisa, menos minha vida, para que o sofrimento acabasse. Era lancinante. Essa viagem foram as 4 horas mais difíceis da minha vida. Fiquei apavorado por dias — de entrar no carro, de ficar perto de objetos pontiagudos, de ficar sozinho. A ansiedade dominou minha vida. Eu só conseguia pensar nela. Às vezes, ainda é por aí...*
>
> *É difícil aceitar uma doença que afeta a mente. Quando machuco meu corpo, é fácil dizer: "Estirei a panturrilha" ou "Fraturei o calcanhar". Mas, se não tenho controle da minha mente, questiono quem sou "eu". E é difícil conciliar ser "especialista" em desempenho e passar o que estou passando. Às vezes, eu me sinto uma fraude, um impostor, frágil e assustado.*[i]

Escrever e publicar esse ensaio foi difícil, sem dúvida. Mas era muito mais fácil do que continuar me sentindo uma fraude. O texto

---

[i] Brad Stulberg, "When a Stress Expert Battles Mental Illness" ["Quando um Especialista em Estresse Luta Contra Transtornos Mentais", em tradução livre], *Outside*, 7 de março de 2018.

logo se tornou o mais lido de todos os tempos. Recebi centenas de e-mails sobre histórias de transtornos mentais, incluindo muitos de profissionais de alto nível. (Há uma lição aqui: Todos, e quero dizer todos mesmo, enfrentam desafios e passam por tempos sombrios e difíceis.) Não era minha intenção escrever uma história popular. Eu só queria ser autêntico — comigo e com os outros. O ímpeto para escrever sobre o TOC veio para me livrar da angústia causada pela cisão identitária, para diminuir a dissonância cognitiva, a lacuna entre meu eu de palco e o eu de bastidores, para facilitar um pouco a minha cura.

Ao longo dessa provação, aprendi uma lição importante. Eu precisava parar de tentar ser invencível, viver de acordo com a noção de individualismo heroico, e, em vez disso, apenas ser eu mesmo.

O quarto princípio da excelência é a *vulnerabilidade*. É ser honesto consigo mesmo e com os outros, até — e especialmente — quando isso significa enfrentar fraquezas e medos imaginados. A vulnerabilidade há muito tempo faz parte de tradições como o budismo, o estoicismo e o taoísmo. Comum a todas essas tradições é a ênfase em cavar fundo e explorar sua experiência interior: abrindo-se para as suas partes boas e para as ruins. Essas tradições ensinam que enfrentar suas vulnerabilidades o ajuda a conhecer e confiar mais plenamente em si mesmo, e a criar laços estreitos e substanciais com outras pessoas. Um místico do século XIII, Meister Eckhart, ensinou que você é forte para aquilo que pensa que é fraco, e fraco para o que pensa que é forte. Como verá nas próximas páginas, quanto mais você luta, abre-se e compartilha suas vulnerabilidades, mais estável e excelente se torna. É útil pensar em vulnerabilidades como rachaduras. A maneira de preenchê-las é enfrentando-as e, quando apropriado, revelando-as.

APRENDENDO A CONFIAR EM SI MESMO

Abrir-se para todas as suas experiências é difícil e, às vezes, assustador. É angustiante descobrir partes imperfeitas de você, mais frágeis do que fortes. "Nos mais de 200 mil dados da minha pesquisa, não encontrei um único exemplo de coragem que não exigisse vulnerabilidade. Você consegue pensar em um momento de coragem que não exija risco, incerteza e exposição emocional?", escreve o pesquisador da Universidade de Houston, Brené Brown, em seu livro *A Coragem de Ser Você Mesmo*. Mas, de acordo com Brown, quanto mais familiarizado você se torna com essas partes de si mesmo e quanto mais aprende a aceitá-las, melhor para você. A pesquisa de Brown mostra que aceitar a vulnerabilidade aumenta a autovalorização, cria intimidade nas relações (inclusive consigo mesmo), ajuda na inovação e provoca compaixão. Além disso, quando se trata de ser vulnerável, não há escolha, pelo menos, não se deseja viver uma vida plena.

Há alguns anos, fui assistir ao poeta e filósofo David Whyte falar. Saí do evento com a seguinte anotação no caderno: *As coisas com que você se preocupa o deixam vulnerável. As coisas com que você se preocupa partem seu coração.*

É difícil se importar — realmente se importar — com uma pessoa, uma busca ou um movimento. As coisas nem sempre acontecem da maneira que você deseja e sempre mudam. Os filhos mudam. Seu corpo envelhece, e você é forçado a se aposentar. Você perde a corrida. O projeto vai pelo ralo. O movimento falha em cumprir o objetivo. Seu parceiro de 20 anos recebe um diagnóstico de câncer. Seu parceiro de 30 anos morre. É assim que funciona.

Uma defesa comum é evitar se importar. Ignorar em vez de dar tudo de si. Colocar uma parede ao redor do seu coração, uma barreira entre as suas partes mais profundas e o mundo. Talvez a dor não fique tão intensa assim. Nem as alegrias. Você perde muita riqueza. Uma vida plena requer vulnerabilidade.

"Vulnerabilidade não é fraqueza, uma indisposição passageira ou algo que possamos evitar", escreve Whyte. "A habilidade da vulnerabilidade não é uma escolha. A vulnerabilidade é a corrente subjacente, sempre presente e permanente de nosso estado natural. Fugir dela é fugir da essência da nossa natureza."

Quando você para de fugir, por mais difícil que seja, não há mais partes suas que lhe fiquem alheias. Você passa a conhecer tudo de si mesmo. E, quando passa a se conhecer, passa a confiar em si mesmo também. Dessa confiança, emerge a força e a confiança genuínas. "Quero me esmiuçar", escreve o poeta Rainer Maria Rilke. "Não quero meus recônditos escondidos. Porque, nesses pontos, sou uma fraude."

Onde há resistência, supressão ou ilusão, há fragilidade, fissuras não preenchidas em seu terreno. Como aprendemos no Capítulo 2, as coisas que afastamos tendem a ficar mais fortes, mesmo que apenas sob a superfície. Mas não podemos afastá-las para sempre. Em algum momento, elas surgem e nos abalam profundamente.

A VULNERABILIDADE BENEFICIA A TODOS

Em 5 de novembro de 2017, o Cleveland Cavaliers, da NBA, enfrentou o Atlanta Hawks. No final do primeiro tempo, os Cavaliers perdiam por 54 a 45. Kevin Love, do Cavaliers, ala de força de 29 anos e 2,08m, teve um primeiro tempo fraco. Marcou apenas 4 pontos e pegou 4 rebotes, bem abaixo da sua média. Love fracassava. Ele não conseguia apontar o problema, mas, naquela noite, não era ele mesmo. No início do segundo tempo, quando o técnico dos Cavaliers, Tyronn Lue, pediu tempo, Love chegou ao banco sem fôlego. Sua boca secou de repente e sua frequência cardíaca disparou. Sem saber o que estava acontecendo, Love saiu correndo para o vestiário. Sua angústia crescia, piorando rapidamente. Ele acabou no chão da sala de treinamento, deitado de costas, com falta de ar, pensando que ia morrer. Ele se esforça para lembrar o que aconteceu depois. Os oficiais da equipe o levaram às pressas para a Clínica Cleveland, onde os médicos fizeram extensos exames nele. Tudo certo. Sim, Love estava bem. Mas ainda confuso. O que tinha acontecido?

Mais tarde, Love soube que havia sofrido um forte ataque de pânico. Ataques de pânico são comuns; uma pesquisa publicada no jornal *Archives of General Psychiatry* mostra que 22,7% das pessoas sofrem um em algum momento da vida. Das que sofrem um ataque isolado, a maioria passa alguns dias mal e preocupada e depois segue sua rotina. Ainda assim, um pequeno número desenvolve uma ansiedade duradoura, juntando-se aos 18% dos norte-americanos adultos que têm transtorno de ansiedade e aos 2% a 4% que sofrem das variedades mais graves. Love estava preocupado em cair na última categoria. No *Players' Tribune*, ele expressou: "Eu não podia enterrar o que tinha acontecido e tentar seguir em frente. Por mais que parte de mim quisesse, não me permitia descartar o ataque de pânico e tudo o que estava por trás dele. Eu não queria ter que lidar com tudo em algum momento no futuro, quando poderia ser pior. Eu sabia disso." Então Love fez o que na época era inédito para um cara durão da NBA. Ele enfrentou suas vulnerabilidades e procurou um terapeuta.

ACEITE A VULNERABILIDADE PARA DESENVOLVER FORÇA...

Embora estivesse cético no início, ele logo percebeu o valor. "Percebi quantos problemas vêm de lugares que você não percebe até que os avalie. É fácil presumir que nos conhecemos, mas, quando você descasca as camadas, é incrível o quanto ainda há para descobrir", escreveu no *Players' Tribune*. Quando Love olhou profundamente para dentro de si mesmo, viu o quanto a morte de sua avó Carol o afetara e como reprimiu essas emoções. Carol desempenhou um papel formativo na educação de Love. Quando morreu, em 2013, ele emergia como uma estrela da NBA, e o ritmo da temporada o deixou com pouco tempo para lamentar a perda. Love descreveu o processo de se abrir para esses sentimentos como "assustador, estranho e difícil". Mas, com o tempo, quanto mais Love vasculhava a tristeza e as emoções confusas, o que mais temia, mais estável se sentia. "Quero deixar claro que não tenho nada planejado sobre tudo isso. Estou apenas começando a trabalhar duro para me conhecer. Por 29 anos, evitei isso. Agora, estou tentando ser sincero comigo mesmo", escreveu. "Estou tentando enfrentar as coisas desagradáveis da vida, ao mesmo tempo em que gosto e sou grato pelas boas. Estou tentando abraçar todos os aspectos."

Love não está sozinho. Um mês antes de escrever sobre sua experiência de pânico e ansiedade no *Players' Tribune*, pouco depois da meia-noite, dois dias antes de começar o All Star Game da Liga, DeMar DeRozan, o então armador do Toronto Raptors, tuitou: "A depressão tirou o melhor de mim..." E, com essas sete palavras, DeRozan, de 28 anos, conhecido como um introvertido reservado, começou a se abrir para si mesmo e para o mundo sobre seus desafios de saúde mental. "É aquilo, por mais indestrutíveis que pareçamos, somos todos humanos no final das contas", disse ao *Toronto Star*. "Não sou contra nem me envergonho. Agora, na minha idade, entendo quantas pessoas passam por isso. Se alguém simplesmente olhar e disser: 'Ele passa por isso e ainda está por aí sendo bem-sucedido e fazendo tal coisa', tudo bem." DeRozan estava enfrentando a depressão em seus momentos mais sombrios e solitários, e dando a outros a permissão para fazerem o mesmo. Ele e Love mergulharam fundo em seus pontos fracos para se tornarem mais fortes.

ENFRENTANDO OS SEUS MEDOS

Na mitologia grega, o deus Pã residia logo além da zona de segurança e dos limites da aldeia. Quando os seres humanos vagavam por engano em seu espaço, eram dominados por pânico, medo e pavor. Quando tentavam escapar, mesmo os obstáculos mais triviais — pequenos paus e pedras, pequenos buracos no chão, rajadas de vento — provocavam um medo paralisante, e, desse medo, as vítimas de Pã desciam em espiral para a morte. Ainda assim, para aqueles que deliberadamente se aventuraram e escolhiam prestar adoração a Pã, ele era inofensivo. Concedia abundância, saúde e o presente derradeiro — sabedoria — a seus visitantes dispostos. Todos nós temos nossos Pãs. Se pararmos de evitá-los e de fugir deles — e aprendermos a enfrentá-los —, teremos sabedoria para vencer.

Alguém que sabe bem disso é Sara Bareilles. Em 2014, com quatro álbuns e vários hits, Bareilles estava começando a se esgotar. Ela decidiu se afastar das celebridades e da cena pop como um todo e voltar às suas raízes, concentrando-se na arte de compor, sem as outras distrações. Desse período, surgiu o musical *Waitress*, para o qual Bareilles escreveu as músicas e letras. O musical estreou na Broadway em meados de 2016. Foi um sucesso estrondoso, rendendo a Bareilles uma indicação ao Tony de melhor trilha sonora original. Ela sempre fala sobre como abandonar os estressores, as pressões individuais e os altos e baixos da indústria da música pop para se concentrar na escrita do musical a ajudou a reacender seu amor pela arte da composição. Também deu a ela espaço para explorar algumas de suas vulnerabilidades. Em 2019, Bareilles lançou seu primeiro álbum de estúdio após *Waitress*, sem rodeios e direto ao ponto. O álbum, intitulado *Amidst the Chaos*, está cheio de canções que descrevem como viver uma vida plena e excelente durante a confusão e a desordem, e como permanecer forte e inabalável em meio a tantas tempestades. Pouco depois do lançamento do álbum, Bareilles disse à NPR que criar *Amidst the Chaos* a deixou mais vulnerável do que nunca. O álbum impulsionou sua escrita, seu piano e seus vocais de maneiras novas e desconfortáveis. Sem mencionar que muitas das faixas detalham suas lutas contra a ansiedade, o medo e a tristeza de uma forma que seu trabalho anterior não faz.

"No fundo do meu coração, não sinto que exista algo mais próximo da escuridão. Não podemos ter medo do que somos, e, quanto mais perto chegamos da verdade, isso se acaba", disse Bareilles à NPR. Ela diz que, quanto mais fica "disposta a compartilhar as partes mais profundas e obscuras" da sua experiência, mais perto se sente de seu trabalho e de si mesma.

Quando escolhemos visitar Pã, por mais difícil que seja, ganhamos sabedoria e força interior para vencer.

DA SÍNDROME DO IMPOSTOR À HUMILDADE, CONFIANÇA GENUÍNA E FORÇA

As histórias de Kevin Love, DeMar DeRozan e Sara Bareilles nos ensinam que somos todos perfeitamente imperfeitos, mesmo quando parecemos estáveis e bem-sucedidos. Todos fazemos o melhor que podemos e, de vários modos, inventamos conforme avançamos.

Em minha prática de coaching, tenho o privilégio de trabalhar com pessoas incríveis, que apresentam desempenho máximo em suas várias profissões. Muitas vezes, sinto que não tenho todas as respostas. Quando comecei a ser coach, essa era uma preocupação significativa para mim. Tinha síndrome do impostor. Lembro-me de ir ao encontro de clientes e, no caminho, pensar comigo mesmo: *O que posso ensinar a essa pessoa? Eles vão me descobrir, quem realmente sou.* O que aprendi com o tempo, e ainda estou aprendendo, é que ninguém tem todas as respostas — incluindo meus clientes.

Se alguém disser ou passar a impressão de que já planejou tudo, é um bom sinal para correr na outra direção. Confiança fervorosa e certeza absoluta parecem sinais de força, mas, geralmente, são de fraqueza. Por quê? Porque, se alguém ou algo atrapalhar seu modelo, visão de mundo ou percepção de si mesmo, você fica propenso a desmoronar. Afastar as vulnerabilidades e tentar convencer a si mesmo e aos outros de que você tem mais certeza do que tem, é uma das maneiras mais certas de desenvolver a síndrome do impostor. Porque, no fundo, você sabe que está fingindo.

Aceitar que não sabe tudo, que nem sempre tudo se encaixa, torna-o mais — não menos — estável e excelente. Você se torna mais forte e confiante. Os cientistas sociais se referem a esse paradoxo como *humildade intelectual*, que pode ser entendida como a confiança adquirida por reconhecer suas limitações e não se preocupar em ser o melhor ou em ter poder sobre os outros. Envolve curiosidade ativa sobre seus pontos cegos e fraquezas percebidos. A humildade intelectual está associada a uma maior autoconsciência, discernimento e abertura a novas ideias. Quando você começa de um lugar de humildade, acaba ganhando um senso de identidade mais forte, flexível e integrado.

Quando você é vulnerável e humilde, além de se tornar mais confiante e conectado consigo, também se conecta mais com os outros. Quando Kevin Love e DeMar DeRozan reduziram o peso do individualismo heroico e compartilharam suas histórias de pânico, ansiedade e depressão, receberam milhares de cartas de apoio de fãs e admiradores pelo mundo. Outros jogadores da NBA começaram a compartilhar suas próprias lutas, e todo um movimento de saúde mental dentro da NBA emergiu. A Liga começou a veicular comerciais na TV nacional sobre a importância de abordar os desafios da saúde mental e implementou novas diretrizes exigindo que cada organização da NBA tivesse um profissional de saúde mental na equipe.

Quando Sara Bareilles derramou sua alma em *Amidst the Chaos*, ganhou seu primeiro Grammy pela canção "Saint Honesty", uma faixa particularmente reveladora. Não é surpreendente que essa música tenha feito tantos ouvintes se identificarem. Em suas memórias, *Sounds Like Me*, Bareilles escreve que, com o tempo, aprendeu: "Compartilhar a verdade sobre minha própria dor e vulnerabilidade também cria um veículo para conexão com as pessoas."

O tema retumbante é claro. Quando nos abrimos com outras pessoas sobre nossas vulnerabilidades, podemos no início nos sentir fracos, solitários e isolados. No final das contas, no entanto, ganhamos mais força, confiança e conexão.

CRIANDO CONFIANÇA COM OS OUTROS

Viver suas vulnerabilidades sozinho parece muito, e por um bom motivo. É demais. A espécie humana é frágil e imperfeita. Desde o dia em que saímos do útero até a morte, somos pegos na desconfortável tensão entre ser um indivíduo discreto e, ainda assim, desejar ser amado, e conectar-se e apegar-se a algo além de nós mesmos. Queremos estar separados e juntos ao mesmo tempo e precisamos de toda a ajuda que pudermos. Talvez por isso evoluímos para compartilhar nossas vulnerabilidades com outros membros da nossa tribo.

Considere a hipótese do "macaco vulnerável", mais ou menos assim: Muitos milênios atrás, o processo evolutivo mudou da seleção de características como força bruta para a seleção de características como vulnerabilidade, compaixão e conexão. Nossos ancestrais que sobreviveram não foram aqueles que eram os mais fortes pelas medidas tradicionais, mas os que foram efetivamente mais capazes de compartilhar suas fraquezas uns com os outros e trabalhar juntos para superá-las. Acredita-se que esses "macacos vulneráveis" formaram a base para o que se tornou o *Homo sapiens*, nós.

Hoje, a capacidade de expressar vulnerabilidade está programada e se expressa imediatamente. Apenas uma hora após o nascimento, os bebês humanos ajustam suas cabeças para fazer contato visual com o olhar da mãe. No segundo ou terceiro dia, começam a responder à voz dela. Como crianças indefesas, é assim que mostramos nossa vulnerabilidade e nos relacionamos com nossos cuidadores. E é assim que sobrevivemos.

A vulnerabilidade confere vantagens relacionadas a vínculos na idade adulta, sendo o tecido conjuntivo das relações. Pesquisadores da Universidade de Mannheim, na Alemanha, conduziram uma série de sete experimentos nos quais fizeram participantes adultos compartilharem informações sobre si mesmos em vários níveis de vulnerabilidade. Eles descobriram que a pessoa que compartilhava sentia que sua vulnerabilidade seria percebida como fraca, negativa. Mas a pessoa do outro lado da conversa, o ouvinte, sentia o oposto: quanto mais vulnerável o participante era, mais corajoso parecia. O ouvinte via a vulnerabilidade como um traço inequivocamente positivo.

"Confessar sentimentos românticos, pedir ajuda ou assumir a responsabilidade por um erro constituem apenas alguns exemplos de situações que exigem mostrar a vulnerabilidade", escrevem os pesquisadores da Universidade de Mannheim. "Por medo, muitas pessoas decidem fazer o oposto." Mas isso, concluem os pesquisadores, é um erro. "Mesmo quando exemplos de mostrar vulnerabilidade parecem uma fraqueza interna, nossas descobertas indicam que, para os outros, esses atos soam como coragem. Dadas as consequências positivas [maior confiança e conexão, melhor aprendizado com os outros e perdão após cometer um erro] de mostrar vulnerabilidade para a qualidade das relações, da saúde e do desempenho no trabalho, é benéfico superar os próprios medos e escolher ver a beleza na confusão das situações de vulnerabilidade." Os pesquisadores da Universidade de Mannheim cunharam acertadamente sua descoberta como "o efeito da bela bagunça."

No fundo, ninguém gosta de fingir que tem tudo sob controle. Ninguém, essa atuação é exaustiva. Quando você baixa a guarda e cai na real, os outros não o veem como fraco. Em vez disso, ficam aliviados. Eles pensam: *Finalmente, alguém que não está fingindo. Alguém mais parecido comigo.* Eles ganham permissão e confiança para interromperem sua própria atuação cansativa de perfeição e começam a revelar suas rachaduras. À medida que esse ciclo se intensifica

— uma oferta vulnerável levando à outra —, estreitos laços de confiança e conexão são feitos. Dessa forma, quando você está vulnerável, não só as suas algemas são removidas. Também as das pessoas ao redor. O resultado é ter mais liberdade e confiança, o que sustenta relações melhores, mais nutritivas e eficazes. A ironia é que todo o tempo e a energia que gastamos desenvolvendo uma marca pessoal e nos preocupando com a formação dela é um obstáculo para criar o tipo de vínculo estreito que mais desejamos. Muito antes de qualquer ciência experimental e do "efeito da bela bagunça", os taoistas conheciam os benefícios sociais de serem vulneráveis. No século IV a.C., o filósofo taoista Lao-tzu escreveu: "Quando você se contenta em ser você mesmo e não se compara nem compete, todos o respeitam."

VULNERABILIDADE E PERFORMANCE

O trabalho inovador de Amy C. Edmondson, professora e pesquisadora de Harvard, demonstra que, independentemente da área, as equipes de melhor desempenho exemplificam o que ela chama de *segurança psicológica*. A segurança psicológica ocorre quando os membros de uma equipe sentem que são capazes de se mostrar e de se abrir por completo, sem medo de repercussões negativas. A investigação de Edmondson começou em hospitais, onde descobriu que, quanto mais confortável os membros da equipe estavam uns com os outros, mais falavam quando detectassem algo de errado, evitando erros fatais. (Pense: Um enfermeiro ou assistente poder questionar o cirurgião-chefe.) Quando ela estendeu sua pesquisa a outras áreas, descobriu que equipes psicologicamente seguras se dão melhor, superam obstáculos com mais eficiência, comunicam-se mais abertamente e pontuam mais alto em indicadores comuns de qualidade em seus respectivos campos. A segurança psicológica se desenvolve quando os indivíduos de uma equipe têm respeito e confiança mútuos. Como você pode imaginar, a vulnerabilidade é o motivador mais fundamental de ambos. "Todos nós somos vulneráveis", diz ela. "A decisão é admitir ou não. Recomendação? Reconhecer sua humanidade cria um lugar seguro para os outros se mostrarem."

A vulnerabilidade não é fácil. Isso é especialmente válido se você tem vivido em estado de guarda, passando grande parte da vida atuando em seu eu de palco. Parece mais fácil fingir ser outra pessoa, mas não é. Qualquer desconforto agudo que surge por ser vulnerável é superado por ganhos duradouros em liberdade, confiança e conexão, tanto com você mesmo quanto com os outros; o resultado disso é uma melhor excelência. As práticas a seguir destinam-se a ajudá-lo a desenvolver vulnerabilidade. Lembre-se, apenas confrontando e explorando suas rachaduras você se tornará mais sólido.

PRÁTICA: DESENVOLVA FLEXIBILIDADE EMOCIONAL

Ao longo do dia, preste atenção e veja se você se pega regularmente fugindo de certos pensamentos, sentimentos ou situações. Pode ser qualquer coisa, desde não querer passar tempo com um familiar que está morrendo, até uma hesitação de longa data em falar abertamente em reuniões importantes no trabalho e evitar situações em que possa se sentir solitário. Depois de identificar algumas áreas de evitação, reserve um tempo para refletir sobre isso. Para cada pensamento, sentimento ou situação difícil, pergunte-se o seguinte:

- Do que estou fugindo? O que eu temo?

- O que está por trás desse medo?

- E se esse medo — seja de irrelevância, fracasso, perda de controle, falta de tempo, constrangimento ou morte — for simplesmente uma parte inevitável da condição humana?

- Como seria abrir espaço para esse medo, primeiro em mim mesmo, e depois, talvez, sendo mais aberto sobre ele com os outros?

- O que está do outro lado desse medo, dessa fraqueza percebida? Quais são meus pontos fortes? O que eu realmente quero? Amor? Conexão? Aceitação? Segurança? Posso seguir esse desejo verdadeiro e profundo? Como seria conviver com tudo isso — meus medos, minhas forças e meus verdadeiros desejos?

- Como posso usar esse medo e os verdadeiros desejos subjacentes a ele como um catalisador para uma ação produtiva ou para me tornar mais conectado comigo mesmo e, potencialmente, com os outros?

Investigar seus medos dessa forma muda sua relação com eles.

Embora seja difícil no início, com o tempo você não sentirá mais uma vontade forte de reprimi-los ou afastá-los. Em vez de se fechar ou congelar, você se inclinará para seus medos e deixará que eles o guiem em direção ao que você realmente deseja. Você conhecerá melhor a si mesmo e, assim, ganhará mais confiança e segurança em si mesmo também.

Você também pode desenvolver o que os psicólogos chamam de *flexibilidade emocional*, a capacidade de sentir uma gama ampla de emoções e fazer a transição entre elas com mais facilidade sem perder o chão. A flexibilidade emocional é essencial para uma vida ponderada, consciente e plena, e pesquisas mostram que ela está associada a um desempenho aprimorado, bem-estar e satisfação geral. Isso não é surpreendente. A condição humana exige que mantenhamos várias emoções ao mesmo tempo e passemos por elas com habilidade. Afinal, do outro lado da tristeza, há a felicidade; do outro lado da morte, há a vida; e, do outro lado da solidão, há o amor e a conexão.

PRÁTICA: PERGUNTE-SE O QUE VOCÊ REALMENTE QUER DIZER – E DIGA

Certa vez, tive um cliente de coaching chamado Dale, que lutava contra a síndrome do impostor. Ele estava em uma nova função importante na empresa e se sentia pressionado a agir como se tivesse tudo sob controle, especialmente ao falar para grandes grupos. Ele ficava nervoso e com medo, e se sentia sozinho e isolado no tablado. Perguntei se ele achava que eu tinha tudo sob controle. (Logo o lembrei do TOC, sobre o qual ele havia lido nas minhas publicações.) Então, perguntei a ele como minhas vulnerabilidades afetavam nossa relação. Ele não hesitou. "Confio muito mais em você sabendo que você é honesto e real", disse-me. "Fico mais confortável em abrir minhas inseguranças, como essa, por causa disso."

Questionei Dale se o mesmo se aplicaria às milhares de pessoas em sua organização. Elas confiariam mais nele se soubessem que ele era real? Ele confiaria mais em si mesmo se pudesse ser real? Na próxima vez que ele falou para um grande grupo, começou dizendo algo como: "Não sei ao certo como cheguei aqui e às vezes sinto que isso tudo está além de mim, mas estou fazendo o melhor que posso. Deixe-me contar como estou fazendo isso e, em seguida, me abrirei para todas as suas ideias para que eu, para que nós, possamos fazer ainda melhor." Dale e eu tivemos outra sessão logo depois que ele deu essa palestra. Ele me disse que nunca se sentiu tão livre, à vontade e confortável em sua própria pele enquanto falava para um grande público. Ele também percebeu que seu público estava mais envolvido e conectado com ele do que nunca.

Se você se pegar fingindo ou atuando, esforçando-se demais para se manter no palco, use essa sensação de fingimento como deixa para fazer uma pausa e se perguntar o que realmente quer dizer. Então, contanto que não seja nocivo, diga — ou, pelo menos, algo mais próximo do que queira dizer. Essa abordagem é útil em uma variedade de situações: jantares em família, pequenas reuniões ou palestras para milhares de pessoas. Como acontece com muitas das práticas deste livro, você pode achá-la desafiadora no início, especialmente no frigir dos ovos, no momento em que precisar reunir coragem para dizer o que realmente quer. Você sempre pode aumentar sua vulnerabilidade progressivamente, começando aos poucos e expondo mais de seus bastidores com o tempo. Ao fazer isso, começará a se sentir mais forte e confiante. E começará a perceber que é mais fácil se conectar genuinamente com as outras pessoas, também.

PRÁTICA: LEMBRE-SE DE QUE TODOS TÊM SUAS PRÓPRIAS LUTAS

O título do ensaio de Kevin Love, astro da NBA, no qual ele fala sobre seu pânico e sua ansiedade, é o mesmo desta prática. DeMar DeRozan diz que sua mãe sempre lhe disse: "Nunca tire sarro de ninguém, porque você nunca sabe pelo que essa pessoa está passando... Nunca se sabe." Love e DeRozan estão certos, e fico muito feliz por eles compartilharem essa mensagem de seus patamares. De acordo com a pesquisa apresentada neste capítulo, a maioria das pessoas está só esperando uma oportunidade para se abrir sobre o que está passando. Compartilhar nossas vulnerabilidades com os outros é muito mais fácil do que as isolar. Meramente verbalizar um pensamento, um sentimento ou uma situação desafiadora para outra pessoa é um meio poderoso de aliviar a tensão, tornando o que quer que você esteja passando mais fácil, mesmo que apenas um pouco, de trabalhar.

Se você sentir que está sozinho, lembre-se de que não está. Dê aos outros a chance de serem vulneráveis sendo você mesmo vulnerável. Lembre-se de que a vulnerabilidade não vem da confiança — a confiança que vem da vulnerabilidade. Se tentar se abrir para alguém e não for bem recebido, não leve isso para o lado pessoal. Fale com outras pessoas, que o entenderão. Se mostrar-se vulnerável pessoalmente for demais, comece com um telefonema, uma mensagem de texto, um e-mail ou até uma carta. Se não estiver recebendo apoio das pessoas da sua comunidade, ou se acha que suas vulnerabilidades são insuportáveis, considere trabalhar com um terapeuta ou coach. Ninguém está mais bem preparado para esse tipo de conversa.

IDEIAS FINAIS SOBRE VULNERABILIDADE

Vulnerabilidade significa inclinar-se para nossos pontos fracos, fraquezas percebidas e as coisas que mais tememos. Vulnerabilidade é um trabalho árduo, o que explica por que erguemos paredes ao redor de nossos corações e endurecemos nossas almas. Embora pensemos que isso nos torna mais fortes, estamos enganados. Na verdade, torna-nos mais fracos, mais frágeis. Quando não nos conhecemos totalmente, não podemos confiar totalmente em nós mesmos. E, quando não podemos confiar totalmente em nós mesmos, não podemos ser fortes, confiantes e excelentes, pelo menos não de maneira genuína. A vulnerabilidade também cria confiança nos outros, mas apenas se for autêntica e crua, não performativa. Não se trata de compartilhar que sua maior fraqueza é que você se esforça demais no trabalho ou que às vezes fica acordado até tarde da noite. Trata-se de compartilhar que você sofreu uma depressão. Que perdeu um filho. Que passou por um divórcio. Que falhou em projetos com os quais se importava. Que tem medo de ficar doente. Que tem medo de morrer.

É claro que existem a hora e o lugar para compartilhar essas vulnerabilidades. Não é quando você conhece alguém ou em sua primeira semana em um novo emprego. Porém, com muito mais frequência, as pessoas se afastam de expressões apropriadas de vulnerabilidade quando seria benéfico recorrer a elas. A vida é muito curta para andar por aí fingindo. Quanto mais real você puder ser consigo mesmo e com os outros, mesmo que o faça gradualmente, melhor. Do outro lado dessas inseguranças e desses medos estão não apenas confiança, força e segurança, mas também amor e conexão.

ACEITE A VULNERABILIDADE PARA DESENVOLVER FORÇA...

A vulnerabilidade é um canal para a comunidade, e a comunidade detém a vulnerabilidade. A comunidade também sustenta aceitação, presença e paciência. É o espaço de apoio no qual uma vida excelente se desdobra, com seus altos e baixos. É o princípio da excelência do ser que veremos a seguir.

6

INTEGRE A COMUNIDADE

As sequoias antigas em Felton, Califórnia, são impressionantes. Essas árvores se elevam a 60 metros do solo, com troncos que passam de 10 metros de diâmetro. O que é fascinante é que as raízes que as sustentam têm apenas de 2 a 3 metros de profundidade. Em vez de crescerem para baixo, elas crescem para fora, estendendo-se por centenas de metros lateralmente, envolvendo-se nas raízes vizinhas. Quando chega o mau tempo, essa rede expansiva de raízes entrelaçadas faz cada uma das árvores capaz de se manter forte. Podemos aprender muito com esses bosques vermelhos. Também devemos fazer parte de uma rede maior do que nós. Também prosperamos no coletivo. Também somos mais excelentes quando nos enredamos em comunidades fortemente unidas.

Aprendi essa lição quando tinha 20 e poucos anos, começando a escrever profissionalmente e passando a maior parte do tempo trabalhando em casa. Embora estivesse feliz por fazer um trabalho que amava, percebi, em algum ponto entre o peito e o intestino, uma sensação de que algo não estava certo, de que algo faltava. Eu me senti sozinho. Na época, isso não fazia sentido. Graças à proliferação da tecnologia digital, ficou mais fácil e barato do que nunca entrar em contato com família, amigos e colegas de qualquer lugar a qualquer hora. Eu falava pelo Facebook com um amigo que mora nas regiões montanhosas do Nepal, usava o Twitter para discutir os tópicos sobre os quais escrevo com especialistas de todo o mundo, participava de um grupo de troca de e-mails com amigos que amo e admiro e mandava mensagens para familiares enquanto caminhava para a cafeteria. Muitas das pessoas que eram importantes para mim estavam ao meu alcance. Ao que tudo indicava, ou assim eu pensava, estava mais conectado do que nunca. No entanto, às vezes, eu ainda sentia que estava sozinho. Eu não me sentia deprimido nem desconectado. Mas também não me sentia bem.

Infelizmente, esse sentimento é comum. A pesquisa do falecido John T. Cacioppo, psicólogo pioneiro no estudo científico da solidão, que coordenou o Centro de Neurociência Cognitiva e Social da Universidade de Chicago, mostra que a taxa de solidão nos EUA mais do que triplicou nas últimas décadas, passou de 11% na década de 1980 para cerca de 40% em 2010. Outra pesquisa, conduzida pela AARP e pela Harris Poll, coloca esse número entre 30% e 35% para a solidão regular e tão alto quanto 72% para a ocasional. Uma pesquisa realizada em 2018 pela seguradora de saúde Cigna descobriu que 50% dos norte-americanos relatam se sentirem solitários.

A solidão é um sentimento subjetivo. Uma pessoa introvertida pode não precisar do mesmo nível de interação social para se sentir bem como uma extrovertida. Por isso, Cacioppo e outros especialistas definem a solidão de forma ampla, como um desejo por conexões que você não tem. O grande paradoxo, é claro, é que as taxas de solidão estão disparando em um momento em que estamos mais conectados, pelo menos digitalmente, do que nunca — um tema que exploraremos mais adiante neste capítulo. Mas, primeiro, vamos revisar brevemente por que as taxas crescentes de solidão são tão complicadas.

A solidão está associada aos níveis elevados do hormônio do estresse, o cortisol, à má qualidade do sono, ao aumento do risco de doenças cardiovasculares, ao derrame, ao declínio cognitivo acelerado, ao processo inflamatório sistêmico aumentado, à função imunológica reduzida, à ansiedade e à depressão. Pesquisadores da Brigham Young University juntaram tudo isso para um estudo abrangente que acompanhou mais de 300 mil pessoas por cerca de 7,5 anos. Eles descobriram que os riscos de mortalidade associados à solidão excedem os associados à obesidade e ao sedentarismo, e se comparam aos do tabagismo.

Os efeitos deletérios da solidão se estendem além de nossa experiência individual e relações. A terapeuta de relações Esther Perel acredita que um dos principais problemas em muitas relações íntimas insatisfatórias é as pessoas não pertencerem a uma comunidade mais ampla. "Pedimos que uma pessoa nos dê o que antes uma vila inteira nos oferecia", diz ela. "Isso nos destrói. Coloca muitas expectativas [na relação]." Sim, os seres humanos evoluíram para se relacionarem intimamente, mas também para pertencerem a comunidades. Nossa capacidade de sobreviver e prosperar depende de sermos parte de um grupo. Pedir a nós mesmos ou a apenas uma outra pessoa para atender a todas as nossas necessidades é impraticável e imprudente.

O quinto princípio da excelência é a *comunidade*. O impulso incessante do individualismo heroico para ser "produtivo", "otimizado" e "eficiente" retira tempo e energia que seriam gastos para criar laços íntimos, tanto com outras pessoas quanto com tradições, ofícios e linhagens que geram pertencimento. A ironia é que esses laços estreitos não apenas nos fazem sentir melhor e tornam o mundo um lugar melhor, mas também nos ajudam a ter um melhor desempenho.

COMUNIDADE É UMA NECESSIDADE BÁSICA

Ao fazer as pesquisas para seu livro inovador, *Tribe*, o repórter investigativo Sebastian Junger descobriu que muitos soldados se sentiam melhor na guerra do que em casa. Embora isso soe desconcertante, Junger viu que, durante a guerra, os soldados têm um sentimento de pertencimento muito mais forte. "Os seres humanos não se importam com as dificuldades; na verdade, eles prosperam com ela", diz ele. "O que pensam é que eles não são necessários. A sociedade moderna aperfeiçoou a arte de fazer as pessoas não se sentirem necessárias."

A observação de Junger sobre os soldados está alinhada com as décadas de pesquisas realizadas sobre os elementos fundamentais que impulsionam a motivação, a satisfação e a realização humana. Isso se consolidou na *teoria da autodeterminação*, TDA. A TDA mostra que as pessoas prosperam quando três necessidades básicas são atendidas:

1. *Autonomia*, o controle sobre o tempo e a energia gastos.
2. *Competência*, o caminho tangível para a melhoria.
3. *Conexão*, a sensação de pertencimento.

INTEGRE A COMUNIDADE

Quando uma ou mais dessas necessidades não são satisfeitas, a saúde e o bem-estar se deterioram, e as taxas de exaustão aumentam. Não importa o quanto pensemos que podemos viver sozinhos, as pesquisas mostram que não — pelo menos não de forma sustentável.

Somos animais sociais. Nossa capacidade de comunicação e cooperação é uma vantagem competitiva da nossa espécie. Milênios atrás, na savana, grupos de primatas e seres humanos primitivos fortemente ligados tinham uma vantagem significativa sobre os grupos apartados. Com o passar do tempo, a evolução favoreceu grupos que funcionavam bem, assim como indivíduos que se adaptavam a esses grupos. Os cientistas chamam esse processo de *seleção de grupo*.

O psicólogo evolucionista Jonathan Haidt acredita que, pela seleção de grupo, desenvolvemos o que ele chama de "princípios sociais". Um ser humano primitivo sozinho tinha muito mais chance de ser morto por um predador ou morrer de fome em um período de escassez. Mas não é assim para alguém em um grupo com membros que se protegem, confortam uns aos outros e compartilham recursos.

Ainda hoje, pesquisas mostram que pertencer a uma comunidade foi vantajoso para os nossos ancestrais. Um estudo de 2003 da Universidade da Califórnia, Los Angeles, descobriu que o nível de integração social e pertencimento de uma babuína previa as chances de seus filhos sobreviverem. Uma pesquisa posterior, de 2010 a 2014, descobriu que laços sociais estreitos não prolongam a vida apenas de bebês, mas também das mães. Enquanto isso, os babuínos socialmente isolados tinham um índice maior de doenças e apresentavam comportamentos semelhantes ao do sofrimento humano.

Quando você junta tudo isso, fica claro que comunidade e pertencimento não são "bons de ter" ou elementos auxiliares de nossa existência. Em vez disso, são centrais para a nossa essência, para a nossa capacidade de estar bem e prosperar. Estão em nosso DNA.

Em seu livro de 1941, *O Medo à Liberdade*, o psicólogo, sociólogo e filósofo Erich Fromm explicou: "Sentir-se sozinho e isolado leva à desintegração mental, assim como a fome física leva à morte." No entanto, ele escreve que, embora a conexão muitas vezes seja física, nem sempre precisa ser. "A conexão com os outros não é idêntica ao contato físico. Um indivíduo pode ficar sozinho fisicamente por muitos anos e, ainda assim, se relacionar a ideias, valores ou, pelo menos, padrões sociais que lhe dão um senso de comunhão e 'pertencimento'. Por outro lado, ele pode viver entre pessoas e ainda ser dominado por um sentimento absoluto de isolamento." O restante deste capítulo argumenta que ficamos mais satisfeitos quando cumprimos esses dois impulsos essenciais: um sentimento interior de pertencer e um contato externo apropriado com outras pessoas. Argumenta que esses dois impulsos, que juntos chamo de *comunidade*, complementam-se e se fortalecem, resultando em uma excelência mais profunda e sólida.

SOLIDÃO E COMUNIDADE SE ALIMENTAM

A pesquisa de John Cacioppo mostra que, quando você está conectado a outras pessoas, não apenas se sente bem, mas também seguro. Da mesma forma, você não apenas se sente mal quando está isolado, mas também inseguro. Embora você possa não estar fisicamente ameaçado quando está sozinho, seu sistema mente-corpo, programado por milênios de evolução, começa a disparar sinais de alerta. É por isso que a solidão está associada a níveis elevados de cortisol, hipertensão e má qualidade do sono. Em muitos aspectos, a solidão é parecida com a ansiedade.

INTEGRE A COMUNIDADE

As sensações fisiológicas de desconforto que acompanham a solidão têm hoje o mesmo propósito que tinham milhares de anos atrás. São um sinal instintivo para se conectar. Nos tempos modernos, isso significa pegar o smartphone e ligar para um amigo, marcar uma saída ou, pelo menos, sair de casa e ir para um espaço público. Se alguém se torna cronicamente solitário, entretanto, esses mesmos sentimentos de angústia podem se agravar e ter o efeito oposto, encorajando as pessoas a se fecharem e se isolarem ainda mais.

É assim que funciona. Quando você começa a sentir a solidão crônica, sua percepção básica de ameaça aumenta. Pense na evolução: se você não tivesse um grupo ao seu redor, a pressão para ficar seguro e protegido cairia exclusivamente sobre seus ombros. Você sempre procuraria por perigo, talvez a ponto de perder o sono. Infelizmente, alguém que se sente constantemente ameaçado e preocupado consigo mesmo tem mais dificuldade em ter empatia e se conectar com os outros. Isso inicia um ciclo vicioso, causando ainda mais solidão.

Para provar isso, em um de seus estudos, Cacioppo induziu a solidão em universitários por meio da hipnose. Ele e seus colegas levaram os participantes de volta a períodos de suas vidas em que vivenciaram a solidão e a conexão. Em seguida, aplicaram testes de habilidades sociais. Eles descobriram que, depois que os alunos se sentiam solitários, suas pontuações eram muito mais baixas, um efeito presente até mesmo para os alunos mais extrovertidos. Em vez de procurarem conexão, os alunos que estavam hipnotizados para se sentirem solitários se ocupavam examinando o ambiente, interno e externo, em busca de sinais de ameaça. Quando foi sugerido aos participantes para se sentirem conectados, no entanto, eles tiveram um ótimo desempenho nos testes de habilidades sociais.

Para rastrear a neurologia desses comportamentos, Cacioppo usou a ressonância magnética para ver o fundo da solidão e da conexão. O cérebro das pessoas solitárias ativava-se muito mais rapidamente quando confrontadas com pistas negativas, e elas eram mais propensas a classificarem pistas neutras como perigosas. Em outras palavras, o cérebro das pessoas solitárias estava sempre procurando ameaças e preparado para identificá-las; em essência, estava sempre no limite. Esse não é um bom estado de espírito para fazer conexões.

Felizmente, há razões para acreditar que o efeito oposto também se verifica. Assim como a solidão se constrói sobre si mesma, o mesmo ocorre com a comunidade. Conforme você conhece e se conecta com um número maior de pessoas, expande suas habilidades sociais e sua confiança. Você deixa de se sentir solitário e ameaçado, e passa a se sentir parte do grupo. Quanto mais comunidade tem, mais seguro se sente. Em vez de ficar preocupado consigo mesmo, você libera a capacidade de estender a mão para outras pessoas — criando laços com outros amigos, depois amigos de amigos, e assim por diante.

Muito antes do individualismo heroico e da epidemia de solidão subsequente dos nossos dias, a sabedoria antiga observou a importância da comunidade. No oitavo livro de suas *Confissões*, Santo Agostinho, teólogo cristão do século IV, descreve sua conversão não apenas como um caminho para uma vida mais espiritual, mas também como um compromisso com a comunidade de que ele precisa e ama. Embora muitos associem a espiritualidade de Santo Agostinho à força interior e ao individualismo, para ele, um eu é forte apenas na medida em que integra uma comunidade. Ao longo de sua vida, ele comentava: "Eu não poderia ser feliz sem amigos." A amizade deu sentido à vida de Santo Agostinho. Em um famoso sermão proferido em algum momento do século IV, ele observou que "nesse mundo, duas coisas são essenciais: uma vida saudável e a amizade".

Antes disso, mais para o Leste, os primeiros ensinamentos budistas explicavam que há três joias, três aspectos fundamentais da vida que sempre devem ser priorizados: Buda, a profunda consciência interna em todos nós; *dharma*, os ensinamentos do caminho espiritual; e *sangha*, a comunidade que deve construir no caminho.

Em uma passagem que aparece no Cânon Pali, um dos mais antigos textos budistas remanescentes, o fiel assistente de Buda, Ananda, aproxima-se do Buda e pergunta: "Venerável senhor, essa é a metade da vida espiritual, isto é, boa amizade, bom companheirismo, boa camaradagem?"

Buda responde com entusiasmo, mas severamente: "Não é assim, Ananda! Não desse jeito! Essa é toda a vida espiritual, que é boa amizade, boa companhia, boa camaradagem."

TECNOLOGIA E COMUNIDADE

Um tema recorrente ao longo deste livro é como a tecnologia digital se infiltrou em nossas vidas. Parece improvável que haja algum retorno. Quando se trata de comunidade, em particular, a tecnologia digital apresenta dois dilemas inter-relacionados:

1. *A tecnologia digital criou a capacidade — e a consequente pressão — de "otimizar" e ser sempre produtivo, o que geralmente ocorre à custa de tempo e energia gastos na construção de uma comunidade.* Em seu livro, *The Lonely American: Drifting Apart in the Twenty-first Century*, os professores de psiquiatria de Harvard, Jacqueline Olds e

Richard Schwartz, traçam o perfil do aumento da solidão e do declínio de relações significativas. Uma das forças motrizes, escrevem eles, é um foco maior na "produtividade e no culto da ocupação". Olds e Schwartz explicam que o excesso de visão de túnel e o tempo gasto no trabalho levaram a um declínio acentuado na comunidade e a um aumento do isolamento e dos transtornos de humor relacionados.

A pesquisa de Olds e Schwartz evoca o poeta filósofo David Whyte. Em seu livro *Crossing the Unknown Sea: Work as a Pilgrimage of Identity*, de 2001, antes que todos nós tivéssemos smartphones em nossos bolsos, Whyte alertava sobre os graves perigos de negligenciar a comunidade quando o trabalho se torna consumível. "A dinâmica da amizade é quase sempre subestimada como uma força constante na vida humana", escreve ele. "Um círculo cada vez menor de amigos é o primeiro diagnóstico terrível de uma vida em apuros: de excesso de trabalho, de muita ênfase em uma identidade profissional, de esquecer quem estará lá quando nossas personalidades blindadas correrem para os desastres naturais inevitáveis e de habilidades vulneráveis encontradas até mesmo na existência mais mediana."

Muito antes disso, em sua obra inovadora *O Suicídio*, de 1897, o sociólogo francês Émile Durkheim observou que "a sociedade não pode se desintegrar sem que o indivíduo se desligue da vida social, sem que seus próprios objetivos se tornem preponderantes sobre os da comunidade, sem que sua personalidade atente contra a personalidade coletiva. Quanto mais enfraquecidos são os grupos aos quais pertence, quanto menos depende deles, mais depende apenas de si mesmo e não reconhece outras regras de conduta além das que se baseiam em seus interesses particulares. Se concordarmos em chamar esse estado de egoísmo, no qual o ego individual se afirma em excesso diante do ego social e à sua custa", prossegue Durkheim, "podemos chamar... [esse] tipo especial de suicídio decorrente do individualismo excessivo." Imagino o que Durkheim teria a dizer sobre o individualismo heroico de hoje, suas consequências e a importância da excelência como alternativa.

2. Muitas tecnologias digitais nos oferecem a ilusão de conexão enquanto corroem a conexão verdadeira. Achamos que ao tuitar, postar, enviar mensagens de texto, *directs* ou e-mails para alguém, estamos fazendo uma conexão *eficaz*. Mas esse é um pensamento ilusório. Como você verá nas próximas páginas, embora seja eficaz em certas situações, a conexão digital não substitui o poder da interação na vida real.

Muitos de nós somos vítimas desses dois problemas inter-relacionados. É da natureza do individualismo heroico que enfrentemos pressão e insegurança crescentes por não estarmos sempre online. E possuímos computadores superpoderosos em nossas casas e até mesmo em nossos bolsos. O resultado é que trabalhamos constantemente, e, ao fazer isso, temos menos tempo e energia para criar comunidade. Às vezes, isso nos sobrecarrega de modos tão sutis que nem percebemos. Aqui estão alguns exemplos pessoais, nenhum problemático por si só, mas todos problemáticos quando se tornam habituais, o que facilmente acontece[i]:

- Muitas vezes fico tentado a ir para a academia sozinho em vez de ir com meus colegas. Embora eu saiba que o

---

[i] Todos esses exemplos presumem que é seguro continuar com esses tipos de atividades. No momento em que este livro foi escrito, grande parte do mundo ainda estava mergulhado na pandemia da Covid-19. Dito isso, essa pandemia acabará passando. Provavelmente, deixará em seu rastro o aumento da inércia de não se reunir pessoalmente, mesmo quando for seguro — e, possivelmente, mais importante do que nunca — fazer isso.

último me faz sentir melhor, o primeiro garante que eu siga minha programação da forma mais eficiente possível, com menos interrupções.

- Muitas vezes opto por ficar no meu apartamento para trabalhar, em vez de ir para o café, porque fico preocupado em ter meu ritmo de escrita interrompido ou em perder tempo me deslocando.

- Sou sugado pelas redes sociais quando poderia telefonar para um amigo próximo ou sair e fazer algo significativo com outras pessoas.

Esse último exemplo é particularmente interessante, dada a relativa novidade e onipresença das redes sociais. Ele merece mais explicações.

CONEXÃO DIGITAL VERSUS A REALIDADE

O Pew Research Center, uma organização de pesquisas apartidária e *think tank*, começou a monitorar o uso das redes sociais em 2005. Na época, cerca de 5% dos norte-americanos eram ativos nas redes sociais. Em 2020, esse número estava perto de 70%, e continua a aumentar. Quer você goste ou não, as redes sociais são uma faceta significativa da vida moderna. Nos últimos anos, está na moda criticar as redes sociais por destruírem tudo o que é bom, incluindo a comunidade. Mas a realidade é mais complicada. Em seu livro de 2020, *Friendship: The Evolution, Biology, and Extraordinary Power of Life's*

Fundamental Bond, a autora e pesquisadora de ciências sociais Lydia Denworth explica que, quando se trata de estudos sobre redes sociais e comunidade, "os resultados até agora têm sido tão misturados, que equivalem a uma versão científica da brincadeira telefone sem fio. Para cada estudo que encontra um aumento na solidão com o uso das redes sociais, há outro que mostra um aumento na conexão".

Considere alguns exemplos: para uma metanálise abrangente, o psicólogo Jeff Hancock, que coordena o Laboratório de Redes Sociais da Universidade de Stanford, combinou dados de 226 artigos publicados entre 2006 e 2018. No total, incluíam mais de 275 mil pessoas. Ele queria responder de uma vez por todas se as redes sociais são positivas ou negativas para a comunidade e para a conexão. O resultado? Depende. Hancock descobriu que elas geram uma combinação de ônus e bônus. No geral, o efeito das redes sociais nas relações foi neutro. "Usar as redes sociais é uma troca", diz ele. "Você obtém vantagens pequenas para o seu bem-estar que têm custos pequenos."

Os resultados de Hancock acompanham outro projeto de pesquisa abrangente, publicado em 2019, conduzido por Andrew Przybylski e Amy Orben, da Universidade de Oxford. Eles revisaram dados de mais de 350 mil adolescentes e descobriram que o uso das redes sociais quase não tem efeito sobre seu bem-estar. Na época em que seus resultados foram publicados, Przybylski e Orben ganharam manchetes em muitas revistas importantes por apontarem que a associação entre o uso das redes sociais e o bem-estar adolescente é equivalente à associação entre bem-estar e "comer batatas".

No entanto, um estudo realizado na Universidade de Pittsburgh chegou a uma conclusão diferente. Lá, os pesquisadores examinaram uma amostra nacionalmente representativa de 2 mil pessoas e descobriram que o aumento do uso das redes sociais — em termos de frequência de visitas a elas e também de duração — estava correlacionado com uma maior percepção de solidão.

Quando esse livro foi publicado, as redes sociais ainda estavam em sua infância, pelo menos em termos científicos. Com o passar dos anos, mais pesquisas nos farão entender seus efeitos de curto e longo prazo. Por enquanto, os especialistas acreditam que os resultados mistos representam uma nuance importante quando se trata de redes sociais. Se você as usa para aumentar a comunidade — conhecer pessoas online e depois se reunir offline, para encontrar pessoas com interesses semelhantes, para manter contato com pessoas de outras regiões ou quando não pode sair — são benéficas. Se usá-las como substituto para a comunidade e outras formas mais ricas de conexão, no entanto, são deletérias[ii]. Até onde sabemos, nada substitui a conexão pessoal. Estudos mostram que a presença e o toque físico são essenciais para a empatia, a conexão e o pertencimento. Qualquer pessoa que já tenha passado por uma situação difícil e sido confortada

---

[ii] Além disso, a conexão digital é benéfica quando você simplesmente não consegue se reunir com outras pessoas pessoalmente. Durante a pandemia da Covid-19, em 2020, grande parte do mundo estava sob ordens de isolamento, e as pessoas foram proibidas de se reunirem com outras fora de suas unidades familiares. Durante esse período desafiador, as ferramentas digitais para conexão foram a melhor opção para as pessoas se apoiarem e manterem a comunidade. Mesmo assim, parecia que quanto mais próxima da conexão pessoal a tecnologia estivesse, melhor. Uma chamada telefônica era mais benéfica do que uma mensagem de texto; um *chat* de vídeo, do que uma chamada telefônica; e um encontro ao ar livre a distância, mais do que o vídeo.

por alguém colocando a mão em seu ombro ou fazendo contato visual empático sabe disso.[iii]

"Usar as conexões digitais como mediadoras — as crianças tendem a fazer isso; elas usam o Facebook para marcar de se encontrarem em algum lugar — associa-se a níveis mais baixos de solidão", diz Cacioppo. "Se forem usadas como um *fim*, nem tanto." "Ironicamente, os solitários tendem a fazer isso, retraem-se, porque é punitivo, e interagir digitalmente, talvez como um eu não autêntico, faz com que se sintam aceitos. Mas isso não os faz se sentirem menos solitários."

Outra advertência às pesquisas mencionadas é que apenas examinam o efeito das redes sociais na formação de comunidade. Cada vez mais, vemos como seu efeito é destrutivo na democracia, por meio da disseminação de teorias da conspiração e outras *fake news*. Também vemos como levam a um aumento do tribalismo político, especialmente quando são usadas como um lugar para trocar ideias anonimamente (na melhor das hipóteses) e atacar outras pessoas (na pior, e, infelizmente, mais frequente das hipóteses), não como uma estação intermediária para facilitar debates saudáveis da vida real de pessoas com pontos de vista opostos (em que as diferenças podem ser discutidas com menos amargor). Além disso, usar as redes sociais como forma de se comparar incessantemente com os outros; buscar validação com retuítes, curtidas e comentários; ou ficar a par de todas as notícias de última hora, não promove satisfação nem bem-estar duradouro. As redes sociais também são problemáticas se você tiver

---

[iii] É exatamente isso que torna a Covid-19 tão difícil para tantas pessoas. Em um momento em que precisávamos de suporte pessoal e conexão mais do que nunca, não é seguro tê-los. A fim de impedir a propagação do vírus, tivemos que nos abster da coisa mais instintiva a fazer durante tempos difíceis: colocar nossas mãos nos ombros uns dos outros.

dificuldade para desativá-las. Pesquisas mostram que os bebês não se relacionam tão bem com seus pais se eles estiverem constantemente no smartphone. E, se você fica no smartphone quando se encontra pessoalmente com as pessoas, independentemente da idade, a qualidade dessas interações se deteriora significativamente.

Embora as redes sociais não sejam inerentemente ruins, conheça suas armadilhas e use-as apenas como uma ferramenta, com o máximo de cuidado. Algo que notei recentemente são pessoas que têm comunidades online massivas e contam com muitos amigos, seguidores e curtidas em plataformas como Facebook, Twitter, Instagram, LinkedIn e TikTok. Elas são faróis do individualismo heroico, sempre acima de tudo, e de forma devastadora. No entanto, parece que, muitas vezes, elas anseiam por conexões profundas em suas vidas. Esse é, provavelmente, o caso por muitos dos motivos que discuti, incluindo gastarem muito tempo e energia em suas comunidades online, não sobrando nada para investir na comunidade real; falta-lhes o conforto do toque físico e da conexão; e, em alguns casos, passam muito tempo nadando na fossa de fóruns e *feeds* furiosos. "Se a única aceitação que você consegue vem de uma representação falsa na web, isso não o fará se sentir conectado", diz Cacioppo.

Décadas antes das redes sociais e dos estudos de Cacioppo sobre seus efeitos deletérios, Erich Fromm, em seu livro de 1955, *The Sane Society*, alertou contra o desenvolvimento de uma *orientação de marketing*: "Quando o corpo, a mente e a alma de alguém são seu capital, e sua tarefa na vida é investir favoravelmente, ela lucrará consigo mesmo. As qualidades humanas, como simpatia, cortesia, gentileza, são transformadas em mercadorias, em ativos do 'pacote de personalidade', que conduzem a um preço mais alto no mercado de personalidade. Se o indivíduo fracassa em um investimento lucrativo para si mesmo, ele se sente um fracasso; se tiver sucesso, ele é um sucesso." A orientação de marketing é isoladora e deprimente. No entanto, mais do que nunca, com o que há de pior nas redes sociais, muitas pessoas vendem suas almas por uma chance de chegar ao estrelato na internet. Mas para quê?

Lembre-se de que mais de 70 mil anos de evolução nos programaram não para a conexão digital e para fazer parte de grupos, mas sim para a realidade. Pelo que sei, é exponencialmente mais gratificante estar profundamente envolvido, ser uma celebridade em sua comunidade do que na internet, por mais viciante que a última seja.

AS PESSOAS QUE O CERCAM FORMAM QUEM VOCÊ É

Como as enormes sequoias, das quais falei na abertura deste capítulo, quando praticamos a excelência em comunidade, ficamos profundamente interligados a ela. Estudos revelam que, se você testemunhar a dor de outra pessoa — um amigo batendo o pé em uma quina, um sem-teto em uma esquina úmida ou um rosto sombrio na sala de espera de um hospital —, sentirá algum grau de dor. A Association for Psychological Science (APS) chama isso de efeito "sinto sua dor", e quase todo mundo o sente vez ou outra. Quanto mais próximo for seu vínculo com a pessoa que sofre, mais forte será o efeito. Isso também faz parte de nossa programação evolutiva, o que nos leva a ajudar outras pessoas de nosso grupo quando precisam.

"Quando testemunhamos o que acontece aos outros, não apenas ativamos o córtex visual como pensávamos algumas décadas atrás", disse o neurocientista holandês Christian Keysers à APS. "Também ativamos nossas próprias ações, como se estivéssemos agindo de modo semelhante. Ativamos nossas próprias emoções e sensações como se sentíssemos o mesmo."

A dor não é a única emoção contagiosa. Pesquisadores da Universidade de Yale monitoraram de perto quase 5 mil pessoas da pequena cidade de Framingham, Massachusetts, por mais de três décadas. Eles descobriram que quando alguém ficava feliz ou triste, essa emoção se espalhava por toda a cidade. As emoções até se espalham virtualmente. Outro estudo, chamado de "estou triste, você está triste", descobriu que, se você está de mau humor quando envia uma mensagem de texto para seu parceiro, é provável que ele perceba e experimente um estado de humor inferior. O mesmo vale para as postagens do Facebook, de acordo com uma pesquisa publicada no *Proceedings of the National Academy of Sciences*. Emoções como felicidade, tristeza e raiva se espalharam como fogo na plataforma. (Não que se precise de um estudo para provar isso.)

Outro estudo, publicado na revista *Motivation and Emotion*, mostrou que, mesmo emoções mais complexas, como a motivação, são contagiosas. Se alguém está trabalhando na mesma sala que outras pessoas motivadas, a atitude dessa pessoa melhora. Se, no entanto, alguém está trabalhando na mesma sala com pessoas desanimadas, sua motivação diminui. Um estudo de 2017 da Northwestern University descobriu que se sentar a 6 metros de um funcionário de alto desempenho melhorava o desempenho de outro em 15%. Mas se sentar a 8 metros de alguém de baixo desempenho prejudicava seu desempenho em 30%. Isso é um impacto enorme.

Alguém que sabe sobre a forte influência da comunidade no desempenho e bem-estar é minha amiga Shalane Flanagan, a melhor corredora de longa distância dos Estados Unidos.[iv] Quando Flanagan decidiu que, em vez de treinar sozinha começaria a treinar em grupo, seu desempenho, com o de todas as outras mulheres do grupo, disparou. Cada uma das parceiras de treino — onze mulheres no total — chegou às Olimpíadas enquanto treinava com ela, uma conquista surpreendente. Lindsay Crouse, no *The New York Times*, cunhou isso como "efeito Shalane Flanagan: catapulta para a carreira de quem trabalha a seu lado, enquanto se impulsiona para frente".

Não apenas Flanagan e todas as outras correram melhor, mas também se sentiram melhor. Emily Infeld, uma corredora de elite de longa distância dos Estados Unidos, disse ao *Times* que, logo depois de se formar na faculdade, lutou contra fraturas por estresse e pensou em abandonar o esporte em 2014. Em dezembro daquele ano, Flanagan a chamou para tomar um vinho e conversar. "Eu estava lutando — chorei e disse a ela: 'Não consigo, meu corpo não foi feito para isso'", lembra Infeld. "E ela mudou totalmente meu mindset. Ela me disse que era claro que aquilo era ruim, mas que ela acreditava que eu poderia fazer melhor. Melhorei, treinamos juntas, e ela me responsabilizou. Mudou completamente a minha carreira." Em questão de meses, em agosto de 2015, Infeld conquistou a medalha nos 10 mil metros no Campeonato Mundial da World Athletics, antiga IAAF.

Flanagan se beneficiou tanto do Efeito Shalane Flanagan quanto qualquer pessoa. "Mesmo em um esporte individual tão cansativo, percebi que poderia me sentir enraizada na comunidade", disse-me. "Se você está sozinho no topo, está fazendo errado. Os de alto

---

[iv] Posso ser tendencioso por causa da nossa amizade, mas os números falam por si. Flanagan atuou em 4 times olímpicos, conquistando a medalha de prata nos jogos de 2008. Ela também venceu a Maratona da Cidade de Nova York em 2017, tornando-se a primeira mulher norte-americana a fazê-lo em 40 anos.

desempenho se concentram em puxar os outros para cima. Eles são generosos enquanto se levantam e criam uma tribo." Não surpreende que, após sua aposentadoria da corrida profissional, em 2019, Flanagan tenha perdido pouco tempo anunciando que permaneceria no esporte, mas como técnica. Conversamos enquanto ela tomava essa decisão. "Esse é o meu povo", disse-me ela. "Essa comunidade dá sentido à minha vida. Não consigo me imaginar fazendo outra coisa agora."

A ciência e as experiências de atletas de alto desempenho altamente realizados, como Shalane Flanagan, fiam-se na mesma verdade básica. Somos espelhos que refletem uns aos outros. As pessoas de quem nos cercamos nos moldam, e nós também as moldamos. As implicações são importantes e acionáveis.

Para começar, seria sensato nos associarmos a pessoas que admiramos e aspiramos imitar. Não é tanto a habilidade mecânica que é contagiosa, mas a motivação, a emoção e os valores. Estar ciente da facilidade com que as emoções se espalham permite transformar a si e às pessoas ao redor. Se você receber uma mensagem de texto que o deixe triste ou se ler uma postagem em uma rede social que o deixe irritado, em vez de reagir, pare por um momento e reflita. Em vez de enfrentar a tristeza com tristeza, você pode enfrentá-la com compaixão e apoio. Em vez de enfrentar a raiva com raiva, você pode enfrentá-la com compreensão (ou simplesmente ignorá-la, uma estratégia amplamente subutilizada). O outro lado também é verdadeiro. Quando você está se sentindo bem, é provável que espalhe isso — embora acredito que isso aconteça naturalmente, sem esforço.

Essas percepções são antigas. Mais de uma década atrás, em uma expedição no sopé da região de Khumbu, no Himala, perguntei a um xerpa[v] nepalês chamado Indra sobre as bandeiras de oração que estavam espalhadas por toda a parte. "É simples", disse-me ele. "Quando você está sentindo uma emoção forte, finca uma bandeira. Desde o início dos tempos, minha cultura [budismo tibetano] acredita que o vento espalha essa energia e o universo a recebe."

PRÁTICA: ENVOLVA-SE COM UM GRUPO SIGNIFICATIVO

Um dos primeiros princípios de Cacioppo para combater a solidão e construir uma comunidade é buscar coletivos. Tendemos a gostar de pessoas como nós, com quem compartilhamos interesses, atividades e valores. Também há menos pressão para se dar bem ao se envolver em um grupo do que tentando encontrar pessoas individualmente. Um benefício da internet é que é mais fácil do que nunca encontrar e ingressar em grupos significativos, muitos dos quais se encontram na vida real. Aqui estão alguns exemplos poderosos.

Voluntariado

Quando as pessoas fazem algo por outra pessoa, tendem a ter mais facilidade em superar seus medos e suas inseguranças, e também em estabelecer conexões. Ao ajudar os outros, a parte de seu cérebro que normalmente pisaria no freio para proteger seu ego — seu eu literal — tende a relaxar, permitindo que você corra riscos construtivos e trabalhe em meio às dúvidas. A pesquisa da professora de psicologia

---

[v] Xerpa: povo tibetano que habita a vertente meridional dos Himalaias. [N. da R.]

Shelley Taylor, da UCLA, mostra que, durante as experiências de angústia subjetiva, o instinto de luta ou fuga não é a única resposta. Também temos a capacidade para o que ela chama de resposta atenciosa e amiga. "Cuidar dos outros é tão natural, com base biológica, quanto procurar comida ou dormir, e suas origens são profundas na nossa natureza social", escreve Taylor em seu livro *The Tending Instinct*. Quando cuidamos dos outros, também tendemos a fazer amizade com os que nos rodeiam.

O voluntariado beneficia não apenas a comunidade e as pessoas, mas também você. Estudos mostram que ele está associado a uma melhor saúde física e mental e longevidade. Embora seja difícil identificar o mecanismo exato por trás desses efeitos, provavelmente estão relacionados aos benefícios mais amplos de se engajar na comunidade e na conexão. O voluntariado é poderoso para indivíduos que se aproximam da aposentadoria ou que se aposentaram recentemente. Nessa fase da vida, somos suscetíveis a perder uma parte essencial de nossa identidade, nossa comunidade profissional e nosso uso do tempo. O voluntariado ajuda a preencher essas lacunas. É por isso que a Associação Americana de Pessoas Aposentadas investiu no programa que ajuda a combinar indivíduos recém-aposentados com organizações voluntárias em suas comunidades.

Espiritualidade

A religião organizada está em declínio nos EUA, especialmente para os jovens. A American Family Survey de 2018, conduzida pelo *Deseret News*, em Utah, descobriu que, para os Millennials e a Geração X, a religião mais comum é nenhuma. Isso não é problemático em si, mas, por séculos, a religião serviu como uma força motriz da comunidade — e nada preencheu adequadamente sua lacuna. Um estudo de 2016, publicado no *JAMA Internal Medicine*, acompanhou 75 mil mulheres por 10 anos e descobriu que aquelas que frequentavam serviços religiosos pelo menos uma vez por semana tinham uma chance 33% menor de morrer do que seus pares que não os frequentavam. Um estudo de 2017 publicado no jornal *PLOS One* acompanhou 5.550 adultos por 18 anos e encontrou uma redução de 55% na mortalidade para aqueles que frequentavam regularmente serviços religiosos comunitários. Os autores desses estudos suspeitam que grande parte dos benefícios para a saúde e a longevidade se deve ao aspecto comunitário da adoração. Esses estudos exploraram uma ampla gama de serviços religiosos. Em outras palavras, não é que qualquer sistema de crença ou divindade específica salvará você. É muito mais provável que você e as pessoas de sua comunidade estejam salvando uns aos outros. Lembre-se do conselho de Buda a seu fiel assistente, Ananda: "Boa amizade, boa companhia, boa camaradagem não são metade da vida espiritual. São toda a vida espiritual." Buda estava certo.

Outra pesquisa mostra que o cérebro humano evoluiu para ser movido por cantos, cânticos, danças e outras expressões do inefável com o único propósito de reunir indivíduos. Peter Sterling, professor de neurociência da Universidade da Pensilvânia, chama essas práticas de *práticas sagradas*. Uma espécie projetada "em que todos devem cooperar leva a todo tipo imaginável de conflito interpessoal: ganância, paranoia — o que for! Portanto, a estrutura requer comportamentos inatos adicionais para dissipar as tensões psicológicas e preservar a coesão social. Tais comportamentos podem ser chamados coletivamente de *práticas sagradas*, com 'sagrado' significando 'reverência pelo inefável'— o que a fala casual não pode expressar", diz ele. Dado que a evolução seleciona apenas as qualidades centrais para a sobrevivência de uma espécie, nossa capacidade de criar laços espirituais — ou o que Sterling chama de práticas sagradas — é fundamental.

Se você tem vontade de ingressar em uma comunidade baseada na fé, independentemente de como foi criada, não tenha medo. É uma maneira maravilhosa de conhecer pessoas com valores semelhantes. E se, como eu no passado, você acha que não há espaço para a espiritualidade na visão de mundo científica e racional, espero que este livro o tenha ajudado a ver que a sabedoria espiritual e a ciência não precisam se opor. Elas podem ser complementares. E lembre-se de que a espiritualidade é tão simples — e bela — quanto se reunir com amigos para assistir ao pôr do sol, maravilhados com o universo expansivo que habitamos, sem nenhum dogma ser necessário.

Junte-se a um grupo de apoio

De saúde mental a estudos, preparo físico e paternidade, é fácil usar a internet para pesquisar e encontrar grupos de apoio para quase tudo. Conforme discutido no capítulo anterior, as pesquisas mostram que a força dos laços interpessoais aumenta com a vulnerabilidade. Quando você se junta a um grupo de apoio, deixa de lado a necessidade de representar o eu de palco e pode ir direto ao assunto, já que todos "entendem", seja lá o que for.

Além de ser uma fonte maravilhosa de comunidade, os grupos de apoio também o ajudam a superar desafios e atingir objetivos. Não é só a motivação que é reforçada pela comunidade, mas também a responsabilidade. Se você assumiu um compromisso com outra pessoa ou outro grupo, é mais provável que o mantenha. Se todos aparecerem na academia, no grupo de recuperação da ansiedade ou na reunião do Alcoólicos Anônimos (AA), e você não, provavelmente se sentirá mal. Portanto, é mais provável que vá. Mas um benefício ainda maior da comunidade é o que acontece quando você não aparece. Você pode se sentir constrangido ou envergonhado, mas receberá um tapinha nas costas e um pouco de amor. Isso porque as outras pessoas estão passando pelos mesmos desafios e entendem como eles são difíceis. Sim, elas entendem. Todos vocês estão sendo vulneráveis juntos. Todos vocês estão experimentando versões da mesma história.

É dois em um: a comunidade evita que você caia, e, se cair, ela o ergue. É por isso que os grupos de apoio para indivíduos que lutam contra o abuso de substâncias ou outros vícios são tão eficazes. Não há muitas situações em que fazer tudo sozinho faça mais sentido do que em grupo.

Grupos de interesses

Ao longo do Iluminismo, artistas, filósofos, poetas e cientistas encontravam-se regularmente em salões ou pequenas reuniões privadas focadas em um determinado tópico. Embora os salões tenham caído em desuso, não há razão para não os trazer de volta. É tão simples quanto reunir um grupo de indivíduos com interesses semelhantes e acordar de se encontrarem regularmente, talvez uma vez por mês. Pode ser um clube do livro, um jornal, clube de artigos ou um grupo de carreira, para pessoas com a mesma vocação.

PRÁTICA: PRIORIZE QUALIDADE

Mais de dois mil anos atrás, em sua obra-prima *Ética a Nicômaco*, o filósofo grego Aristóteles definiu três tipos de amizade:

1. *Amizade baseada na utilidade*, aquela em que uma ou ambas as partes ganham algo como resultado. É semelhante à empresa moderna de "trabalho em rede", ou tornar-se amigo de alguém porque você acha que ele pode ajudá-lo.

2. *Amizade baseada no prazer*, aquela centrada em experiências agradáveis. São as pessoas com quem você passa um tempo agradável e despreocupado.

3. *Amizade baseada na virtude*, aquela em que ambos os indivíduos compartilham dos mesmos valores. São os laços com pessoas que você admira e respeita, com as quais se alinha no que considera crucial na vida.

É fascinante que, séculos atrás, Aristóteles tenha dito que "muitos indivíduos jovens ou em seu auge" buscam amizades predominantemente por utilidade, que são insuficientes. Passe um tempo em um *campus* ou em uma empresa, e é fácil ver que algumas coisas nunca mudam.

Da mesma forma, ele escreveu: "Aqueles que amam por causa da utilidade, amam por causa do que é bom para si mesmos, e aqueles que amam por causa do prazer, o fazem por causa do que é agradável para si mesmos." No entanto, o que alguém acha útil ou prazeroso, escreveu Aristóteles, "não é permanente, está sempre mudando. Assim, quando o motivo da amizade é eliminado, a amizade é dissolvida". Aqui, Aristóteles parece descrever aquilo a que hoje nos referimos como alpinista social, ou borboleta social, a pessoa que flutua de um grupo para outro sem nunca praticar a excelência em uma comunidade significativa.

Embora as três amizades descritas por Aristóteles sejam vantajosas em certos casos, apenas as baseadas na virtude — firmadas por valores compartilhados — são duradouras e verdadeiramente significativas. "Amizade perfeita é a dos que são iguais em virtude", escreveu ele. "Pois eles desejam o bem uns dos outros [em todas as circunstâncias] e, portanto, essas amizades são boas em si mesmas." Relações baseadas na virtude exigem esforço e são difíceis de acontecer. "Grandes amizades só podem ser sentidas por algumas pessoas", escreveu Aristóteles. Mas produzem uma maravilhosa sensação de satisfação e contentamento. É uma bênção rara conectar-se com alguém nesse nível mais profundo, com um vínculo de alma gêmea.

O esquema de Aristóteles não é apenas presciente, mas também prático. É um exercício útil perguntar a si mesmo em quais categorias suas relações se enquadram. É bom ter algumas, talvez a maioria, de amizades baseadas em utilidade e prazer. Mas reconheça que esses tipos preenchem um propósito diferente e têm uma vida útil mais curta do que o tipo derradeiro de amizade — baseada na virtude. Amizades baseadas na virtude não surgem da noite para o dia e requerem uma energia considerável para serem mantidas. Como Aristóteles escreveu: "A falta de conversa destruiu muitas amizades." Mas o que você ganha com essas amizades supera o que investe.

É sábio adotar a estrutura de Aristóteles para pensar também em seus relacionamentos digitais. Isso é particularmente relevante, dado o que sabemos sobre como as emoções se propagam por meio de redes virtuais. Aqui, a lógica é direta e simples: se as pessoas regularmente incomodam, aborrecem ou *trollam* você, deixe de segui-las, silencie, marque como *spam* ou até bloqueie, sem se sentir mal por isso.

Aristóteles não foi o único pensador antigo que daria esse conselho para a nossa situação. "Se você se casar com alguém coberto de sujeira, dificilmente poderá evitar ficar um pouco sujo também", escreveu o filósofo estoico Epiteto em um aviso de 2 mil anos sobre estar perto de idiotas. Quinhentos anos antes, Buda ensinou que um dos oito elementos no nobre caminho para a iluminação é a *fala correta*, que envolve a abstenção de conversas fofoqueiras, odiosas, rudes e imprudentes. Provavelmente, é melhor aplicar os princípios da fala correta não apenas em locais reais, mas também nos virtuais.

PRÁTICA: DESENVOLVA UM "BRAINTRUST"

Ed Catmull é cofundador da Pixar Animation Studios e a liderou durante sua ascendência e aquisição pela Walt Disney Company, em 2006. Catmull, que se aposentou em 2019, é considerado um dos líderes de maior sucesso do setor criativo. O segredo para o sucesso da Pixar é o que ele chama de desenvolver um Braintrust, um grupo de pessoas com quem se encontrar regularmente para ajudá-lo a identificar problemas e fornecer feedback sincero. Esse Braintrust é "uma entidade benéfica e eficiente", escreve Catmull em suas memórias, *Criatividade S.A.*. "Mesmo nas primeiras reuniões, fiquei impressionado com o quão construtivos os feedbacks foram. Cada um dos participantes se concentrava no filme em questão, e não em alguma vontade oculta. Os membros se viam como colegas."

Todos nós podemos nos beneficiar de um Braintrust. Quanto mais nos aprofundamos em nossos próprios grandes projetos — o lançamento de uma empresa, o treinamento para uma maratona ou a criação de um filho —, mais difícil é avaliá-los objetivamente. Embora fingir que está aconselhando um amigo em uma situação semelhante à sua seja útil (veja "distanciamento" no Capítulo 2), receber conselhos de amigos de confiança é ainda mais. "Pessoas que assumem projetos criativos complicados se perdem em algum ponto do processo. É a natureza das coisas — para criar, você deve internalizar e se tornar o projeto por um tempo", escreve Catmull. Embora a fusão com seu projeto seja valiosa, também leva a pontos cegos. Um Braintrust ajuda a identificar esses pontos antes que eles causem problemas significativos.

Em um ambiente empresarial, quanto mais alto você está, mais importante se torna o desenvolvimento de um Braintrust. É solitário estar no topo, e ter outras pessoas com quem trabalhar e apoiá-lo é essencial. Ainda mais importante é receber um feedback sincero. Por medo, percebido ou real, de perturbar seu líder, os subordinados hesitam em levantar questões ou fornecer feedback negativo. As pessoas mais importantes na órbita de um líder são aquelas que se sentem confortáveis fazendo o oposto — desafiando-o e apontando os problemas antes que eles explodam.

Catmull sugere alguns princípios norteadores para a criação do Braintrust. Eles valem para contextos profissionais e pessoais:

- Inclua apenas indivíduos em quem confia e que você tem certeza de que são completamente honestos com você — até mesmo, e talvez especialmente, se isso significar dizer coisas que você não queira ouvir.

- Inclua pessoas orientadas para soluções. O objetivo não é apenas apontar problemas, mas encontrar soluções e um caminho viável a seguir.

- Inclua pessoas com trajetórias semelhantes. Cerque-se de pessoas que tenham experiência no que você está passando. Dessa experiência, vem o conhecimento e, igualmente importante, a empatia.

IDEIAS FINAIS SOBRE COMUNIDADE

O mestre zen Thich Nhat Hanh ensina que cada um de nós é como uma onda na água. Embora seja fácil nos deixarmos levar pela experiência de ser uma onda — subirmos, enrolarmo-nos, descermos e movermo-nos com a maré —, é importante lembrar-nos de onde a onda vem e para onde volta, e o que ela realmente é: água. Quando ficamos muito presos em nossa própria ascensão e queda — muito inclinados à otimização, à produtividade e à eficiência —, negligenciamos a água de onde viemos, e o resultado é um caminho rápido para a solidão e o sofrimento. Quando não há água, a onda se perde. Nossas conexões sociais e nosso senso de pertencimento — nossa comunidade — influenciam tudo, desde nossa saúde física e mental até nosso desempenho e satisfação e realização com a vida. Evoluímos para estar em comunidade. É o que nos mantém enquanto subimos e descemos. Quando negligenciamos isso, o custo é grande.

Como todos os outros princípios da excelência do ser, a comunidade é uma prática contínua. Leva tempo e esforço para construí-la e mantê-la. Aceitação, presença, paciência e, especialmente, vulnerabilidade ajudam a criar e manter uma comunidade. Por sua vez, a comunidade se torna o espaço de apoio para que todos os outros princípios floresçam. "Na minha tradição, aprendemos que, como indivíduos, não podemos fazer muito. Por isso […] refugiar-nos na comunidade é uma prática muito forte e importante", diz Hanh. "Sem estar em uma [comunidade], sem o apoio de um grupo de amigos motivados pelo mesmo ideal e prática, não podemos ir longe."

7

MOVA O CORPO PARA A EXCELÊNCIA DA MENTE

Você pode não conhecer Andrea Barber, mas, se cresceu na década de 1990, provavelmente conhece o nome Kimmy Gibbler. Barber interpretou Gibbler — a excêntrica, ousada e confiante vizinha do lado — na série *Três é demais*. Fora das câmeras, no entanto, Barber estava tudo menos confiante e ousada. Ela sofria de ansiedade crônica e ondas debilitantes de depressão, que pioraram no início da idade adulta. Embora por fora ela fosse uma espécie de celebridade, reconhecida em público pela personagem alegre que interpretou na TV, por dentro, passou muitos anos lutando.

Após sofrer em silêncio por anos, aos 32 Barber criou coragem para procurar ajuda profissional. Ela recebeu medicamentos prescritos e começou a ver um terapeuta regularmente. Barber e eu nos conectamos depois que escrevi um ensaio sobre minha experiência com o TOC. Tínhamos muito em comum: a experiência do mal-estar; a terapia; os remédios, embora nós dois ainda tenhamos preconceito quanto a isso (o que só mostra o quão poderosos preconceitos são); e a persona pública (a minha, significativamente menor que a dela), que foi, por um tempo, diferente da nossa experiência interior. Mas, mais do que tudo isso, Barber ficou emocionada com o ensaio publicado na *Outside* e queria falar comigo sobre o poder do movimento.

"A corrida veio em um momento em que tudo na minha vida estava em constante mudança", disse-me. "Além da ansiedade latente, eu estava passando por uma separação. Minhas emoções estavam confusas. Eu me sentia fora da realidade. A corrida começou como algo social, uma forma de me forçar a sair e estar com os amigos. Mas, uma vez que comecei, tornou-se mais que isso. Não sei dizer. Não se trata apenas de ficar sozinha com meus pensamentos, mas também o movimento e algo sobre encontrar sua cadência e seu ritmo. Eu voltava para casa de uma corrida e sentia que a vida não era tão ruim e confusa como há 45 minutos antes de começá-la."

Em 2016, Barber acabou se inscrevendo para uma maratona. Era um grande objetivo, especialmente para alguém novo no esporte, com pouca formação atlética. Mas ela logo percebeu que não se tratava da corrida em si (embora a tivesse terminado). Era o treinamento — a estrutura, a consistência e a responsabilidade que ganhou por mover o corpo todos os dias. "Isso me salvou", diz ela. "Com certeza. A corrida me salvou." Embora na época de nossas conversas, em 2020, Barber não estivesse trabalhando com um objetivo específico em mente, ainda achava essencial fazer algo ativo todos os dias. Mesmo uma caminhada rápida de 30 minutos faz maravilhas, diz ela. Quando perguntei se ela achava que era simplesmente a rotina de fazer a mesma coisa todos os dias que ajudava, ela discordou veementemente. "Não. Tenho todos os tipos de rotinas. Mas nenhuma é tão satisfatória quanto o movimento. Há algo especial nisso."

Inúmeros estudos demonstraram que o exercício melhora não só a saúde física, mas também a mental. Isso é verdade em todos os contextos culturais. Uma análise de 2019 do King's College London examinou mais de 40 estudos que, juntos, acompanharam 267 mil pessoas para explorar a conexão entre exercícios e depressão. Os pesquisadores descobriram que a atividade física regular reduziu as chances de alguém sofrer de depressão entre 17% e 41%, um efeito substancial, observado independentemente de idade e sexo, e que se manteve válido para vários tipos de movimento, de corrida a levantamento de pesos. Outra pesquisa encontrou efeitos semelhantes para a ansiedade.

O movimento não ajuda apenas a prevenir doenças mentais; também pode tratá-las. Além de seu grande estudo sobre prevenção, os pesquisadores do King's College conduziram uma revisão de 25 estudos que pesquisaram um total de 1.487 pessoas que estavam sofrendo de depressão. Eles descobriram que entre 40% e 50% das pessoas com depressão respondem positivamente aos exercícios, com um efeito que, em uma escala de pequeno, médio ou grande porte, é considerado grande. Pesquisadores da Universidade de Limerick, na Irlanda, conduziram sua própria análise, que incluiu 922 participantes, e encontraram uma taxa de resposta semelhante para a ansiedade. Essas taxas são iguais às da psicoterapia e às da medicação[i].

O movimento pode parecer diferente dos outros princípios discutidos neste livro até agora. Infelizmente, a paixão do individualismo heroico por treinos angustiantes, aparência e "exercícios" como punição turvou a forma como pensamos sobre nossos corpos e como devemos usá-los. Mas, como você verá em breve, o movimento genuíno é parte da prática da excelência.

UM SISTEMA MENTE-CORPO INTEGRADO

Na década de 1640, o filósofo francês René Descartes introduziu o que veio a ser conhecido como dualismo cartesiano, ou a ideia de que, embora materialmente conectados, a mente e o corpo são entidades separadas. Esse pensamento predominou por mais de 350 anos. Somente na virada do século XXI que os cientistas começaram a provar que Descartes estava errado. Não temos mente e corpo distintos. Em vez disso, somos um *sistema mente-corpo* integrado.

As bactérias do intestino e as proteínas secretadas pelos músculos afetam o humor. Os neuroquímicos no cérebro afetam quanta dor

---

[i] É importante observar que o exercício não é uma panaceia para problemas de saúde mental. Embora os exercícios ajudem, nem sempre é o caso para todos. Conheço muitas pessoas que sofreram de doenças mentais e que, por direito, se cansam quando ouvem: "Basta se exercitar mais." Se fosse assim tão fácil, todos fariam. Também é importante observar que outros tratamentos para doenças mentais e exercícios não são excludentes, mas podem ser usados em conjunto com um grande benefício. Muitos dos regimes de tratamento de maior sucesso para doenças mentais envolvem uma combinação de exercícios, terapia e medicamentos.

sentimos nas costas e a velocidade com que o coração bate. Quando movemos nossos corpos regularmente, fazemos um trabalho melhor no controle de nossas emoções, pensamos com mais criatividade e retemos mais informações. Embora a ciência que integra mente e corpo seja relativamente nova, o espírito por trás dela não é. Muito antes de Descartes separar os dois, os antigos gregos tratavam a mente e o corpo de forma holística. Eles não separaram a educação física da intelectual, como fazemos hoje. Ambas eram ensinadas juntas, como parte de uma filosofia resumida pelas palavras em latim *Mens sana in corpore sano*: "Uma mente sã em um corpo são."

O sexto princípio da excelência é o *movimento*. O movimento promove bem-estar generalizado, força e estabilidade — não apenas no corpo, mas também na mente. O restante deste capítulo explicará como e por quê. Primeiro, vamos explorar brevemente como o movimento apoia cada um dos outros princípios — aceitação, presença, paciência, vulnerabilidade e comunidade. Em seguida, exploraremos práticas concretas que o ajudarão a desenvolver uma rotina de movimento na sua vida. Veremos que o movimento não precisa ser complicado ou heroico, e que quase todos — independentemente de idade, sexo ou tipo de corpo — podem colher seus inúmeros benefícios.

MOVIMENTO E ACEITAÇÃO

Quando comecei a treinar para maratonas, um corredor mais experiente disse algumas palavras de sabedoria: Eu precisaria aprender a ficar confortável com o desconforto. Essa habilidade é tão útil nas pistas quanto fora delas.

Não sou só eu e não estou apenas correndo. Pergunte a qualquer pessoa cujo dia inclua mover seus corpos, e elas dirão o mesmo: uma conversa difícil não parece mais tão difícil. Um prazo apertado, não tão intimidante. Problemas de relações, não tão complexos. Embora seja plausível pensar que o exercício simplesmente o deixa cansado demais para se importar, não é isso. Pesquisas mostram que a atividade física tem o efeito oposto, aumentando a função e a energia do cérebro. O cenário mais provável é que ela o ensine a sentir dor, desconforto e fadiga e a aceitá-los, em vez de reagir de imediato ou resistir a eles.

Evelyn Stevens, detentora do recorde feminino de mais quilômetros pedalados em uma hora (29,81), diz que, durante seus intervalos de treino mais difíceis, "em vez de pensar que quero que acabe, sinto e aceito a dor. Caramba, eu até tento abraçá-la." Se você resistir ou tentar suprimir o desconforto que vem do movimento, ele se intensificará. A atividade física ensina como aceitar algo pelo que é, vê-lo claramente e decidir o que fazer a seguir. Isso é ampliado em um treino desafiador, durante os momentos em que você deve escolher se deseja parar ou continuar.

Um estudo publicado no *British Journal of Health Psychology* descobriu que universitários que passaram de não se exercitar para até mesmo um programa modesto de duas a três visitas à academia por semana relataram uma diminuição no estresse, no tabagismo e no consumo de álcool e cafeína, e um aumento na alimentação saudável, melhores hábitos e tempos de estudo gastos. Além dessas melhorias na vida real, após dois meses de exercícios regulares, os alunos também tiveram um melhor desempenho nos testes laboratoriais de autocontrole. Isso levou os pesquisadores a especular que o exercício teve um impacto poderoso na "capacidade de autorregulação" dos alunos. Em termos leigos, superar o desconforto associado ao exercício — dizer sim quando seus corpos e mentes instam a dizer não — ensinou os alunos a ficarem frios, calmos e controlados diante das dificuldades. Ensinou-os a aceitarem o que estava acontecendo e a agir de maneira sábia, de acordo com seus valores. Na academia, isso significava continuar.

Fora da academia, significava controlar melhor o estresse, beber menos ou estudar mais.

Um estudo publicado no *European Journal of Applied Physiology* avaliou como o exercício altera nossa resposta fisiológica ao estresse. Pesquisadores do Instituto de Tecnologia de Karlsruhe, Alemanha, dividiram os alunos em dois grupos no início do semestre e instruíram metade a correr duas vezes por semana durante 20 semanas. No final das 20 semanas, que coincidiu com um período estressante — provas —, os pesquisadores os fizeram usar monitores durante as atividades do dia a dia para medir a variabilidade da frequência cardíaca, indicador comum de estresse fisiológico. Como se pode imaginar, os alunos matriculados no programa de corrida mostraram uma variabilidade da frequência cardíaca mais favorável. Seus corpos não ficavam tão estressados durante as provas. Talvez, em vez de lutar contra a pressão delas, eles a aceitassem mais e, portanto, ficassem menos inquietos.

Algo encorajador nesses estudos é que os sujeitos não se exercitaram em intensidades ou volumes hercúleos. Eles simplesmente fizeram algo fisicamente desafiador para eles — indo de nenhum exercício para um pouco. Um tema recorrente deste capítulo é que não é necessário ser um atleta de elite ou aficionado por academia para colher os benefícios do movimento. Quando você desenvolve uma prática de movimento, é provável que haja momentos em que se sinta desconfortável. Esses momentos não apenas tornam seu corpo mais forte, mas também proporcionam à sua mente oportunidades seguras e controladas de praticar a aceitação, de praticar a excelência durante o sofrimento. Para alguns, isso exige levantar muito peso ou correr muito rápido. Para outros, pode simplesmente significar ir de nenhum movimento para caminhadas rápidas diárias de 30 minutos.

MOVIMENTO E PRESENÇA

Uma prática regular de movimentos ensina que, quanto mais você tratar cada repetição ou passo de forma independente, como se fosse um exercício próprio, melhor. No início, isso requer muito foco, mas se torna uma segunda natureza. À medida que a presença aumenta, não apenas a experiência de treino melhora, mas também o desempenho. O que quer que tenha acontecido na última repetição não importa. O que quer que aconteça na próxima não importa. Apenas esta — que você está concluindo — importa.

Uma maneira comum de as pessoas sentirem o fluxo é por meio da atividade física. As sensações intensificadas em seu corpo são uma âncora para a consciência, e o aumento da excitação ajuda a canalizar a mente. Para que isso ocorra, no entanto, você precisa deixar os dispositivos digitais para trás (ou, pelo menos, no modo avião, se usá-los para ouvir música). Para que os praticantes de exercícios sintam o fluxo, devem "manter a mente concentrada no que estão fazendo", escreve Pirkko Markula, professor de atividade física da Universidade de Alberta, no Canadá.

Quando trabalho com clientes de coaching sobre como incorporar movimento em suas vidas, usamos isso como uma oportunidade de experimentar momentos sem distração. Muitos percebem que um grande motivo pelo qual passaram a gostar de se exercitar é precisamente porque não recebem chamadas, e-mails ou mensagens constantemente. Quanto mais têm esse tipo de experiência sem distrações, mais priorizam e protegem a presença em outras áreas da vida. Isso se assemelha à teoria do autor e especialista em hábitos Charles Duhigg: o movimento é um "hábito fundamental" ou uma prática positiva em uma área da vida que gera mudanças positivas em outras.

O movimento também desenvolve a presença porque exige que você preste muita atenção aos sinais que seu corpo envia. *Eu acelero ou desacelero? É apenas a dor de um esforço árduo ou é a dor de uma lesão iminente?* Como você recebe um feedback bastante concreto sobre essas decisões, pode refinar continuamente o processo. Continue fazendo isso e sua capacidade de prestar muita atenção — não apenas no que se refere ao seu corpo, mas a tudo na vida — melhorará.

MOVIMENTO E PACIÊNCIA

Tive o privilégio de conhecer alguns dos melhores atletas do mundo. O que é interessante é que todos eles usam estratégias para desenvolver condicionamento. Alguns seguem uma abordagem de alta intensidade e baixo volume; outros, o oposto. Alguns treinam com zonas de frequência cardíaca, enquanto outros usam o esforço percebido. E, no entanto, todos falam que a chave para o sucesso não é tanto o plano, mas o cumprimento. Contanto que o treino seja baseado em princípios sólidos, o método não é tão importante quanto a paciência e a consistência do atleta. Muitos caminhos levam a Roma, mas você só chegará lá se não se desviar constantemente do que escolher.

A chave para melhorar a aptidão física é aderir à sobrecarga progressiva. Você trabalha um músculo ou uma função específica de maneira específica, adicionando intensidade e duração progressivamente com o tempo. Dias difíceis são seguidos pelos fáceis. Períodos prolongados de intensidade, por períodos prolongados de recuperação. Repetição e consistência são fundamentais. Os resultados não ocorrem do nada, mas depois de meses, e até anos. Conforme mencionado no Capítulo 4, se você apressar o processo ou tentar fazer muito cedo, as chances de lesão e *overtraining* aumentam. Não há como escapar disso ou negá-lo. Seu corpo avisa. Aprende-se a ter paciência, em seus tendões e ossos.

"Hoje, todos desejam novidades e estímulos sem fim", explica meu amigo Vern Gambetta, um treinador de desenvolvimento atlético "veterano" mundialmente conhecido, que treinou centenas de atletas de elite, incluindo membros dos times do New York Mets [beisebol], e do Chicago Bulls [basquete], bem como olímpicos. "Correr por aí e mudar constantemente o que você faz está na moda." Mas, se busca crescimento e desenvolvimento em longo prazo, diz ele, velocidade e mudança não funcionam. O progresso físico requer um jogo longo.

Uma prática regular de movimento ensina que avanços não acontecem da noite para o dia. Eles resultam de um esforço consistente aplicado ao longo do tempo, de bater gradativamente na pedra de maneira inteligente e controlada até que ela se quebre. O condicionamento requer paciência e presença no processo, interrompendo uma repetição hoje para retomá-la de onde parou amanhã.

MOVIMENTO E VULNERABILIDADE

Se você decidir se desafiar em qualquer tipo de prática física, haverá ocasiões em que falhará. Faz parte. Tentar correr ou andar mais rápido, levantar mais peso ou pedalar mais longe do que você já fez é um tanto intimidante. Você enfrenta todo tipo de incógnita. *Quanto desconforto isso causará? Serei capaz de avançar? Pararei muito cedo? Serei bem-sucedido ou fracassarei?*

Sempre que faço uma grande elevação na academia, meu parceiro de treino, Justin, percebendo minha hesitação, costuma dizer: "admirável mundo novo."[ii] Independentemente do resultado, pratico a arte de enfrentar as vulnerabilidades com coragem de aprender a confiar em mim mesmo em situações desafiadoras. E, quando falho, às vezes na frente de outras pessoas, aprendo a ficar bem com isso também. Uma prática de movimento regular expõe suas fraquezas e o ensina a não fugir delas, mas, sim, a voltar-se para elas e a trabalhá-las. Quanto mais você confronta suas fraquezas, mais forte e integrado se torna.

Na academia (ou na pista, no campo, na piscina), é só você e a barra. Você quer fazer a elevação ou não. Se conseguir, ótimo. Se não, você treina mais e tenta novamente. Alguns dias vão bem; outros, não. Mas, com o tempo, fica claro que o que você obtém de si mesmo é proporcional ao esforço que faz e à sua disposição de se expor a provações cada vez maiores e, às vezes, ao fracasso. É tão simples e difícil assim. Você desenvolve um tipo de vulnerabilidade, franqueza e autoconfiança em meio ao desafio que dá origem a uma confiança tranquila e segura. Você aprende a confiar em si mesmo e a correr

---

[ii] A expressão original, *Brave New Word*, deriva de uma peça de Shakespeare, A Tempestade, e da ficção científica de mesmo nome de Aldous Huxley. O significado seria algo como uma mistura de esperança com o medo de não atender às expectativas. [N. da R.]

riscos na presença de outras pessoas, que é exatamente como você cria laços mais íntimos em sua comunidade de movimento.

MOVIMENTO E COMUNIDADE

Um crescente corpo de pesquisas mostra que se exercitar com outras pessoas promove conexão e pertencimento, ou comunidade. Em seu livro *The Joy of Movement*, a psicóloga da saúde e palestrante de Stanford Kelly McGonigal detalha as muitas razões para isso. Há a alegria coletiva que nossa espécie está programada para sentir quando se move em sincronia com os outros, uma vantagem evolutiva que promovia a cooperação durante a caça. Ocorre a liberação de substâncias neuroquímicas, como endorfinas e ocitocina, que promovem o afeto e o vínculo. Há a natureza ritualística intrínseca a muitos programas de exercícios, levando à sensação que os cientistas chamam de *fusão de identidade* — sentir-se conectado e parte de algo maior do que nós mesmos. E há a confiança, pessoal e compartilhada, e a vulnerabilidade ao enfrentar desafios físicos com outras pessoas. Os cientistas do exercício se referem a isso como "união muscular", provavelmente pela aplicação de longa data como um rito de passagem em culturas tribais e, mais recentemente, nas Forças Armadas.

"Ansiamos por conexão", diz McGonigal, "e o movimento sincronizado é uma das maneiras mais poderosas de experimentá-la". Ela escreve que *outsiders* muitas vezes não entendem os efeitos sociais do movimento. "Como qualquer fenômeno de aproveitamento da natureza, não faz sentido até que você esteja nele. Então, de repente, com endorfinas fluindo e o coração batendo forte, você acha o tipo de pertencimento em que o exercício dá origem à coisa mais racional no mundo."

Entendi isso por mim mesmo. Raramente me arrependi do esforço adicional necessário para coordenar os horários para correr, caminhar ou levantar pesos com outras pessoas. O efeito de curto prazo é que sempre me sinto melhor depois. De longo, é que conheci alguns dos meus melhores amigos na academia ou na trilha.

Agora que definimos os benefícios do movimento, nós nos voltaremos para a sua aplicação. Infelizmente, quando se trata de movimento, há um dilúvio de desinformação por aí, o que chamo de "brociência": jargão sonoro complexo — divulgado por pessoas que querem ganhar dinheiro — que carece de substância e eficácia. É individualismo heroico sabor fitness. Não suporto essas coisas. Fique tranquilo, o que ofereço é diferente. Vou rever práticas de movimento simples e concretas que realmente funcionam. Todas são apoiadas por anos de evidências e experiência no mundo real. Tudo pode ser personalizado para caber na sua vida. E tudo gratuito. Mas, antes de entrarmos nessas práticas concretas, gostaria de explicar uma das mudanças de mindset mais importantes e benéficas que você pode fazer no que diz respeito à sua saúde, bem-estar e busca pelo sucesso genuíno. Para muitos, adotar esse mindset serve como base para qualquer prática duradoura de movimento.

FAÇA DO MOVIMENTO PARTE DO SEU TRABALHO, QUALQUER QUE SEJA ELE

Não tenho tempo. É a desculpa mais comum que ouço para não praticar uma atividade física regular. Embora isso seja verdade se você trabalha em vários empregos e luta para atender às suas necessidades básicas, não o é para a maioria das pessoas. Um estudo de 2019 dos Centros de Controle e Prevenção de Doenças (CDC) em parceria com o *think tank* RAND questionou o uso do tempo de uma amostra diversificada de 32 mil norte-americanos. Ele descobriu que, em média, eles têm mais de 4,5 horas por dia de lazer, a maioria sentada em frente às telas. Essa descoberta foi consistente em relação à renda, à idade, ao sexo e à etnia. Mesmo se você insistir que está muito ocupado para mover seu corpo porque tem um trabalho importante e intenso, eu consideraria reenquadrar a atividade física não como algo que você faz separado de seu trabalho, mas como parte dele. Isso se aplica se você é médico, enfermeiro, advogado, investidor, professor, escritor, pesquisador, pai — a praticamente qualquer pessoa.

Pesquisas mostram que a atividade física regular aumenta o pensamento criativo e a resolução de problemas, melhora o humor e o controle emocional, aumenta o foco e a energia, e promove sono de qualidade. Não há trabalho que não se beneficie desses atributos. Três neurotransmissores — serotonina, norepinefrina e dopamina — são essenciais para a função cerebral. A serotonina influencia o humor, a norepinefrina aumenta a percepção e a dopamina regula a atenção e a satisfação. Quando eles estão em equilíbrio, o cérebro tem seu funcionamento ideal. Quando estão desequilibrados, a capacidade cognitiva e emocional é prejudicada e, em casos graves, surgem transtornos psiquiátricos. A atividade física é especial porque promove um equilíbrio ideal desses três neurotransmissores. Quando você move seu corpo, move sua mente também.

Pense em um estudo da Universidade de Stanford. Apropriadamente intitulado "Dê pernas às suas ideias", pedia aos participantes que se engajassem em tarefas fatigantes. Durante o intervalo, em um grupo, os participantes se sentavam e olhavam para uma parede; em outro, faziam uma caminhada de 6 a 15 minutos. Após o intervalo, ambos os grupos foram testados quanto às suas percepções criativas. Os participantes que fizeram a caminhada curta demonstraram um aumento de 40% na criatividade em relação aos que não a fizeram. Esse efeito não se limita a adultos. Outros estudos descobriram que, quando os jovens se envolvem em atividades físicas regulares, seu desempenho acadêmico melhora. A ironia é que muitas escolas cortam a atividade física em favor de matemática, ciências e preparação para testes padronizados, quando ela ajudaria os alunos a melhorarem matemática, ciências e pontuações, sem mencionar a redução de custos de saúde devastadores e problemas de saúde pública.

Além de facilitar o desempenho do cérebro hoje, a atividade física o ajudará a ter um melhor desempenho amanhã. O movimento promove o desenvolvimento do cérebro em longo prazo, desencadeando a liberação da substância química fator neurotrófico derivado do cérebro (BDNF). O BDNF é o fertilizante do cérebro. Ele alimenta a neurogênese, que gera novas células cerebrais e faz conexões entre elas. A ligação entre a atividade física e o BDNF explica as evidências crescentes de que o movimento regular previne e retarda o declínio cognitivo. O efeito é tão poderoso que, até o momento, não há melhor prevenção para doenças neurodegenerativas como Alzheimer e Parkinson do que a atividade física regular. Se o movimento pudesse ser engarrafado e vendido em forma de pílula, seria uma droga de sucesso de trilhões — usada para tudo, desde melhorar o desempenho e o bem-estar até prevenir e tratar doenças.

É por todas essas razões que priorizo a atividade física na minha prática de coaching. Quando meus clientes começam a vê-la como uma parte essencial de seu trabalho, tornam-na uma parte regular de suas vidas. Essa mudança de mindset fornece a muitos de meus clientes permissão e motivação para passarem o tempo movendo seus corpos. Eles vão de ver o movimento como algo supérfluo a vê-lo como indispensável.

Essa mudança de mindset ocorre até nos níveis mais altos de competição cognitiva. Em 2019, a ESPN.com publicou uma história explorando como os mestres do xadrez perdem de 4 a 7 quilos durante torneios de uma semana. De acordo com os cientistas, isso se relaciona à resposta humana ao estresse. Durante os torneios, que podem durar de 5 a 10 dias, é comum que os competidores fiquem com batimentos cardíacos elevados, pressão alta, pensamento obsessivo, ansiedade emocional e fisiológica, perda de apetite, dúvida incapacitante e insônia. Como resultado, os jogadores de xadrez de alto nível treinam seus corpos como se fossem atletas. Eles estão adotando regimes de condicionamento físico intensos para pensarem com mais clareza e manterem a força e a estabilidade durante as dificuldades contínuas de um torneio. "A aptidão física e o desempenho cerebral estão ligados, e não deveria ser uma surpresa que os grandes mestres estejam por aí tentando se parecer com jogadores de futebol", diz o astro do xadrez Maurice Ashley.

Mudar seu mindset para ver os exercícios como parte do seu trabalho é um bom começo, mas você ainda precisa executá-los. Existem duas maneiras principais de integrar o movimento à sua vida:

- Reserve um tempo fixo para atividades físicas, como caminhar, correr, andar de bicicleta, nadar, praticar jardinagem, escalar, dançar, ir à academia ou fazer ioga.

- Crie movimento no fluxo regular do seu dia.

No mínimo, seja consistente de um desses modos. Idealmente, você usará uma combinação de ambos. Talvez vá para a academia ou faça exercícios em casa três dias por semana, faça uma caminhada ou corrida no fim de semana e se mantenha ativo em todos os outros dias. Não existe fórmula mágica. Quando se trata de movimento, minha regra de ouro é: *Mova-se sempre, às vezes, pesado; tudo conta.*

As práticas a seguir o ajudarão a integrar o movimento ao seu dia e a aprender como obter o máximo dos períodos formais de exercício. Vamos acabar com mitos comuns, como o de que você precisa ser atlético para se exercitar, o treino de força é apenas para jovens, maior intensidade é sempre melhor e bons exercícios requerem equipamentos e tempo. Também detalharemos informações baseadas em evidências que o ajudarão a criar sua prática de movimento.

PRÁTICA: MOVA-SE DURANTE O DIA

O fato de termos de "nos exercitar" é um fenômeno recente. Antes da Revolução Industrial, trabalhávamos em fazendas. E, antes, éramos caçadores e coletores. Nossa espécie foi sedentária em 0,1% da sua existência. Melhor dizendo, se você pensar na espécie humana até agora, existindo 24 horas por dia, paramos de nos mover regularmente às 23h58. Nascemos para nos mover e foi assim que evoluímos.

Não é surpresa que ficar sem se mover por longos períodos é prejudicial. Uma metanálise que revisou 13 estudos descobriu que aqueles que ficavam sentados por mais de 8 horas por dia sem nenhuma atividade física tinham um risco de morrer semelhante aos apresentados por obesidade e tabagismo. Ficar sentado por mais de 8 horas por dia está associado ao aumento da pressão arterial, do açúcar no sangue e de gordura corporal, à depressão, a doenças cardiovasculares e ao câncer. Embora essas doenças o tornem mais propenso a se sentar, também há evidências de que ficar sentado aumenta a probabilidade de desenvolvê-las. Em outras palavras, ficar sentado não é apenas um sintoma de muitos problemas de saúde, mas também a causa. Outros estudos mostram que, mesmo que você se exercite regularmente (por exemplo, sua corrida de 30 minutos ou aula de ioga), ficar sentado por longos períodos ainda é prejudicial à saúde.

Como mencionado, ficar sentado por muito tempo também prejudica o desempenho mental. O movimento regular aumenta o fluxo sanguíneo para o cérebro. Também dá às partes pensantes do cérebro a chance de descansar enquanto as que coordenam o movimento trabalham. Em combinação, esses dois mecanismos explicam por que o movimento é tão benéfico para a cognição e a criatividade.

Felizmente, não é preciso muito para combater os efeitos negativos de se sentar. Um estudo publicado no *Journal of the American Heart Association* descobriu que caminhar por apenas dois minutos a cada hora neutralizava a maioria dos efeitos prejudiciais de ficar sentado. O mesmo se aplica a três caminhadas de 10 minutos por dia. O ideal, no entanto, pode estar em algum ponto entre os dois.

Em um estudo de 2016 publicado no *International Journal of Behavioral Nutrition and Physical Activity*, pesquisadores da Universidade do Colorado e do Johnson & Johnson Human Performance Institute decidiram testar os efeitos de uma variedade de protocolos de movimento em trabalhadores de escritório. Os participantes foram a um laboratório no qual simulavam uma jornada de trabalho de 6 horas sob três condições: em uma, os participantes ficavam sentados todas as 6 horas, exceto para ir ao banheiro; em outra, faziam uma caminhada de 30 minutos para começar o dia e depois ficavam sentados por 5,5 horas (novamente, levantando-se apenas para ir ao banheiro); na terceira, os participantes caminhavam por 5 minutos a cada hora, basicamente repetindo ciclos de se sentar e trabalhar por 55 minutos e depois caminhar por 5.

Os resultados mostraram que os participantes se saíram melhor em quase todas as medidas de bem-estar e desempenho quando tinham algum tipo de movimento embutido no dia, seja uma caminhada única de 30 minutos ou 6 de 5. Em geral, seu humor e seus níveis de energia declarados eram mais elevados e seus marcadores biológicos de saúde, melhores. No entanto, houve algumas diferenças entre as duas condições de movimento. Durante a jornada de trabalho simulada que incluiu várias caminhadas de 5 minutos, os participantes relataram maior satisfação geral e mais energia. Eles também relataram se sentir mais otimistas ao longo do dia, enquanto os que deram a caminhada de 30 minutos sentiram o pico de energia se reduzir mais cedo. Os pesquisadores concluíram que, embora todos os movimentos sejam bons, interromper o dia com sessões de 5 minutos de atividade física a cada hora ou mais é o melhor para o desempenho geral e o bem-estar. Artistas, intelectuais e aqueles que trabalham em locais tradicionais devem considerar o trabalho em intervalos: concentre-se bastante por um período, faça uma pequena pausa para se engajar em algum tipo de atividade física, repita como um ciclo. Assim, você obterá o máximo do seu corpo e da sua mente.

Os estudos mencionados se concentraram na caminhada, mas não há razão para que os mesmos benefícios não ocorram com outras formas de movimento, como flexões, agachamentos ou ioga. Quer seja feito em tiros de dois, cinco ou dez minutos, a mensagem é clara: pequenos movimentos ao longo do dia se somam. De acordo com a regra de ouro da atividade física: *Mova-se sempre, às vezes, pesado; tudo conta.* Aqui estão algumas maneiras de trabalhar o movimento no fluxo do seu dia:

- Coloque e tire os sapatos ao se levantar.

- Use escadas em vez de elevadores e escadas rolantes.

- Se possível, considere um deslocamento ativo (ir para o trabalho andando ou de bicicleta).

- Se for para o trabalho de carro, estacione longe da entrada do prédio.

- Sempre mantenha uma garrafa de água por perto. Você beberá mais água, o que significa que precisará fazer mais xixi, então se levantará e se moverá mais para ir ao banheiro.

- Em vez de marcar reuniões de 30 ou 60 minutos, marque de 25 ou 50 minutos. Use o tempo economizado para fazer pequenos intervalos de movimento.

- Agende reuniões ambulantes. Lembre-se de que pesquisas mostram que caminhar aumenta a criatividade e a resolução de problemas. Se está preocupado em esquecer pontos-chave, basta anotá-los.

- Quando sentir que está preso a um problema ou pensamento, em vez de continuar preso a ele, use essa sensação como deixa para fazer uma pequena pausa para se mover. Não apenas as pesquisas apoiam isso, mas meu palpite é de que a sua experiência pessoal, também. Pense em quando você tende a ter insights. Eles acontecem quando você está trabalhando ativamente no problema que está tentando resolver? Ou durante um intervalo, enquanto está fazendo outra coisa?

- Se tem dificuldade com essas sugestões e é alguém que responde bem a regras rígidas, defina um alarme para tocar a cada hora, notificando-o para fazer uma pausa para o movimento. A chave, claro, é não o ignorar nem adiar.

A questão não é fazer nada heroico ou radical. Em vez disso, é trabalhar perfeitamente o movimento no seu dia, lembrando-se de que isso promove força, estabilidade e saúde não apenas para o corpo, mas também para a mente.

PRÁTICA: FAÇA AERÓBICOS

Quando eu morava em Oakland, Califórnia, passava muito tempo no Lago Merritt, distante cerca de 400 metros da Grand Avenue, onde ficava meu apartamento. Uma trilha adjacente circunda o lago e tem exatamente 5km de extensão. Se eu estivesse lá em uma terça-feira, quinta-feira ou sábado de manhã, encontraria Ken. Era impossível não o ver. Ken, um senhor mais velho, com cabelos brancos e finos que desciam até os ombros, sempre usava shorts de algodão cinza, um moletom desbotado e tênis New Balance caindo aos pedaços. Ele dava 3 voltas ao redor do lago — 15km — por vez. Um dia, parei minha corrida para perguntar a Ken sua idade. "Noventa e alguma coisa", respondeu ele. Quando perguntei a ele seu segredo, como ainda fazia o que fazia, ele me disse que é o que sempre fez. "Há anos que estou andando por aqui", disse ele. "Basta seguir em frente." Ken transmitia uma sabedoria preciosa sobre exercícios.

A aptidão aeróbica se refere à capacidade do seu corpo de usar o oxigênio de maneira eficiente. Níveis mais altos de aptidão aeróbica estão associados a quase todos os resultados positivos de saúde física e mental imagináveis. Embora seja fácil se entusiasmar com as maiores e mais recentes tendências, de treinamento intervalado de alta intensidade a ultramaratonas e triatlos, no final das contas, uma caminhada rápida regular dá conta do recado — "recado" significa uma vida longa, saudável e satisfatória. Essa foi a conclusão de uma edição especial do *British Journal of Sports Medicine (BJSM)* de 2019, que se dedicou à caminhada.

"Quer seja um passeio em um dia de sol, uma caminhada de ida e volta para o trabalho ou até as lojas locais, o ato de colocar um pé na frente do outro de forma rítmica é tão da natureza humana quanto respirar, pensar e amar", escrevem Emmanuel Stamatakis, Mark Hamer e Marie Murphy em um editorial que acompanha a pesquisa original.

O estudo principal da edição especial do *BJSM* pesquisou mais de 50 mil andarilhos no Reino Unido, de várias idades. Ele descobriu que caminhar regularmente em um ritmo médio ou rápido se associa a uma redução de 20% na mortalidade por causas múltiplas e a uma redução de 24% por doenças cardiovasculares. "Uma maneira simples de compreender o que é um ritmo 'acelerado' em termos de esforço é imaginá-lo como um ritmo que o deixa sem fôlego quando sustentado por mais de alguns minutos", diz Stamatakis, principal autor do estudo e professor de atividade física, estilo de vida e saúde da população da Universidade de Sydney, na Austrália.

Outro estudo de 2019, publicado no *American Journal of Preventive Medicine*, examinou cerca de 140 mil homens e mulheres nos EUA e chegou à mesma conclusão. Envolver-se em pelo menos 150 minutos por semana de caminhada rápida foi associado a uma redução de 20% na mortalidade por todas as causas. Um desafio comum a esses grandes estudos populacionais é que eles não medem a causalidade. Embora a caminhada regular promova uma boa saúde, também pode ser que você não consiga andar regular ou rapidamente se não estiver com boa saúde. No entanto, ambos os estudos não mediram esforços para controlar a saúde basal dos participantes. Enquanto isso, muitos estudos menores projetados como ensaios clínicos randomizados — o que significa que alguns sujeitos são designados para andar e outros, não — mostram que andar causa melhorias na saúde. Ao combinar todas essas pesquisas, você pode ficar bastante confiante de que caminhar leva a uma boa saúde, e não o contrário.

Caminhar também foi comparado a formas de exercício mais intensas, como correr. Embora os especialistas acreditem que correr seja marginalmente melhor, isso só acontece se você não se machucar e conseguir correr regularmente, algo contra o que mais de 50% dos corredores (eu incluso) luta. Se você gosta e é capaz de praticar formas mais extenuantes de atividade física aeróbica, faça-as. Correr, andar de bicicleta, nadar e dançar regularmente são extremamente benéficos. Mas não se preocupe se você se machuca com frequência ou não tem tempo, equipamento, acesso ou motivação para participar de atividades de alta intensidade. A maioria das pessoas pode caminhar rapidamente por 30 a 45 minutos ao dia e obter muitos benefícios para a saúde. Se você fizer isso regularmente ao longo da sua vida, há evidências convincentes de que pode ser o único exercício aeróbio de que precisará.

Embora a ciência sobre a aptidão aeróbica seja relativamente nova, suas conclusões não são. No início de 1800, em uma carta para a irmã, que estava lutando com sua saúde física e mental, o filósofo dinamarquês Søren Kierkegaard escreveu: "Acima de tudo, não perca a vontade de andar: todos os dias me coloco em um estado de bem-estar e afasto-me de todas as doenças. Acesso meus melhores pensamentos e não conheço nenhum pensamento tão pesado que não possa afastar."

Quer você opte por caminhar ou participar de outra forma de movimento aeróbico, algumas regras básicas o ajudarão. Muitas também se aplicam ao treino de força, que é a prática de movimento que veremos a seguir.

- Programe exercícios formais na sua agenda.[iii] Se você não priorizar e reservar tempo para eles, não acontecerão. Trate os treinos como reuniões importantes consigo mesmo — porque é isso o que são. Fora de emergências familiares, nada atrapalha meu horário de treino. Não acho que seja porque sou louco, mas porque meus treinos ajudam a me manter são.

- O melhor momento para treinar é o que tiver constância. Algumas pessoas preferem treinar de manhã, outras, durante o almoço e outras ainda, à noite. Não há nenhuma evidência de que qualquer um desses momentos seja melhor do que os outros.

- Comece aos poucos e aumente gradualmente a frequência, a duração e a intensidade. Isso ajudará a protegê-lo

---

[iii] Incluo uma caminhada rápida nos meus treinos.

de danos físicos e emocionais por excessos. Um bom começo para a maioria das pessoas é ter como objetivo de dois a três exercícios aeróbicos formais por semana, variando de 30 a 60 minutos cada — longos o suficiente para obter um grande benefício, curtos o suficiente para caberem no seu dia.

- Se você mora em algum lugar com invernos rigorosos e deseja caminhar ou correr o ano todo, considere uma esteira. Se não for possível ou atraente, use o shopping local como uma pista coberta. Muitos shoppings fechados, especialmente em áreas frias, abrem cedo para os andarilhos. Alguns até organizam grupos.

- Sempre que possível, trabalhe com outras pessoas, por todos os motivos mencionados na subseção comunidade deste capítulo.

Há mais um ponto importante quando se trata de atividade aeróbica. Embora qualquer movimento seja bom, tente fazer pelo menos parte dele ao ar livre. Há evidências crescentes de que estar na natureza aumenta os benefícios físicos e psicológicos do exercício. Quando você considera a história da nossa espécie, isso faz sentido. Tal como acontece com o sedentarismo, a vida em ambientes internos urbanos é um fenômeno relativamente novo para os seres humanos.

A hipótese da biofilia de E. O. Wilson, entomologista de Harvard, afirma que evoluímos para buscar conexões com a natureza e com outras formas de vida. Wilson acredita que, uma vez que nossa espécie evoluiu fora da natureza, somos biologicamente programados para sermos atraídos por ela. Em outras palavras, o desejo pela natureza está em nosso DNA — estamos programados para nos sentir em casa e à vontade não na cidade, mas na natureza.

Pesquisas no Japão apoiam a hipótese de Wilson. Cientistas levaram centenas de indivíduos para "caminhadas na floresta", ou passeios por áreas verdes exuberantes. Antes e depois delas, eles mediram uma variedade de bioindicadores relacionados ao estresse. E descobriram que, em comparação com as caminhadas urbanas, as na floresta têm um efeito significativamente mais positivo: reduzem os níveis de estresse, diminuem a atividade dos nervos simpáticos[iv] e diminuem a pressão arterial e a frequência cardíaca. Outra pesquisa, da Universidade de Stanford, descobriu que, após uma caminhada de 90 minutos na natureza versus uma urbana da mesma duração, as pessoas não apenas relataram diminuição da ruminação, mas também demonstraram diminuição da atividade neural na parte do cérebro associada à ansiedade e à depressão. Graças aos grupos de controle, os pesquisadores foram capazes de explicar os efeitos positivos do exercício aeróbico e isolar os benefícios únicos e adicionais da natureza.

Tudo isso me faz pensar que Ken, aos 90 e poucos anos, sabia das coisas. Ele caminhava regularmente; caminhava em um ritmo que parecia desafiador para ele; caminhava em sua comunidade; caminhava ao redor de um lago. Talvez ele não soubesse, mas Ken seguia um dos melhores regimes de condicionamento aeróbico que existe.

[iv] Nervos simpáticos: pertencem ao sistema nervoso simpático, que funciona com a ajuda de dois mediadores químicos (adrenalina e noradrenalina) para provocar aumento ou diminuição da intensidade de funções controladas, esses nervos são comumente solicitados em casos de agressão sobre o organismo, especialmente para se adaptar às consequências do ambiente aumentando a pressão arterial, a força de contração do coração e privilegiando o fluxo sanguíneo aos órgãos chamados nobres, como coração e cérebro. [N. da R.]

PRÁTICA: FAÇA TREINOS DE FORÇA

Diferentemente do que você pode pensar, o treino de força não é apenas para os brutamontes da academia local. É para todos. Algumas das maiores associações de pesquisa, como a American Heart Association, recomendam o treino de força pelo menos duas vezes por semana, independentemente de idade e gênero. Tal como acontece com o movimento aeróbico, além de propiciar o aumento da massa muscular, a redução da gordura corporal e uma melhor amplitude de movimento, também promove saúde mental e desempenho cognitivo.

Embora o treino de força possa ser realizado em uma academia e envolva todos os tipos de equipamentos, para muitas pessoas esse ambiente é intimidante, pelo menos no início. Também é verdade que as academias têm taxas para membros e requerem tempo de deslocamento. De maneira nenhuma estou argumentando contra o treino em academias. Amo minha academia local, a comunidade que construí lá e a responsabilidade adicional que ela traz. A taxa de adesão é provavelmente o melhor uso do meu dinheiro. Se você está interessado em ingressar em uma academia, recomendo fortemente seguir esse interesse. Estou simplesmente afirmando que você não precisa de uma academia para treinar força, algo que muitas pessoas foram forçadas a perceber durante a pandemia da Covid-19, que suspendeu atividades de academias em todo o mundo. Há muitos movimentos de força que podem ser realizados com algum peso barato que você tenha em casa ou com nada além do seu próprio corpo.

Esses movimentos trabalham os principais grupos musculares, usam sua amplitude de movimento e podem ser adaptados a diferentes ambientes e níveis de aptidão e habilidade. Durante a pandemia da Covid-19, eu (e muitos de meus clientes de coaching) fiz variações desses movimentos por vários meses em minha casa ou ao ar livre em espaços sem aglomeração. Você pode fazer algumas séries de cada um individualmente ou combiná-los em um circuito. Se tiver um *kettlebell*[v] ou pesos, adicione-os se quiser aumentar o desafio[vi].

- Agachamentos
- Flexões
- Subir e descer um degrau ou step
- Afundos
- Elevação pélvica
- Isometria na parede com joelho a 90°
- Pranchas
- Abdominais

---

[v] Kettlebell: criado na Rússia, no século XVII, é uma espécie de bola de ferro com alça. Suas cargas variam, geralmente, de 2kg a 50kg. [N. da R.]

[vi] Não é um conselho médico. Sempre verifique com um médico antes de iniciar uma rotina de exercícios. Para mais informações [em inglês] sobre exercícios de força simples e eficazes, veja "The Minimalist's Strength Workout", uma história que escrevi para a revista *Outside*, publicada em outubro de 2017.

- Treino de tríceps com apoio
- Flexão de bíceps (se não tiver pesos, use uma mochila cheia)
- *Burpees*[vii]

[vii] Burpee: exercício de fitness criado em meados dos anos 30 por um fisiologista, Royal Huddleston Burpee, para realização de um teste de aptidão física. O movimento começa na posição de pé, seguido de um agachamento, em seguida colocam-se as mãos no chão e lançam-se as pernas para trás, ficando na posição de prancha. Aí regressa-se, rapidamente, à posição de agachamento e termina com um salto vertical para a posição de pé, com os braços esticados para cima. [N. da R.]

IDEIAS FINAIS SOBRE MOVIMENTO

O movimento é parte essencial da história da nossa espécie. Apenas recentemente os estilos de vida sedentários, em nome da chamada eficiência, firmaram-se, cujo aumento é paralelo ao aumento das doenças crônicas, mentais e do esgotamento. De forma alguma, o movimento é uma panaceia para tudo o que nos aflige, mas certamente ajuda. Além de propiciar a saúde física e mental e o bem-estar, o movimento reforça todos os outros princípios da excelência. Ensina-nos a aceitar o desconforto, a estar presentes em nossos corpos, a ser pacientes e consistentes no lento caminho do progresso e a ser vulneráveis quando nos desafiamos e corremos o risco de fracassar. É também uma maneira poderosa de construir uma comunidade profunda e estabelecer conexões. Quando você movimenta regularmente seu corpo, passa a habitá-lo mais plenamente, onde quer que esteja. Por todas essas razões, estar excelente é mover-se.

Parte Dois

VIVENDO UMA VIDA EXCELENTE

8

DOS PRINCÍPIOS À AÇÃO

Uma coisa é entender os princípios da excelência; outra é concretizá-los e alinhar seus hábitos e atividades diárias com eles. Você não se torna o que pensa. Você se torna o que faz. Viver uma vida excelente começa com uma mudança de mindset, mas continua como uma prática constante. Se você quer ficar forte, não pode simplesmente ler e estudar sobre levantamento de peso. Você tem que levantá-lo. É assim que funciona, e o mesmo se aplica aqui.

Também é verdade que, a fim de fazer a transição para uma vida mais excelente, você pode enfrentar resistência, tanto pessoal quanto cultural, especialmente porque a sociedade de hoje — e o individualismo heroico que ela defende — opõe-se a cultivar e a nutrir os princípios da excelência. Nós nos tornamos tão consumidos por objetivos superficiais e externos, como fama, imortalidade e êxtase — tentando facilitar nosso caminho para a felicidade, preocupados com ganhos marginais e obcecados pela otimização —, que nos esquecemos de prestar atenção aos princípios fundamentais que nos mantêm saudáveis, estáveis, realizados e fortes.

Sempre que você tentar fazer uma mudança significativa, haverá resistência, proporcional ao tamanho da mudança; faz parte do processo. O restante deste capítulo o ajudará a entender como integrar harmoniosamente todos os princípios da excelência em sua vida, incluindo armadilhas comuns e como as superar.

Ao ler, lembre-se de que alguns dias serão bons. Outros, ruins. A maioria dos dias estará em algum lugar no meio disso. O objetivo não é ser o melhor ou perfeito. O objetivo é fazer um esforço honesto para se tornar cada vez mais excelente. Vamos começar agora.

DOMINANDO O CICLO

Há tempo trabalho nos princípios da excelência com um cliente de coaching, Parker, diretor de informação (CIO) de uma grande empresa de serviços. Começamos a trabalhar juntos logo depois que ele foi promovido ao cargo. Ele estava animado, embora sobrecarregado. Apesar de ter gerido grandes equipes antes, nunca esteve em uma posição em que sua responsabilidade não fosse apenas liderar pessoas individualmente, mas uma organização de tecnologia inteira, incluindo estabelecer uma estratégia abrangente de inovação e ciência de dados. Isso exigia equilibrar as tarefas diárias com a capacidade de recuar, ver e pensar com clareza, e influenciar pessoas em massa.

Parker não tinha apenas que estar na dança, mas orquestrá-la, uma habilidade duramente aprendida, que beneficia a todos, esteja você liderando uma organização inteira ou simplesmente a si mesmo.

Logo descobri que Parker era um dos meus clientes mais minuciosos e inteligentes. É um pensador rigoroso que adora ler e assistir a documentários nas horas vagas. Os objetivos de Parker se concentraram em se tornar um líder calmo e controlado. Ele queria exercer influência por meio do respeito, não do medo ou da autoridade. Ele também buscou manter sua saúde e vida familiar, até mesmo como novo CIO. Ele ansiava por avançar, mas sem perder terreno, e estava animado para se livrar das pressões do individualismo heroico.

Não demorou muito para que Parker internalizasse todos os princípios da excelência. Ele dedicava tempo às práticas formais e considerava os exercícios de mindfulness, de observador sábio e de enfrentamento de suas inseguranças especialmente úteis. Como resultado, não apenas entendeu os princípios intelectualmente, mas também começou a sentir uma grande diferença. Havia apenas um problema: quando Parker não estava refletindo ativamente sobre os princípios da excelência em casa ou em uma sessão comigo, facilmente se envolvia no tumulto de seu trabalho diário e começava a se sentir mal de novo, apenas para reiniciar e se sentir melhor após a nossa próxima sessão de coaching. Esse ciclo se repetiu por meses, até que em uma sessão ele disse algo parecido com: "Sinto que sei essas coisas lá no fundo. Só preciso fazê-las de forma mais consistente e em mais situações. Eu só preciso agir." Sorri para ele, e ele sorriu de volta. Ambos sabíamos o caminho a seguir.

Embora a percepção de Parker fosse pontual, agir não seria fácil. Ele estava passando pela mesma resistência que eu enfrento, que você enfrentará e que qualquer um que ler este livro enfrentará.

Seu modo de ser influencia o que você faz, mas o que faz também influencia seu modo de ser. Parker estava caindo em uma armadilha comum. Ele estava gastando muito tempo e energia no trabalho interno e nas práticas formais, no fortalecimento de sua excelência, mas não estava necessariamente manifestando essas qualidades em suas ações cotidianas. Seu ser estava fora de alinhamento com o que fazia. Em vez de um ciclo de feedback harmonioso — no qual o ser fortalece o fazer e o fazer, o ser —, Parker ficou preso em um impasse. Muitas de suas atividades e rotinas iam contra os princípios de uma vida excelente.

Discutimos a dissonância cognitiva, ou a tensão e a angústia que surgem quando você tem inconsistências entre seus pensamentos, sentimentos e crenças, e suas ações. O desconforto que acompanha a dissonância cognitiva serve como um alerta de que você precisa mudar seus pensamentos, sentimentos e crenças para refletir melhor suas ações, ou mudar as ações para refleti-los. De forma mais simples, a dissonância cognitiva é um sinal de que você precisa alinhar melhor o seu ser e o seu fazer. No caso de Parker, ele estava confiante em seu ser, mas precisava levar mais intencionalidade para suas ações diárias.

Quando você alinha o seu fazer com o seu ser, a tensão da dissonância cognitiva se dissipa. Em vez de lutar contra si mesmo, você verá que suas ações começarão a fluir com mais liberdade. Você começará a se sentir mais integrado e completo. Em um famoso sermão para seus discípulos, no início de 1300, o mestre espiritual e místico Meister Eckhart implorou a seus seguidores: "Não devemos abandonar, negligenciar ou negar nosso eu interior; devemos aprender a trabalhar com precisão nele, com ele e a partir dele de tal forma que *a interioridade se transforme em ação efetiva, e a ação efetiva remeta à interioridade*, e nos habituemos a agir sem nenhuma compulsão."

(Grifo meu.) Para quase todos os que conheço, inclusive eu, a última parte da doutrina de Eckhart é a mais difícil. Como mudamos a inércia, ou o que Eckhart chamou de ação compulsiva, de nossas maneiras habituais e duradouras de agir? Essa mudança é a parte menos inspiradora e revigorante de fazer grandes mudanças. Também é a mais importante.

INTERNALIZANDO OS PRINCÍPIOS

Em meu trabalho com Parker, identificamos áreas em que seu fazer habitual estava fora de alinhamento com seu modo de ser emergente. Por exemplo, ele trabalhava regularmente à noite, embora soubesse que não estava no seu melhor na época; sem falar que trabalhar àquela hora lhe causava estresse, fazia com que se sentisse disperso e interrompia seu sono. Ele estava evitando conversas difíceis com colegas, especialmente com aqueles que já eram colegas antes de sua promoção a CIO. Ele estava se concentrando em muitas iniciativas ao mesmo tempo e isso o fazia se sentir cronicamente apressado, como se estivesse sempre ficando para trás. Ele estava sofrendo da síndrome do impostor, tentando agir com mais confiança do que realmente tinha, embora desejasse profundamente colocar tudo isso de lado e ser ele mesmo. Ele não estava se exercitando de forma consistente, embora soubesse o quão melhor se sentia — e agia — quando movia regularmente seu corpo. E, por último, mas não menos importante, ele se sentia relativamente isolado dos CIOs de outras organizações — como se houvesse mais coisas que ele pudesse fazer para aprender com os líderes que estiveram em seu lugar antes.

Parker e eu decidimos mudar o foco de nossas sessões de coaching. Gastaríamos menos tempo em compreensão e estratégia e mais em bloquear e atacar; iríamos direto ao ponto. Para cada uma das áreas com as quais Parker estava lutando, descobrimos que tipo de ação estaria mais alinhada com sua nova maneira de ser. Aqui está uma lista aproximada do que criamos:

- Desligar o smartphone durante o jantar. (presença)

- Voltar a trabalhar com madeira, uma de suas paixões e um escape antes de ser promovido a CIO. Na prática, isso significava ir ao porão de sua casa pelo menos três noites por semana. (presença)

- Caminhar por uma hora pelo menos três dias por semana. (movimento)

- Fazer uma lista das conversas difíceis que precisava ter, aceitar que seriam desafiadoras e embaraçosas e fazê-las assim mesmo. Parar de empurrar a sujeira para baixo do tapete. (aceitação)

- Nunca levar o smartphone para o quarto à noite. Quando isso não for suficiente, deixá-lo no andar de baixo. Dessa forma, ele não verificaria quando se levantasse para ir ao banheiro, algo que vinha fazendo automaticamente e que resultava em mente acelerada e dificuldade para voltar a dormir. (presença)

- Desenvolver experiência em fazer apresentações para o conselho de diretores da empresa, mas sem medo de admitir abertamente as inseguranças que tivesse. Parar de se esquivar com "Depende" e "Não sei, vamos discutir". (vulnerabilidade)

- Concentrar-se em não mais do que três prioridades a cada semana. Para cada prioridade, pensar em algumas ações principais. Escrever as prioridades e ações em um cartão e o colar em sua mesa. Resistir à tentação de se envolver em quaisquer oportunidades novas que surjam — porque elas estão sempre surgindo — e concentrar-se no jogo longo. (paciência)

- Participar de mais conferências e reuniões de CIO, nas quais poderia aprender com líderes veteranos e se sentir apoiado. (comunidade)

A luta de Parker não é incomum. Outra de minhas clientes de coaching, Samantha, é fundadora e CEO de uma empresa que se dedica a ajudar profissionais a terem o melhor desempenho e a se sentirem melhor. Como Parker, Samantha entendeu rapidamente todos os princípios deste livro. Até trabalhamos juntos para incorporá-los ao currículo da sua empresa. No entanto, isso não mudou o fato de que Samantha, uma ex-atleta na casa dos 30 com uma história de perfeccionismo, estava desenvolvendo uma empresa com financiamento de capital de risco — e era mãe de um bebê com 9 meses. Em suma, era muita coisa acontecendo. Uma mudança significativa seria um desafio. Embora a empresa que construiu fosse dedicada a ajudar as pessoas a agirem de um lugar de plenitude e liberdade, a própria Samantha, às vezes, se sentia frágil e tensa.

Só o fato de Samantha admitir isso para mim, com os olhos marejados, foi um grande passo. Ela estava tentando ser uma líder forte e à prova de balas de uma empresa em crescimento, uma parceira forte e à prova de balas e uma mãe forte e à prova de balas, tudo ao mesmo tempo. Ela se sentia como se estivesse cronicamente sob uma carga pesada: todas as pessoas dependiam dela. Compartilhei com Samantha que, às vezes, sinto esse tipo de carga. Não da mesma forma, claro. Mas muitas vezes sinto que preciso ser a pessoa que tem o controle de tudo, que tem todas as respostas para todos os outros, especialmente quando se trata de questões importantes. Parece divertido ser essa pessoa — e às vezes é —, mas é desgastante.

Discutimos como a retenção interna dessa carga é pesada, não a carga em si. Foi quando as coisas funcionaram para Samantha. Ela defendia a vulnerabilidade da boca para fora, mas não a expressava — não para si mesma, menos ainda para aqueles ao seu redor. Como resultado, ela tendia a se mover em um ritmo muito rápido (talvez, para mascarar seus medos e suas inseguranças), e às vezes se pegava agindo mais por medo do que por amor. Ela reconheceu que suas expectativas eram tão absurdamente altas que nunca se sentiria satisfeita; nunca sentiria que era o suficiente. Ironicamente, eram justamente essas grandes expectativas e esses sentimentos subsequentes de nunca ser o suficiente que detinham Samantha. Comprometemo-nos a integrar os princípios da excelência em sua vida fazendo o seguinte:

- Lembrar-se diariamente de que fundar e liderar uma startup é difícil. A maioria das empresas fracassa. Isso é matemática básica. O fato de sua empresa ter chegado tão longe e ainda estar forte já é um feito significativo. Isso é especialmente verdadeiro considerando que a empresa de Samantha construiu o capital e a cultura para resistir à retração do mercado na Covid-19. No espelho do banheiro, ela escreveu: "Pare de tentar não perder. Jogue para vencer." Servia como um lembrete útil todas as manhãs. (aceitação)

- Meditar por 10 minutos todos os dias. Dar tempo e espaço para entrar em contato com a consciência que está por baixo do cérebro que pensa, questiona e duvida. Lembrar-se de que a percepção clara ajuda a separar o sinal do ruído. Quanto mais você pratica o seu uso, mais forte e acessível ele se torna. (presença)

- Parar de prestar tanta atenção ao que outras startups ao redor estão fazendo. O resultado disso é que ela simplesmente saltava de ideia em ideia. Ficar focada em sua missão e seus objetivos. Não ignorar o mercado, mas também não sentir necessidade de reagir a ele. Cada vez que ela se sentir tentada a fazer um movimento reacionário, voltar à missão e aos objetivos e perguntar: *Isso realmente é útil?* (paciência)

- Quando estiver lutando e se sentindo insegura, dar um nome ao que estiver acontecendo e comunicá-lo, primeiro a si mesma, depois, ao seu sistema de apoio. No caso de Samantha, isso significava a mim, a seu marido e a alguns amigos íntimos e colegas. Lembrar-se de que está tudo bem não estar bem. Problemas surgem quando você não concorda em não estar bem e quando não busca apoio. (vulnerabilidade e comunidade)

- Mudar da necessidade de ser atleta para se exercitar para obter os benefícios mente-corpo. Parar de avaliar treinos. Não se preocupar em treinar para qualquer objetivo específico. Não deixar que a atividade física seja outra coisa que ela sente que precisa ser ótima o tempo todo. Perceber que a pressão autoimposta nesse domínio de sua vida não lhe serve e abandoná-la. Como um grande amigo meu me disse uma vez: Pare de tentar vencer no seu hobby. (movimento)

Nenhuma das mudanças que Parker e Samantha fizeram foi de outro planeta. Mas implementá-las fez uma grande diferença. Depois de alguns meses trabalhando nelas, Parker estava menos inquieto, mais energizado e cada vez mais imperturbável por eventos que antes o teriam desequilibrado. Ele também estava dormindo melhor. Até seu médico ficou satisfeito: um ano depois de ser promovido a um trabalho estressante, a pressão arterial de Parker era a mais baixa em mais de uma década.

Samantha começou a sentir uma sensação renovada de leveza, como se estivesse liberando a pressão da panela, cheia demais. Ela percebeu que não ter o controle sempre não é algo a temer ou a evitar. É a condição humana. Samantha ainda passa por períodos em que fica insegura e tensa, mas, em vez de resistir a esses sentimentos, ela os aceita. Como resultado, eles tendem a ser menos intensos e de menor duração. Mais de seu tempo e sua energia são gastos jogando para vencer.

DOS PRINCÍPIOS À AÇÃO

Prefira a Simplicidade à Complexidade

Mudanças simples, como as que Parker e Samantha fizeram, são poderosas – precisamente porque são simples. Tornamos as coisas mais complexas do que o necessário para evitar a realidade de que o que importa para a mudança é chegar e fazer o trabalho de forma consistente. Não sonhando com isso. Não pensando nisso. Não falando sobre isso. Agindo.

Quanto mais complexo você torna algo, mais fácil é ficar animado, falar sobre ele e talvez até mesmo começá-lo – mas mais difícil é persistir em longo prazo. A complexidade oferece desculpas, saídas e opções infinitas para mudar as coisas o tempo todo. A simplicidade é diferente. Você não pode se esconder atrás da simplicidade. Você tem que aparecer, dia após dia, e trabalhar para as mudanças desejadas. Seus sucessos o acertam na cara. Mas seus fracassos também. Esse tipo de feedback rápido e direto lhe permite aprender o que funciona e ajustar o que não funciona.

TRABALHANDO COM A ENERGIA DO HÁBITO

Você provavelmente já ouviu falar que leva 21 dias para criar um novo hábito. Esse mito nasceu na década de 1950, quando um cirurgião plástico chamado Maxwell Maltz percebeu que seus pacientes se aclimatavam com seus novos rostos após três semanas. Maltz também descobriu que 21 dias era mais ou menos o tempo que levava para entrar em novas rotinas na sua própria vida. Ele escreveu e publicou, em 1960, o livro *PsychoCybernetics*, que vendeu milhões de cópias. Embora as descobertas de Maltz fossem fascinantes, o único problema é que suas observações eram apenas isso, as observações de uma pessoa. Dados não podem ser extraídos por alguém isolado.

Décadas depois, os pesquisadores avaliaram a formação de hábitos com rigor científico. Em um estudo de 2009, publicado no *European Journal of Social Psychology*, pesquisadores da University College London avaliaram 96 pessoas formando novos hábitos — o que eles chamaram de "atingir a automaticidade" — relacionados a comer, beber ou a alguma outra atividade. Pense em automaticidade como o início de uma ação com pouca reflexão, esforço ou resistência — ou, em nossos termos, quando ser e fazer fluem sem esforço. Em média, os participantes levaram 66 dias para formar um novo hábito. No nível individual, entretanto, o alcance era amplo. Algumas pessoas levaram apenas 18 dias, enquanto outras, mais de 200. A maioria de nós deseja estar na extremidade esquerda dessa curva.

Desenvolver novos hábitos (ou interromper antigos) é difícil. Somos criaturas rotineiras. Isso se reflete na expressão da psicologia oriental antiga *energia do hábito*, que se refere à inércia pessoal e social que molda grande parte do nosso fazer cotidiano. A energia do hábito é a maneira como sempre fizemos as coisas e o que a cultura promove direta e indiretamente. É a corrente que move nossas vidas. "A energia do hábito é mais forte do que nós", diz o mestre Zen Thich Nhat Hanh. "Ela nos pressiona o tempo todo." Lutar contra a energia do hábito é como nadar contra a corrente; é um esforço exaustivo e fadado a ser inútil. Felizmente, nem sempre precisamos lutar contra a energia do hábito. Podemos moldá-la para trabalhar a nosso favor, para apoiar a integração de nosso ser e fazer.

A ciência psicológica mais recente apoia o conceito antigo de energia do hábito. Mostra que confiar apenas na força de vontade para abrir caminho para novos hábitos diminui o desempenho e a sustentabilidade. Lutar constantemente contra as tentações de se envolver em antigos comportamentos é exaustivo. Se você está sempre exercendo a força de vontade, ela se desgasta — além disso, lutar incessantemente contra si mesmo não contribui para uma existência particularmente pacífica. Uma abordagem muito melhor para a mudança de hábito é minimizar a necessidade de força de vontade ou, melhor ainda, eliminá-la. Veja como isso funciona: reflita sobre os comportamentos — o fazer de todos os dias — que você deseja (ou não) ter. Em seguida, estabeleça as condições que conduzam a esses comportamentos. Identifique os obstáculos que atrapalham seu caminho, as coisas que repetidamente sobrecarregam sua força de vontade e faça o que puder para removê-los. Pense assim: não importa o quanto você queira comer alimentos saudáveis e nutritivos. Se vive em uma loja de doces, comerá muitos doces. Você tem que sair da loja de doces.

Por outro lado, identifique também pessoas, lugares e objetos que reforçam seus comportamentos desejados e os tornam uma parte mais importante da sua vida. Se você se cercar de sabedoria, se tornará menos dependente de sua força de vontade isolada.

Como todos os princípios da excelência estão inter-relacionados, à medida que você generaliza o processo para mais comportamentos, cada ajuste subsequente fica mais fácil. Em essência, você está mudando a corrente — sua energia de hábito — para se mover na direção de uma vida mais excelente. Depois que essa mudança ocorre, você começa a fluir com a corrente, em vez de lutar contra ela. Seu ser e seu fazer se alinham mais fácil e naturalmente. É o estilo de vida excelente. As práticas a seguir o ajudarão a fazer essa mudança.

PRÁTICA: ALINHE O *FAZER* COM O *SER*

No Capítulo 3, aprendemos o conceito da psicologia budista da irrigação seletiva. Todos nós possuímos um conjunto diverso de capacidades e atitudes latentes; essas são nossas sementes. As sementes que regamos são as que crescem. Se quisermos desenvolver uma excelência inabalável, a prática formal não é suficiente; precisamos regar cada uma das sementes ou, nesse caso, os princípios que discutimos — aceitação, presença, paciência, vulnerabilidade, comunidade e movimento — em nosso cotidiano. Tão importante quanto, precisamos parar de regar, em nossas vidas, as sementes que impedem o desenvolvimento desses princípios, aspectos do individualismo heroico, como negação, distração, velocidade a troco de nada, arrogância, invencibilidade e otimização mecânica de tudo.

Para cada princípio da excelência, proponha-se de uma a três ações concretas para regá-lo. Também proponha de uma a três ações concretas que lhe convenha interromper. Pense em cada princípio como um estado do seu ser interior. Seu trabalho é fazer um inventário de suas ações diárias — seu fazer — para alinhá-las com o seu ser. Seja o mais simples e específico possível. Por exemplo, não pense: *Usar menos o smartphone* ou *Mover-me mais*. Pense mais assim: *Desligarei o smartphone todas as noites às 19h e o guardarei na gaveta da mesa do meu escritório até as 7h* ou *Caminharei 5km todos os dias antes do almoço.*

O trabalho do pesquisador de Stanford, BJ Fogg, demonstra que os hábitos de sucesso têm três qualidades: têm um impacto, você possui a habilidade e a capacidade para praticá-los e são comportamentos que você realmente deseja realizar. A última dessas qualidades é particularmente importante. Se você se pegar pensando se *deve* fazer, as mudanças terão muita resistência. É melhor começar com as mudanças que você realmente deseja fazer, mesmo que não sejam perfeitas. Lembre-se: Comece aos poucos, mantenha a simplicidade e atenha-se às especificações. Aqui estão alguns exemplos:

- **Aceitação:** Quando me pego desejando desesperadamente que algo na minha vida seja diferente, faço uma pausa e me pergunto que conselho eu daria a um amigo se ele estivesse na mesma situação que eu. Então, sigo esse conselho. Quando sei que estarei em uma situação complicada, por motivos fora do meu controle, dou um passo para trás e avalio minhas expectativas. Se forem excessivamente altas e, portanto, eu estiver constantemente aquém e desapontado, eu as mudarei.

- **Presença:** Em vez de verificar o e-mail ou navegar nas redes sociais, meditarei todas as manhãs antes de escovar os dentes. Usarei o aplicativo Insight Timer, começando com cinco minutos e adicionando um a cada semana até chegar a quinze. Nesse ponto, reavaliarei essa prática.

- **Paciência:** Praticarei a respiração três por cinco antes do café da manhã, almoço e jantar. Se eu estiver com amigos ou colegas, explicarei a prática para eles, ou, se não me sentir confortável, tiro-a dessas refeições.

- **Vulnerabilidade:** Quando meu parceiro romântico ou um bom amigo me pergunta como estou indo, nem sempre direi que estou me sentindo bem. Se eu estiver triste ou com medo, direi. Quando eu me sentir desconfortável e sozinho, pararei de fugir desses sentimentos e, em vez disso, criarei um espaço seguro para explorá-los, mesmo que isso signifique pedir ajuda.

- **Comunidade:** Começarei um grupo que se reúna mensalmente para discutir livros como este (falo mais sobre isso adiante). Pararei de usar as redes sociais no smartphone, porque isso dá acesso fácil ao tipo viciante de comunidade rasa e sem relevância que atrapalha a coisa real. Não dependerei da força de vontade, removerei os aplicativos.

- **Movimento:** Nunca me sentarei por mais de 90 minutos seguidos durante o dia sem fazer pelo menos uma pausa de 5 minutos para dar uma caminhada.

Após desenvolver um plano concreto de como sincronizar o seu fazer diário com o seu modo de ser, o próximo passo é implementá-lo. Para muitas pessoas (inclusive eu), esse é o maior desafio. Durante os períodos formais da prática, nosso ser interior se sente sólido e forte. Mas, com frequência, quando voltamos à agitação do cotidiano, esse sentimento desaparece. Não porque seja inevitável, mas porque o nosso fazer nem sempre reflete o nosso ser. Como disse Parker, meu cliente de coaching: "Sinto que conheço essas coisas lá no fundo. Só preciso fazê-las de forma mais consistente." Isso requer mudar sua energia de hábito.

PRÁTICA: MUDE A SUA ENERGIA DE HÁBITO

Grande parte da ação humana segue um ciclo previsível: gatilho, comportamento, recompensa. Um exemplo simples é o exercício. O gatilho pode ser ver o treino colado na porta da geladeira, o comportamento é ir para a academia e a recompensa é se sentir bem no final.

Para os comportamentos que deseja realizar, o objetivo é tornar os gatilhos evidentes; o comportamento, o mais fácil possível de ser iniciado; e a recompensa, imediata e satisfatória. Para comportamentos que deseja interromper, é o oposto. Destrua o gatilho (remova aplicativos viciantes do seu smartphone), torne o comportamento difícil (faça logout toda vez que usar esses serviços, para ter que reinserir seu nome de usuário e senha) e sinta profundamente as consequências negativas (o desconforto e o vazio que se seguem ao passar uma hora nesses aplicativos quando planejou passar um minuto). Esse ciclo se aplica a quase tudo. Defina o que você quer fazer (ou parar de fazer), amplifique (ou remova) os gatilhos, torne o comportamento fácil (ou difícil) e, então, perceba as recompensas (ou consequências).

O trabalho de Michelle Segar, uma cientista comportamental da Universidade de Michigan, em Ann Arbor, mostra que os hábitos duram mais quando as recompensas são internas. Se você realiza uma tarefa para agradar outra pessoa ou ganhar um agrado no final do dia, é menos provável que mantenha esse comportamento do que se faz porque se sente bem e se alinha com seus valores fundamentais. Essa é uma boa notícia, porque viver os princípios da excelência é satisfatório por si só. Quanto mais você mudar seu fazer externo (seus hábitos diários) para se alinhar com seu ser interior (os princípios da excelência que deseja incorporar), melhor se sentirá. Isso pode não acontecer automaticamente devido à forte inércia da energia do hábito, mas, quando começar a acontecer por algumas mudanças, você terá muito mais facilidade para fazer as subsequentes. Esse é o ciclo virtuoso de adotar uma vida mais excelente. Cada mudança apoia a próxima. Fica mais fácil conforme você avança.

Para cada uma das ações concretas que você criou na prática anterior, mapeie os gatilhos, os comportamentos e as recompensas que as cercam. Uma vez que as recompensas mais poderosas são internas, pense no que você espera sentir quando fizer (ou não) cada ação e, como fará uma pausa, mesmo que apenas por um momento, sinta profundamente. Considere também como você pode ajustar seus arredores — pessoas, lugares e coisas — para tornar mais fáceis as ações desejadas. Encontre os pontos de atrito e faça o que puder para suavizá-los ou removê-los. Quanto ao hábito, não subestime o poder de tudo e todos ao redor como gatilho. No discurso da sabedoria antiga, faça o que puder para mudar sua energia de hábito — a corrente de sua vida — na direção da excelência.

Aqui estão algumas ideias sobre como gatilhos, comportamentos e recompensas funcionam, com os exemplos que abordamos na seção anterior.

ACEITAÇÃO

Comportamento desejado: Praticar o distanciamento fingindo que está aconselhando um amigo.

Gatilhos: Ficar obcecado por não conseguir a promoção que queria ou ser pego desejando ter mais tempo para relaxar antes de dormir.

Recompensas: Parar o ciclo de obsessão e ter uma ideia mais clara e melhor de quais ações produtivas tomar para melhorar a situação.

Como ajustar o ambiente: Criar e usar uma pequena pulseira que diga: "Isto é o que está acontecendo agora. E eu estou onde estou. Começo daqui."

PRESENÇA

Comportamento desejado: Meditar todas as manhãs em vez de navegar nas redes sociais, antes ou depois de escovar os dentes.

Gatilhos: Pegar o smartphone ao acordar. Escovar os dentes.

Recompensas: Estar mais focado no que realmente importa. Tornar-me mais consciente das distrações que regularmente o perturbam.

Como ajustar o ambiente: Deixar somente o Insight Timer (ou algum outro aplicativo de meditação) na tela inicial do smartphone. Tirar as redes sociais do smartphone. Achar um amigo que também queira fazer essa mudança de comportamento para se comprometerem e apoiarem. Saber que será difícil no início. Assim, você não desistirá quando tiver problemas.

PACIÊNCIA

Comportamento desejado: Fazer a respiração 3 por 5.

Gatilhos: Refeições.

Recompensas: Uma sensação imediata de realização e calma. Em longo prazo, uma consciência emergente de que não é preciso reagir ao sentir uma energia inquieta. Fazer uma pausa, centrar-se e criar espaço para responder, em vez de reagir.

Como ajustar o ambiente: Compartilhar essa prática com a família para que ela o apoie. Deixar um pequeno bloco de notas na borda da mesa da cozinha escrito "5 respirações". Se não puder fazer isso em uma refeição por algum motivo, use o banho como gatilho.

VULNERABILIDADE

Comportamento desejado: Ser mais honesto sobre como estiver se sentindo com as pessoas importantes da sua vida; fazer uma pausa e responder genuinamente, em vez de dizer automaticamente: "Está tudo bem."

Gatilhos: Um parceiro romântico ou um amigo próximo perguntar se está tudo bem.

Recompensas: Mais conexão e menos energia gasta fingindo. Mais confiança para estar cada vez mais vulnerável em outras áreas da vida, como o trabalho.

Como ajustar o ambiente: Compartilhe com parceiros e amigos que você está trabalhando para ser mais vulnerável. Isso ajudará a atenuar o desconforto inicial. Também os encorajará a serem cada vez mais vulneráveis com você, criando um ciclo virtuoso de realidade com todos os envolvidos.

COMUNIDADE

Comportamento desejado: Frequentar (ou iniciar) um clube do livro mensal.

Gatilhos: A primeira noite de quarta-feira de cada mês. Agendar reuniões com antecedência para o ano inteiro para que todos no clube possam planejá-las.

Recompensas: Mais conexão com outras pessoas da cidade. Apoio e responsabilidade na aplicação dos princípios e práticas do tipo. Perspectivas adicionais sobre o material lido.

Como ajustar o ambiente: Tirar as redes sociais do smartphone, porque canibalizam a comunidade. Em vez disso, criar um grupo por mensagem ou e-mail, no qual os membros do clube mantenham contato entre as reuniões, para manter o ritmo.

MOVIMENTO

Comportamento desejado: Nunca se sentar por mais de 90 minutos direto sem uma pausa de 5 minutos para caminhar.

Gatilhos: A sensação de precisar fazer xixi ou um alarme configurado no computador ou smartphone. Além disso, sempre que começar a se sentir impaciente ou paralisado, fazer uma pausa, caso já tenha se passado uma hora.

Recompensas: Menos rigidez, mais criatividade e foco aprimorado.

Como ajustar o ambiente: Comprar uma boa garrafa de água e levar para todos os lugares. Mantê-la cheia. Assim, você terá que usar mais o banheiro e, com o tempo, ficará menos dependente de um alarme irritante. Criar percursos no trabalho, para não ter que pensar aonde ir.

PRÁTICA: FAÇA A REFLEXÃO FORMAL

Avalie regularmente como o seu *fazer* está alinhado com o seu *ser*. Uma maneira fácil de fazer isso é com um diário. No final de cada semana e antes de cada princípio, tire alguns minutos para refletir e avaliar a si mesmo em uma escala de um a cinco para saber se o seu fazer está alinhado com o seu ser. Além disso, faça algumas anotações sobre o que deu certo, o que deu errado e como você se sente. Mantenha tudo o mais direto e simples possível. Essa prática ajuda a identificar os pontos fortes nos quais se basear e as áreas de melhoria. É uma outra oportunidade para refletir sobre como você se sente à medida que faz uma transição cada vez maior para um estilo de vida mais excelente. Isso também funciona como um registro da sua jornada para você olhar para trás. As semanas em que me pego escrevendo "muito tempo vendo notícias da internet" ou "tempo de transição insuficiente entre as atividades do meu dia" são geralmente aquelas em que não me sinto bem. Refletir sobre isso me ajuda a voltar ao caminho que me leva para a próxima semana.

Com o tempo, à medida que seu ciclo de ser-fazer se torna cada vez mais integrado, e os princípios da excelência se firmam, você pode não precisar se envolver nessa prática com tanta frequência. Suas ações começarão a se tornar uma segunda natureza. Isso é ótimo. Mesmo assim, ainda recomendo manter um diário ou alguma outra variedade de reflexão formal pelo menos uma vez por ano. O valor de até mesmo alguns momentos de reflexão é incrível — mais ainda se você compartilhar essa prática com outras pessoas.

PRÁTICA: TORNE A EXCELÊNCIA UMA EMPREITADA COLETIVA

Como você já sabe bem, enfrentar desafios com outras pessoas é mais eficaz e satisfatório. Uma ótima maneira de viver os princípios da excelência é tornando-os uma empreitada coletiva. Organize um grupo com pessoas comprometidas em trabalhar nos princípios da excelência e reúnam-se regularmente. Descobri que o ideal para esse tipo de grupo é algo entre duas e oito pessoas. Quando se reunir, discuta seus objetivos, desafios comuns, sucessos e fracassos. Compartilhe suas estratégias e ferramentas. Responsabilizem-se, mas também deem amor e apoio quando alguém vacilar. Existem inúmeras maneiras de estruturar isso. Pode ser semanal, quinzenal ou mensal, com cada reunião dedicada a um princípio. Ou considere um retiro, com uma hora de atenção para cada princípio. As possibilidades são infinitas.

O poder e a aquisição do sucesso excelente aumentam exponencialmente conforme se espalha. As pessoas e as organizações de sua vida são uma grande parte da corrente por trás da sua energia de hábito. Imagine como seria mais fácil adotar os princípios da excelência se sua família, grupos comunitários e colegas também os adotassem. Como vimos com o Efeito Shalane Flanagan, no Capítulo 6, trabalhar com os princípios da excelência em um grupo beneficiará não apenas você, mas também todos os outros envolvidos.

Os princípios da excelência também se aplicam aos níveis organizacional e social. Organizações e culturas que valorizam e praticam aceitação, presença, paciência, vulnerabilidade, comunidade e movimento (e que promovem a saúde mente-corpo de forma mais ampla) prosperam. Descobri que, independentemente do cenário — de equipes esportivas e departamentos universitários a estúdios criativos, pequenas startups e grandes corporações —, as pessoas estão ansiosas para integrar os princípios da excelência em suas organizações e sociedades. Isso não é surpresa. Todos desejam experimentar força interna, profunda confiança, estabilidade e um tipo de sucesso mais gratificante, e todos desejam fazer parte de uma organização e uma sociedade que fomentam essas experiências.

Assim como ocorre no nível individual, as ações organizacionais são melhores quando são simples e específicas. Aqui estão alguns exemplos de organizações com as quais trabalhei:

- *Pratique a aceitação* perguntando: "Quais são os nossos erros?" para todas as grandes decisões estratégicas. Designe pessoas específicas para bancarem o advogado do diabo em circunstâncias de alto risco. Solicite perspectivas externas sobre tópicos carregados de emoção.

- *Pratique a presença* removendo smartphones e outros dispositivos digitais de reuniões importantes. Algumas equipes fazem o mesmo durante os treinos.

- *Pratique a paciência* garantindo que as estratégias de medição reflitam uma ênfase no crescimento de longo prazo sobre os resultados de curto prazo. Defina metas de longo prazo, divida-as em suas partes e foque nelas.

- *Pratique a vulnerabilidade* incorporando a expansão como líderes e dando os passos descritos no Capítulo 5 para criar segurança psicológica.

- *Pratique a comunidade* oferecendo um clube do livro para os funcionários. Deixe os membros votarem em quais livros ler para que todos se sintam responsáveis.

- *Pratique o movimento* instituindo uma política preferencial de reuniões ambulantes (para quem puder) e construindo academias e chuveiros. Se for desafiador, faça parceria com a academia local para oferecer inscrições gratuitas para todos os seus funcionários.

IDEIAS FINAIS SOBRE IR DOS PRINCÍPIOS À AÇÃO

Praticamente qualquer pessoa pode se concentrar em ações significativas de vez em quando, principalmente depois de momentos profundos de insights. Mas a transformação duradoura é o resultado de uma prática consistente, contínua e diária. Neste capítulo, aprendemos a alinhar o nosso ser com o nosso fazer. Também aprendemos sobre as armadilhas comuns que ocorrem ao tentar mudar nossa energia de hábito. Discutimos o valor de regar seletivamente as sementes da excelência por meio de ações pequenas, simples e específicas. Examinamos como projetar intencionalmente nosso ambiente de forma que promover essas ações seja mais eficaz do que confiar apenas na força de vontade. Exploramos planos concretos para regar cada semente não apenas na prática formal, mas no cotidiano, e consideramos o poder exponencial de empreender essa jornada com o apoio de outras pessoas.

O próximo e último capítulo gira em torno de por que adotar os princípios da excelência é tão vital, tanto para os indivíduos quanto para a sociedade como um todo. Também veremos como não há destino quando se trata de alcançar um tipo de sucesso mais excelente. O caminho é o destino, e o destino é o caminho. A tarefa urgente, imperativa e, às vezes, difícil é simplesmente permanecer nela.

9

FOQUE NOS PROCESSOS QUE OS RESULTADOS VIRÃO

As apostas são altas. O individualismo heroico e seus descontentes relacionados — esgotamento, inquietação, ansiedade, depressão, solidão e vício — não mudarão se continuarmos fazendo o que temos feito. Precisamos de uma nova abordagem, um caminho melhor. Adotar e praticar os princípios da excelência faz isso. Devemos fazer o que pudermos para criar vidas nas quais estejamos envolvidos — vidas nas quais cultivamos aceitação, presença, paciência, vulnerabilidade, comunidade e movimento. A sabedoria antiga, a ciência moderna e a experiência de pessoas que priorizam a excelência mostram como esses princípios funcionam juntos para sustentar uma vida feliz, saudável, gratificante e verdadeiramente bem-sucedida.

Focar a excelência será, pelo menos às vezes, desafiador. Praticar regularmente os princípios deste livro requer superar a inércia pessoal e cultural. Negligenciar a própria excelência é comum no mundo de hoje por conta do mundo de hoje, não dos princípios.

A excelência é mais eficaz e recompensadora quando é utilizada como uma prática contínua. Como em qualquer outra prática, haverá altos e baixos, dias bons e dias ruins. Você terá períodos de forte motivação quando tudo estiver funcionando. E terá períodos em que recairá nas velhas maneiras de ser e agir. Tudo isso é normal. "A maneira como a prática funciona", comentou certa vez um professor japonês de zen, "é que a construímos e, depois, ela se desfaz. E então a construímos novamente, e ela se desfaz novamente. É assim que funciona."

Este capítulo final apresenta uma nova maneira transformadora de pensar sobre a prática bem-sucedida — como desenvolvê-la e o que fazer quando ela desmorona. Munido desse conhecimento, você estará pronto para embarcar no caminho de uma vida mais excelente.

REDEFININDO A IDEIA DE PRÁTICA

Quando você ouve a palavra *prática* pela primeira vez, o que vem à mente? Talvez você pense em um atleta treinando entre os jogos, ou em um músico tocando escalas no piano para se preparar para um recital. Foi assim que pensei na ideia de prática por muito tempo. Mas trabalhar neste livro me fez pensar nisso de uma maneira muito mais ampla. Praticar significa abordar um empreendimento deliberadamente, com cuidado e com a intenção de crescer continuamente. É necessário prestar muita atenção ao feedback que você recebe — tanto interno quanto de fontes externas nas quais confie — e fazer os ajustes necessários.

Você pode ter prática de escrita, jurídica, médica, de corrida, de parentalidade, de liderança, de coaching, de ensino, artística ou de meditação. A arte da prática é aplicável a qualquer coisa em que se esforce para progredir, quer isso signifique economizar dois minutos no tempo da maratona, melhorar seu discurso em público ou tornar-se uma pessoa mais forte, gentil, sábia e com os pés no chão. Quando uma atividade se torna uma prática, ela muda de algo que você está fazendo em um determinado momento para um processo contínuo de transformação. James Carse, professor de história e religião da Universidade de Nova York, chamou esse tipo de prática de "jogo infinito". Em seu clássico underground *Finite and Infinite Games*, Carse escreve que um jogo finito é aquele que será vencido ou perdido, que terá um fim definitivo. Um jogo infinito, no entanto, como o nome sugere, está em andamento. O objetivo é continuar jogando.

Ver algo como uma atividade isolada leva a julgamentos "bons" e "maus", esquecimento e descontinuidade. Ver algo como uma prática leva a um aprendizado contínuo, mudanças significativas e integração. Quando você considera uma busca como uma prática, ainda tem altos e baixos agudos. Mas eles são apenas parte de um processo maior — e é o processo maior que importa. Não é o resultado desse processo que conta, mas como você o realiza. Os resultados são de curta duração e efêmeros. Mais de 99% da vida é processo.

Em seu livro *A New Republic of the Heart*, o filósofo Terry Patten escreve que a satisfação com a vida é, em grande parte, um subproduto de passar de alguém que busca, ou que deseja certo estilo de vida, para alguém que o pratica e vive. Ecoando os principais temas do ciclo ser-fazer, Patten escreve: "É necessária uma vida inteira de prática regular e contínua. Estamos sempre reforçando os circuitos neurais associados ao que estamos fazendo agora [...]. Seja qual for a nossa forma de ser, é mais provável que o sejamos no futuro. *Isso significa que estamos sempre praticando algo.*"

Qualquer mudança significativa requer uma prática significativa. Ao começar a enfatizar a excelência na sua vida, mantenha os seguintes pontos em mente, mencionados nos capítulos anteriores, que servem como princípios norteadores para uma prática bem-sucedida.

- Não se preocupe em alcançar um resultado específico. Concentre-se em estar onde você está e em aplicar os princípios da excelência com o melhor de sua capacidade agora. Se você se concentrar no processo, os resultados que espera tendem a cuidar de si mesmos.

- Leve intencionalidade para tudo o que faz. Continue voltando aos princípios da excelência e às suas ações para vivê-los. Há muitas coisas na vida que você não pode controlar, mas também há muitas coisas que pode. Concentre-se na segunda.

- Trabalhe com pessoas que pensam da mesma forma, sempre que possível, e não tenha medo de pedir ajuda quando precisar. Pedir ajuda não é sinal de fraqueza, mas de força.

- Tenha uma visão de longo prazo e aceite que você falhará de vez em quando. Se espera falhas ocasionais, elas não o surpreenderão nem o desviarão do curso. Elas fazem parte do processo, são informações com as quais você pode aprender e que o ajudarão a crescer.
- Diferentemente do que ditam as normas culturais do individualismo heroico, não se compare aos outros. Compare-se às versões anteriores de si mesmo e julgue-se com base no esforço que exerce no presente.

As tradições de sabedoria oriental conceituam a prática como um caminho — *tao* em chinês e *dō* em japonês. Isso representa a natureza infinita e contínua da prática. Não há destino, apenas aprendizado e refinamento contínuos, um jogo verdadeiramente infinito. Conceber a prática da excelência dessa forma permite a inevitabilidade de que às vezes você se desviará do caminho. Isso é bom. Seu trabalho é voltar.

VOLTANDO AOS TRILHOS

Aqui está uma armadilha comum em que muitas pessoas, inclusive eu, caem: ler um livro como este, ter uma noção clara das mudanças que farão, fazê-las e se sentir bem e, em seguida, experimentar um fracasso (ou uma série deles) e desistir. Toda parte desse ciclo é inevitável, exceto a última. Nunca conheci alguém que tenha feito uma mudança significativa sem ter alguns fracassos. Não importa se você falha, é a forma como reage ao fracasso que é um componente vital para uma mudança bem-sucedida. Qualquer um pode se sentir inspirado e motivado. Qualquer pessoa consegue começar e manter uma programação quando as coisas vão bem. Mas poucas se recuperam do fracasso. Isso não é especulação. Todos os anos, uma amostra representativa de pessoas tenta mudar, o que nos confirma isso. A Universidade de Scranton, uma instituição jesuíta em Scranton, Pensilvânia, monitora a taxa de sucesso das promessas de ano-novo. Seus dados mostram que mais de 40% das pessoas que as fazem as abandonam em fevereiro. E 90% das pessoas as abandonam até o final do ano. Não é que as pessoas sejam fracas. É que mudar de estilo de vida é difícil.

Suspeito que uma das razões pelas quais as pessoas falham nas promessas de ano-novo é por presumirem que precisam ser perfeitas e ficarem frustradas consigo mesmas quando não o conseguem. Quanto mais difícil for a mudança, maior será a probabilidade de fracassar ou recair nos velhos hábitos. Sua reação quando isso acontecer é crítica. Se você desistir (*Dane-se. Isso não é para mim.*), pode esperar um resultado ruim. Mas o outro lado também é verdadeiro. Se sua voz interior for dura e crítica (*Como ainda não consigo entender isso? Sou péssimo!*), o fracasso ou recaída só se agravará.

Um estudo de 2012 publicado no *Personality and Social Psychology Bulletin* descobriu que os indivíduos que reagem ao fracasso com autocompaixão voltam aos trilhos mais rápido do que aqueles que se julgam. Para o estudo, Juliana Breines e Serena Chen, pesquisadoras da Universidade da Califórnia, Berkeley, fizeram os participantes refletirem sobre as fraquezas pessoais e, em seguida, manipularam as situações para que eles experimentassem o fracasso. Os participantes que aprenderam habilidades de autocompaixão sentiram-se melhor quanto a superar suas fraquezas e reagiram ao fracasso apoiando-se, em vez de desistir. "Essas descobertas sugerem que, de forma um tanto paradoxal, aceitar o fracasso pessoal deixa as pessoas mais motivadas a melhorarem a si mesmas", escrevem Breines e Chen.

O trabalho de outra psicóloga, Kristin Neff, professora adjunta da Universidade do Texas, mostra que se você se julgar por errar, pode sentir culpa ou vergonha, e muitas vezes é essa culpa ou vergonha que o impede de voltar aos trilhos e continuar o caminho. Um tema em todas as pesquisas de Neff diz que ser gentil consigo mesmo em meio a lutas e dificuldades dará a você resiliência necessária para prosperar. A melhor ocasião para fazer o que quer pode ter sido ontem, mas a segunda melhor é hoje. Destruir-se é uma completa perda de tempo e energia. O senso comum afirma que, no tocante à mudança de comportamento, em um extremo, há assumir a responsabilidade e mantê-la e, no outro, olhar-se com amor e carinho ilimitados. Embora esses pontos sejam colocados em oposição, a verdade é que são complementares; você precisa de ambos. Você precisa combinar uma forte disciplina com uma forte autocompaixão. Discutimos a importância de aplicar a autocompaixão no Capítulo 2, mas vale a pena voltar a isso aqui. As práticas de autocompaixão são úteis para abordar a jornada de transição para uma vida mais excelente como um todo:

- Pare de atacar a si mesmo.

- Trate suas falhas e a voz crítica em sua cabeça como trataria um bebê chorando.

- Desenvolva um mantra para interromper os ciclos de pensamento negativo e colocá-lo de volta nos trilhos: *Isso é o que está acontecendo agora* ou *Estou fazendo o melhor que posso*[i].

---

[i] Para obter detalhes adicionais, veja as páginas 49 a 51, em que discutimos todas essas práticas detalhadamente.

Uma mulher com quem trabalhei há um tempo, chamada Lauren, é líder *C-suite* de uma grande empresa de tecnologia em rápido crescimento. Ela foi uma das primeiras funcionárias de lá. Agora, a empresa tem mais de 600 funcionários, e todos os outros da equipe fundadora seguiram em frente, tornando Lauren a pessoa mais velha (não em idade — ela está na casa dos 30 —, mas no cargo) lá. Ela é uma pessoa e uma líder incrível. Seu maior desafio é que ela se preocupa demais. Ela acha que a empresa é seu bebê e que cabe a ela guiá-la para o futuro. Sim, em nossas sessões de coaching, trabalhamos com todos os princípios da excelência, mas, talvez mais do que qualquer coisa, trabalhamos com autocompaixão.

O poeta T. S. Eliot escreveu a famosa frase: "Ensine-nos a cuidar e a não cuidar." Não era da natureza de Lauren fazer o último. Ela chegou a um ponto em sua carreira em ascensão em que via que não era sua cabeça — ela é impecavelmente sagaz e racional — que a impedia de se sentir estável, forte e realizada. Era seu coração. Ela teve que pisar no freio, o que é especialmente difícil para mulheres líderes, que às vezes são erroneamente classificadas como brandas. Usando as práticas mencionadas, Lauren aprendeu a se permitir sentir todas as suas emoções — e depois a fazer o trabalho árduo de criar um espaço para mantê-las, de modo que não fosse atropelada por elas. Depois de combinar sua mente disciplinada, questionadora e racional com um coração mais suave e aberto, ela se tornou uma líder mais excelente e irrefreável. E mais importante, ela se tornou uma pessoa mais saudável e que vivencia a excelência do ser.

MENTE E CORAÇÃO

Um dos mantras orientais mais populares é *Om mani padme hum*. Do sânscrito, traduz-se aproximadamente como "a joia do lótus". Embora tenha muitos significados, o psicólogo e professor budista Jack Kornfield oferece a seguinte explicação de seu simbolismo: "A compaixão surge quando a joia da mente repousa no lótus do coração."

No Ocidente, tendemos a separar a mente e o coração. A mente pensa racionalmente. Ela conhece verdades sólidas e objetivas. Separa o bom do mau, o certo do errado. O coração é emocional e compassivo. Se prestarmos muita atenção nele, ele nos tornará fracos ou nos desviará dos objetivos. Mas a verdade está fora dessa dicotomia. A mente é mais poderosa quando está situada no coração, quando o esforço e a tentativa de acertar são realizados com amor e compaixão. Como Kornfield escreve, e como Lauren sentiu, a mente no coração ganha "uma clareza semelhante à de um diamante". Daí a joia do lótus.

Se nós — você, eu, qualquer um — quisermos ter sucesso na transição para uma vida excelente, é sensato situar nossas mentes em nossos corações. Precisamos reconhecer e ver claramente quando saímos do caminho. E precisamos mostrar a nós mesmos a compreensão e a gentileza necessárias para voltar — sempre e sempre. Até que tentemos aplicá-los, os princípios da excelência são teóricos, legais e organizados em nossas mentes. Mas o mundo real é uma bagunça. Colocar em prática as lições deste livro, que mudarão a sua vida, depende do espaço do nosso coração tanto quanto do espaço da nossa cabeça.

Fique no caminho. Saia do caminho. Volte para o caminho. É tão simples e tão difícil assim.

CONCLUSÃO

Entrando no ano de 2021, quando terminei de escrever este livro, a Covid-19 continua a devastar grande parte do mundo. Ao mesmo tempo, em toda a Europa e nos EUA, manifestações massivas por justiça social acontecem. Embora esses eventos pareçam especialmente significativos — e o sejam —, não são a primeira onda de mudança e disrupção em nossas vidas, nem serão a última. O que esses eventos acarretam, no entanto, é fazer as pessoas recuarem e se perguntarem: *O que eu defendo? Como quero viver? O que quero fazer com meu pouco tempo nesta terra?* Esteja você lendo este livro em 2022 ou 2052, devemos sempre nos fazer essas perguntas. Elas são perenes.

Nas páginas anteriores, argumentei que o tipo de sucesso convencional, que gastamos tanto tempo e energia perseguindo — dinheiro, fama, relevância, ocupação, seguidores —, não é tudo o que parece. Não é que não devamos nos esforçar. É que devemos gastar mais tempo e energia focando a base interna profunda — a excelência —, da qual todo e qualquer esforço emerge. Assim que fizermos isso, nossa definição de sucesso mudará, assim como nossa motivação para tê-lo e a satisfação de vivenciá-lo. Ainda temos chances de chegar a grandes alturas, mas a partir de uma excelência mais sólida. Nós nos sentimos melhor. Temos um desempenho melhor. E nos tornamos membros melhores da comunidade também. Considere o seguinte: em seu icônico romance *Admirável Mundo Novo*, Aldous Huxley apresentou um quadro distópico do que acontece quando as pessoas são controladas por forças invisíveis que atacam sua psique. As emoções superficiais levam a mais monótona das vidas, e à perda do pensamento independente, do propósito e qualquer coisa remotamente próxima à profundidade precipita a erosão da sociedade. Não estamos vivendo nesse admirável mundo novo... ainda. Mas certamente estamos chegando perto demais para ficarmos confortáveis. A hora de recuar é agora. Viver os princípios da excelência do ser é tanto uma ação de obrigação cívica quanto individual.

Minha esperança é que este livro tenha dado a você uma nova maneira de pensar sobre como deseja viver sua vida. E que também tenha dado as práticas para atualizá-la. Para escolher a aceitação em vez da ilusão e do pensamento positivo. Para escolher a presença em vez da distração. Para escolher a paciência em vez da velocidade. Para escolher a vulnerabilidade em vez da invencibilidade. Para escolher a comunidade em vez do isolamento. Para escolher o movimento em vez da inércia. Para escolher a excelência em vez do individualismo heroico.

Viver uma vida excelente pode começar como um projeto pessoal, mas a excelência se espalha e cresce nas comunidades. Se você achou este livro valioso, compartilhe-o com sua família, amigos, vizinhos e colegas. Quanto mais de nós assumirmos esse projeto juntos, melhor.

AGRADECIMENTOS

Publicar este livro foi um esforço de equipe. Estou muito grato a todos os envolvidos.

Primeiro, quero agradecer a todos os meus clientes de coaching (cujos nomes foram alterados) por me permitirem acompanhá-los em seus respectivos caminhos. É um privilégio trabalhar com eles. Aprendo tanto com eles quanto ensino. Também gostaria de agradecer a todas as outras pessoas cujas histórias contei. Agradeço por vocês serem tão crus e vulneráveis comigo e, em alguns casos, com o público em geral. Em particular, quero agradecer a Steven Hayes, Sarah True, Mike Posner e Andrea Barber, por se abrirem para mim em detalhes sobre alguns de seus momentos mais angustiantes.

Em seguida, quero agradecer aos meus amigos mais próximos — as pessoas que estão aqui para mim dia após dia, nos bons e maus momentos. Não sei o que eu seria ou onde estaria sem vocês. Meu colaborador, Steve Magness. Meu amigo, Justin Bosley. Meu irmão, Eric Stulberg. E minha terapeuta e coach, Brooke Van Oosbree. Eu amo tudo em vocês!

Também quero agradecer a alguns colegas, mentores e amigos específicos que tiveram um impacto direto sobre este livro. Meu psiquiatra, Lucas Van Dyke, por me diagnosticar com TOC e me ajudar a compreender e curar minha mente. Judson Brewer, meu professor de meditação, por me ensinar a prestar atenção. Ryan Holiday e Cal Newport, por me encorajarem a escrever este livro, e a escrevê-lo com a editora Portfolio. David Epstein, por ser minha caixa de ressonância em quase tudo (o homem realmente tem alcance). Liana Imam, por várias conversas e leituras, e por compartilhar tão generosamente sua riqueza de habilidade literária. Adam Alter, por me ouvir descrever os conceitos deste livro *ad eternum* e observar, muito sutilmente: "Acho que a palavra que você está procurando é '*excelência*'." Mario Fraioli, por quilômetros e quilômetros de caminhadas e conversas sobre "sucesso", conversas que se tornaram a gênese deste livro. Shalane Flanagan, não apenas por me deixar compartilhar sua história, mas também por nossa estreita amizade. Rich Roll e Emily Esfahani Smith, por serem amigos, parceiros de pensamento e cúmplices quando se trata de redefinir como a cultura pensa sobre o sucesso. Os membros do meu grupo de e-mail diário ainda não mencionados: Mike Joyner, Christie Aschwanden, Alex Hutchinson, Jonathan Wai, Amby Burfoot — todos vocês me tornam mais inteligente por osmose, mesmo que virtualmente. Adam Grant, Kelly McGonigal e Dan Pink por sempre me encorajarem a escrever, escrever, escrever — livros! Toby Bilanow, por editar meus ensaios e me dar um lugar precioso no *The New York Times*, em que explorei pela primeira vez algumas das ideias deste livro. Matt Skenazy e Wes Judd, por serem meus editores de longa data; Trouwborst, por empurrar o manuscrito até a linha de chegada e liderar o processo criativo, o que resultou em um título e subtítulo que considero bem radicais (não é uma tarefa fácil!). Kym Sur Ridge,

AGRADECIMENTOS

Will Jeffries, Karen Ninnis e Katie Hurley, por perceberem todos os meus erros e me ajudarem a fazer a minha escrita brilhar. Kimberly Meilun, pela coordenação de todas as peças soltas. E à Tara Gil e à sua equipe de marketing, por fazerem o possível para ajudar este livro a alcançar leitores de todos os lugares.

Quero agradecer aos meus pais, por me criarem com valores sólidos, e aos meus sogros, por sempre me apoiarem.

Acima de tudo, agradeço à minha melhor amiga e companheira de vida, Caitlin (também minha editora principal). Tenho muita sorte por estar neste jogo infinito com você. Eu te amo. E agradeço ao meu filho, Theo — palavras são insuficientes.

LEITURAS RECOMENDADAS

Durante meu processo de reflexão, escrita e refinamento de *A Prática para a Excelência*, eu tinha todos os livros a seguir em uma prateleira logo acima da minha mesa. Consultei-os várias vezes e tenho certeza de que continuarei a fazê-lo no futuro. Todos estes livros influenciam muito a maneira como penso, escrevo, dou coach e vivo. Sou grato por eles existirem. O que se segue é uma lista de leituras recomendadas, classificadas por capítulo. Como os princípios da excelência, muitos destes livros se complementam. Embora a classificação dessa forma não seja perfeita, era a melhor opção.

1: EXCELÊNCIA PARA VOAR

- *In the Buddha's Words: An Anthology of Discourses from the Pali Canon*, de Bhikkhu Bodhi
- *The Heart of the Buddha's Teaching: Transforming Suffering into Peace, Joy, and Liberation*, de Thich Nhat Hanh
- *Selected Writings: Discourses and Selected Writings*, de Epiteto
- *Meditations*, de Marco Aurélio

- *A Guide to the Good Life: The Ancient Art of Stoic Joy*, de William Irvine
- *Tao Te Ching*, de Lao-tzu (tradução para o inglês de Stephen Mitchell)
- *Letters from a Stoic*, de Sêneca
- *The Nicomachean Ethics*, de Aristóteles
- *The Hidden Life of Trees: What They Feel, How They Communicate—Discoveries from A Secret World*, de Peter Wohlleben
- *The True Believer: Thoughts on the Nature of Mass Movements*, de Eric Hoffer
- *How to Live: A Life of Montaigne*, de Sarah Bakewell
- *The Path: What Chinese Philosophers Can Teach Us About the Good Life*, de Michael Puett e Christine GrossLoh
- *The Sane Society*, de Erich Fromm

2: ACEITE ONDE ESTÁ PARA CHEGAR AONDE DESEJA

- *Radical Acceptance*, de Tara Brach
- *The Hero with a Thousand Faces*, de Joseph Campbell
- *A Liberated Mind: How to Pivot Toward What Matters*, de Steven Hayes
- *After the Ecstasy, the Laundry*, de Jack Kornfield
- *On Becoming a Person: A Therapist's View of Psychotherapy*, de Carl Rogers
- *The Recovering: Intoxication and its Aftermath*, de Leslie Jamison

- *Going to Pieces Without Falling Apart: A Buddhist Perspective on Wholeness*, de Mark Epstein
- *Almost Everything: Notes on Hope*, de Anne Lamott

3: ESTEJA PRESENTE PARA CANALIZAR SUA ATENÇÃO E SUA ENERGIA

- *Full Catastrophe Living: Using the Wisdom of Your Body and Mind to Face Stress, Pain, and Illness*, de Jon KabatZinn
- *Deep Work* e *Digital Minimalism: Choosing a Focused Life in a Noisy World*, de Cal Newport
- *Mindfulness in Plain English*, de Bhante Gunaratana
- *Mindfulness: A Practical Guide to Awakening*, de Joseph Goldstein
- *The Craving Mind: From Cigarettes to Smartphones to Love—Why We Get Hooked and How We Can Break Bad Habits*, de Judson Brewer
- *Irresistible: The Rise of Addictive Technology and the Business of Keeping Us Hooked*, de Adam Alter
- *The Inner Game of Tennis: The Classic Guide to the Mental Side of Peak Performance*, de W. Timothy Gallwey
- *To Have or to Be?*, de Erich Fromm
- *The Art of Loving*, de Erich Fromm
- *Devotions: The Selected Poems of Mary Oliver*, de Mary Oliver
- *Flow: Flow*, de Mihaly Csikszentmihalyi
- *Stillness Is the Key*, de Ryan Holiday
- *The Wisdom of Insecurity*, de Alan Watts

- *Zen and the Art of Motorcycle Maintenance: An Inquiry Into Values*, de Robert Pirsig
- *Lila: An Inquiry Into Morals*, de Robert Pirsig
- *Amusing Ourselves to Death: Public Discourse in the Age of Show Business*, de Neil Postman
- *The Shallows: What the Internet Is Doing to Our Brains*, de Nicholas Carr

4: SEJA PACIENTE PARA CHEGAR MAIS RÁPIDO

- *Crossing the Unknown Sea: Work as a Pilgrimage of Identity*, de David Whyte
- *Mastery: The Keys to Success and Long-Term Fulfillment*, de George Leonard
- *The Way of Aikidō: Life Lessons from an American Sensei*, de George Leonard
- *Range: Why Generalists Triumph in a Specialized World*, de David Epstein

5: ACEITE A VULNERABILIDADE PARA DESENVOLVER FORÇA E CONFIANÇA GENUÍNAS

- *Consolations: The Solace, Nourishment and Underlying Meaning of Everyday Words*, de David Whyte
- *The Heart Aroused: Poetry and the Preservation of the Soul in Corporate America*, de David Whyte
- *Sounds Like Me: My Life (So Far) in Song*, de Sara Bareilles

- *No Mud, No Lotus: The Art of Transforming Suffering*, de Thich Nhat Hanh
- *Rising Strong: How the Ability to Reset Transforms the Way We Live, Love, Parent, and Lead*, de Brené Brown
- *Braving the Wilderness: The Quest for True Belonging and the Courage to Stand Alone*, de Brené Brown
- *The Fearless Organization: Creating Psychological Safety in the Workplace for Learning, Innovation, and Growth*, de Amy Edmondson
- *Teaming: How Organizations Learn, Innovate, and Compete in the Knowledge Economy*, de Amy Edmondson
- *Rilke on Love*, de Rainer Maria Rilke

6: INTEGRE A COMUNIDADE

- *Tribe: On Homecoming and Belonging*, de Sebastian Junger
- *Friendship: The Evolution, Biology, and Extraordinary Power of Life's Fundamental Bond*, de Lydia Denworth
- *Middlemarch*, de George Eliot
- *Escape from Freedom*, de Erich Fromm
- *Suicide*, de Émile Durkheim
- *Deacon King Kong*, de James McBride

7: MOVA O CORPO PARA UMA MENTE EXCELENTE

- *Spark*, de John Ratey

- *The Joy of Movement: How exercise helps us find happiness, hope, connection, and courage*, de Kelly McGonigal
- *The Ultimate Athlete*, de George Leonard

8: DOS PRINCÍPIOS À AÇÃO

- *Falling Upward: A Spirituality for the Two Halves of Life*, de Richard Rohr
- *The Glass Bead Game*, de Hermann Hesse
- *The Art of Living: Peace and Freedom in the Here and Now*, de Thich Nhat Hanh
- *Wherever You Go, There You Are: Mindfulness meditation for everyday life*, de Jon KabatZinn
- *Becoming Wise: An Inquiry into the Mystery and Art of Living*, de Krista Tippett

9: FOQUE O PROCESSO QUE OS RESULTADOS VIRÃO

- *A New Republic of the Heart: An Ethos for Revolutionaries--A Guide to Inner Work for Holistic Change*, de Terry Patten
- *The Life We Are Given*, de George Leonard e Michael Murphy
- *Brave New World*, de Aldous Huxley

NOTAS

1: Excelência PARA VOAR

8   **Após escrever sobre minha experiência com o TOC:** Brad Stulberg, "When a Stress Expert Battles Mental Illness", *Outside*, 7 de março de 2018, https://www.outside online.com/2279856/anxiety-cant-be-trained-away.

9   **O sociólogo pioneiro Émile Durkheim:** Émile Durkheim, *Suicide: A Study in Sociology* (Snowball Press, 2012; originalmente publicado em francês, em 1897), 252–53.

9   **As taxas de ansiedade clínica e depressão:** National Institute of Mental Health, "Mental Health Information: Statistics", https://www.nimh.nih.gov/health/statistics/index.shtml.

9   **O vício em substâncias nocivas:** National Institute on Alcohol Abuse and Alcoholism, "Alcohol Facts and Statistics", https://www.niaaa.nih.gov/publications/brochures-and-fact-sheets/alcohol-facts-and-statistics; US National Library of Medicine, "Opioid Addiction", MedlinePlus, https://ghr.nlm.nih.gov/condition/opioid-addiction#statistics.

9   **Esse é o maior número já alcançado:** "Pain in the Nation: The Drug, Alcohol and Suicide Crises and Need for a National Resilience Strategy", Trust for America's Health, https://www.tfah.org/report-details/pain-in-the-nation/.

10 **Os dados "sugerem uma tendência":** Mary Caffrey, "Gallup Index Shows US Well-being Takes Another Dip", *AJMC*, 27 de fevereiro de 2019, https://www.ajmc.com/newsroom/gallup-index-shows-us-wellbeing-takes-another-dip-.

10   **Mesmo antes da pandemia da Covid-19:** Jeffrey M. Jones, "U.S. Church Membership Down Sharply in Past Two Decades", Gallup, 18 de abril de 2019, https://news.gallup.com/poll/248837/church-membership-down-sharply-past-two-decades.aspx.

10   **Ao mesmo tempo, especialistas acreditam:** Julianne Holt-Lunstad, "The Potential Public Health Relevance of Social Isolation and Loneliness: Prevalence, Epidemiology, and Risk Factors", *Public Policy & Aging Report* 27, n° 4 (2017): p. 127–30, https://academic.oup.com/ppar/article/27/4/127/4782506.

10   **Em 2019, a Organização Mundial da Saúde classificou o *burnout*:** Ben Wigert e Sangeeta Agrawal, "Employee Burnout, Part 1: The 5 Main Causes", Gallup, 12 de julho de 2018, https://www.gallup.com/workplace/237059/employee-burnout-part-main-causes.aspx; "Burn-out an 'Occupational Phenomenon': International Classification of Diseases", World Health Organization, 28 de maio de 2019, https://www.who.int/mental_health/evidence/burn-out/en/.

10   **A insônia é mais comum do que nunca:** Pradeep C. Bollu e Harleen Kaur, "Sleep Medicine: Insomnia and Sleep", *Missouri Medicine* 116, n° 1 (2019): 68–75, https://www.ncbi.nlm.nih.gov/pmc/articles/PMC6390785/; James Dahlhamer *et al.*, "Prevalence of Chronic Pain and High-Impact Chronic Pain Among Adults—United States, 2016", *Morbidity and Mortality Weekly Report* 67, n° 36 (2018): 1001–6, https://www.cdc.gov/mmwr/volumes/67/wr/mm6736a2.htm.

15   **Em vez disso, a felicidade é encontrada no presente:** Robb B. Rutledge et al., "A Computational and Neural Model of Momentary Subjective Well-being", *PNAS* 111, n° 33 (2014): 12252–57, http://www.pnas.org/content/111/33/12252.full.

15   **... outras pesquisas, como a conduzida pelo psicólogo vencedor do Prêmio Nobel Daniel Kahneman:** Daniel Kahneman e Angus Deaton, "High Income Improves Evaluation of Life but Not Emotional Well-being", *PNAS* 107, n° 38 (2010): 16489–93, https://www.pnas.org/content/107/38/16489.

16   **BenShahar diz que, se o ciclo de busca:** A. C. Shilton, "You Accomplished Something Great. So Now What?", *New York Times*, 28 de maio de 2019, https://www.nytimes.com/2019/05/28/smarter-living/you-accomplished-something-great-so-now-what.html.

17   **O budismo também ensina um conceito chamado de "esforço correto":** Bhikkhu Bodhi, ed., *In the Buddha's Words: An Anthology of Discourses from the Pali Canon* (Somerville, MA: Wisdom Publications, 2005), 239.

18   **"Quanto mais funda e baixa a excelência":** Meister Eckhart, *Selected Writings*, trans. Oliver Davies (Londres, UK: Penguin Books, 1994), 45.

19   **"Penso que, quando você pratica a excelência":** Seth Simons, "The New Formula for Personal Fulfillment", *Fatherly*, 12 de outubro de 2018, https://www.fatherly.com/love-money/the-new-formula-for-personal-fulfillment/.

23 **"Se quiser fazer um jardim"**: Thich Nhat Hanh, *The Heart of the Buddha's Teaching: Transforming Suffering into Peace, Joy, and Liberation* (Nova York: Harmony Books, 1999), 42.

2: ACEITE ONDE ESTÁ PARA CHEGAR AONDE DESEJA

26 **"Meu corpo falhou comigo"**: Karen Rosen, "After Rio Heartbreak, Triathlete Sarah True 'Ready to Rumble' into New Season", Team USA, 2 de março de 2017, https://www.teamusa.org/News/2017/March/02/After-Rio-Heartbreak-Triathlete-Sarah-True-Ready-To-Rumble-Into-New-Season.

29 **"O curioso paradoxo"**: See Carl R. Rogers, *On Becoming a Person: A Therapist's View of Psychotherapy* (Nova York: Mariner Books, 1995).

32 **"Embora os dinamarqueses sejam muito satisfeitos"**: Kaare Christensen, Anne Maria Herskind e James W. Vaupel, "Why Danes Are Smug: Comparative Study of Life Satisfaction in the European Union", *BMJ* 333 (2006): 1289, http://www.bmj.com/content/333/7582/1289.

32 **Eles descobriram que "a felicidade em resposta"**: Rutledge *et al.*, "A Computational and Neural Model of Momentary Subjective Well-being".

32 **"Tira a alegria de experimentar"**: Jason Fried, "Living Without Expectations", *Signal v Noise* (blog), 8 de março de 2017, https://m.signalvnoise.com/living-without-expectations-1d66adb10710.

33 **"O ponto crucial da curiosa dificuldade"**: Joseph Campbell, *The Hero with a Thousand Faces*, 3ª ed. (Novato, CA: New World Library, 2008), 101.

33 **Ele escreveu 44 livros**: "Highly Cited Researchers (h>100) According to Their Google Scholar Citations Public Profiles", Ranking Web of Universities, acesso em julho de 2020, http://www.webometrics.info/en/node/58.

36 **Mas como o trabalho de Hayes e minha própria experiência**: Veja Steven C. Hayes, *A Liberated Mind: How to Pivot Toward What Matters* (Nova York: Avery, 2020), para um resumo desse trabalho.

36 **Hayes será o primeiro a dizer**: "316: Steven C. Hayes on Developing Psychological Flexibility", in *The One You Feed*, hosted, de Eric Zimmer, podcast, 21 de janeiro de 2020, https://www.oneyoufeed.net/psychological-flexibility/.

37 **"Para um ser humano, sentir estresse é normal"**: Marco Aurélio, *Meditations* (Londres, UK: Penguin Books, 2005), 76.

37 **Epiteto, outro estoico reverenciado:** Epiteto, *Discourses and Selected Writings* (Londres, UK: Penguin Books, 2008), 180–81.

39 **"Assim como Buda se abriu":** Tara Brach, *Radical Acceptance: Embracing Your Life with the Heart of a Buddha* (Nova York: Bantam Books, 2004), 61.

41 **Pesquisas da Universidade de Kent, na Inglaterra:** Joachim Stoeber, Mark A. Uphill e Sarah Hotham, "Predicting Race Performance in Triathlon: The Role of Perfectionism, Achievement Goals, and Personal Goal Setting", *Journal of Sport and Exercise Psychology* 31, nº 2 (2009): 211–45, https://repository.canterbury.ac.uk/download/c447b55ea3ec0148c05f2c0754c0527ef311a1f30d-7ce8c8ca7cda6f70348f10/277408/Uphill_2009_%5B1%5D.pdf.

41 **Um estudo publicado no *Journal of Sport and Exercise Psychology*:** Andrew J. Elliot et al., "Achievement Goals, Self-Handicapping, and Performance Attainment: A Mediational Analysis", *Journal of Sport and Exercise Psychology* 28, nº 3 (2006): 344–61, https://journals.humankinetics.com/doi/abs/10.1123/jsep.28.3.344.

41 **Outros estudos mostram que:** David E. Conroy, Jason P. Willow e Jonathan N. Metzler, "Multidimensional Fear of Failure Measurement: The Performance Failure Appraisal Inventory", *Journal of Applied Sport Psychology* 14, nº 2 (2002): 76–90, https://psycnet.apa.org/record/2002-13632-002.

41 **"Nada que eu aceite sobre mim":** Audre Lorde, *Sister Outsider: Essays and Speeches* (Nova York: Crossing Press, 1984).

42 **Como verá nos exemplos a seguir:** Craig Smith, "COVID-19 Update from Dr. Smith: 3/29/20", Columbia Surgery, https://columbiasurgery.org/news/covid-19-update-dr-smith-32920.

46 **A professora de meditação Michele McDonald:** Tara Brach, "Feeling Overwhelmed? Remember RAIN", *Mindful*, 7 de fevereiro de 2019, https://www.mindful.org/tara-brach-rain-mindfulness-practice/.

47 **... dor física:** David M. Perlman et al., "Differential Effects on Pain Intensity and Unpleasantness of Two Meditation Practices", *Emotion* 10, nº 1 (2010): 65–71, https://www.ncbi.nlm.nih.gov/pmc/articles/PMC2859822/.

47 **... dor emocional:** UMass Memorial Health Care Center for Mindfulness, https://www.umassmed.edu/cfm/research/publications/.

47 **... ansiedade social:** Philippe R. Goldin e James J. Gross, "Effects of Mindfulness-Based Stress Reduction (MBSR) on Emotion Regulation in Social Anxiety Disorder", *Emotion* 10, nº 1 (2010): 83–91, https://www.ncbi.nlm.nih.gov/pmc/articles/PMC4203918/.

47 **... tomada de decisões difíceis:** Igor Grossman e Ethan Kross, "Exploring Solomon's Paradox: Self-Distancing Eliminates the Self-Other Asymmetry in

Wise Reasoning About Close Relationships in Younger and Older Adults", *Psychological Science* 25, n° 8 (2014): 1571–80, https://pdfs.semanticscholar.org/799a/d44cb6d51bbf6c14ef8e83d6dc74d083f2af.pdf.

47   **Estudos conduzidos pela Universidade da Califórnia:** Özlem Ayduk e Ethan Kross, "From a Distance: Implications of Spontaneous Self- Distancing for Adaptive Self-Reflection", *Journal of Personality and Social Psychology* 98, n° 5 (2010): 809–29, https://www.ncbi.nlm.nih.gov/pmc/articles/PMC2881638/.

48   **Se, por outro lado, você conseguir reunir bondade:** Juliana G. Breines e Serena Chen, "Self-Compassion Increases Self-Improvement Motivation", *Personality and Social Psychology Bulletin* 38, n° 9 (2012): 1133–43, http://citeseerx.ist.psu.edu/viewdoc/download?doi=10.1.1.362.5856&rep=rep1&type=pdf.

49   **"Que progresso fiz?"** Sêneca, *Letters from a Stoic* (Londres, UK: Penguin Books, 1969), 14.

50   **Pesquisas mostram que mantras:** Ephrat Livni, "To Get Better at Life, Try This Modern Mantra", *Quartz*, 8 de maio de 2019, https://t.co/biGWjp3tBs.

51   **Pesquisas psicológicas de longa data:** Sobre pensar: Daniel M. Wegner et al.", Paradoxical Effects of Thought Suppression", *Journal of Personality and Social Psychology* 53, n° 1 (1987): 5–13, http://psycnet.apa.org/record/1987-33493-001; sobre sentir: Jutta Joormann e Ian H. Gotlib, "Emotion Regulation in Depression: Relation to Cognitive Inhibition", *Cognition and Emotion* 24, n° 2 (2010): 281–98, https://www.ncbi.nlm.nih.gov/pmc/articles/PMC2839199/.

54   **"De certa forma, se tentamos controlar":** Judson Brewer, *The Craving Mind: From Cigarettes to Smartphones to Love—Why We Get Hooked and How We Can Break Bad Habits* (New Haven, CT: Yale University Press, 2017), 111.

55   **Como Bud Winter, amplamente considerado:** Bud Winter e Jimson Lee, *Relax and Win: Championship Performance in Whatever You Do* (2012).

3: ESTEJA PRESENTE PARA CANALIZAR SUA ATENÇÃO E SUA ENERGIA

58   **Milhares de anos atrás, o filósofo estoico:** Sêneca, *On the Shortness of Life*, tradução para o inglês de C. D. N. Costa (Nova York: Penguin Books, 2005), 96.

58   **Pesquisadores da Universidade de Michigan:** "Multitasking: Switching Costs", American Psychological Association, 20 de março de 2006, https://www.apa.org/research/action/multitask.aspx.

58 **É o dobro da diminuição:** Jim Sollisch, "Multitasking Makes Us a Little Dumber", *Chicago Tribune*, 10 de agosto de 2010, https://www.chicagotribune.com/opinion/ct-xpm-2010-08-10-ct-oped-0811-multitask-20100810-story.html.

59 **"Uma mente vagando":** Steve Bradt, "Wandering Mind Not a Happy Mind", *Harvard Gazette*, 11 de novembro de 2010, https://news.harvard.edu/gazette/story/2010/11/wandering-mind-not-a-happy-mind/.

60 **Uma pesquisa do regulador de telecomunicações do Reino Unido:** *Communications Market Report*, Ofcom, 2 de agosto 2018, https://www.ofcom.org.uk/__data/assets/pdf_file/0022/117256/CMR-2018-narrative-report.pdf.

60 **Outra pesquisa mostra que 71% das pessoas:** "Americans Don't Want to Unplug from Phones While on Vacation, Despite Latest Digital Detox Trend", press release, Asurion, 17 de maio de 2018, https://www.asurion.com/about/press-releases/americans-dont-want-to-unplug-from-phones-while-on-vacation-despite-latest-digital-detox-trend/.

61 **Cada notificação que recebemos:** See: Adam Alter, "What Is Behavioral Addiction and Where Did It Come From?", em *Irresistible: The Rise of Addictive Technology and the Business of Keeping Us Hooked* (Nova York: Penguin Press, 2017).

61 **Tudo nos aplicativos que usamos:** Susana Martinez-Conde e Stephen L. Macknik, "How the Color Red Influences Our Behavior", *Scientific American*, 1º de novembro de 2014, https://www.scientificamerican.com/article/how-the-color-red-influences-our-behavior/.

61 **Em seu livro, *Riveted*:** Jim Davies, *Riveted: The Science of Why Jokes Make Us Laugh, Movies Make Us Cry, and Religion Makes Us Feel One with the Universe* (Nova York: Palgrave Macmillan, 2014), 91, 175.

62 **Em 1951, escrevendo em *The Wisdom of Insecurity*:** Alan Watts, *The Wisdom of Insecurity: A Message for an Age of Anxiety* (Nova York: Vintage Books, 2011), 21.

62 **Em *A Arte de Viver*:** Thich Nhat Hanh, *The Art of Living* (Nova York: HarperOne, 2017), 147.

64 **Estudos mostram que essas distrações:** Bill Thornton et al., "The Mere Presence of a Cell Phone May Be Distracting: Implications for Attention and Task Performance", *Social Psychology* 45, nº 6 (2014): 479–88, https://metacog2014-15.weebly.com/uploads/3/9/2/9/39293965/thornton_faires_robbins_y_rollins_in_press_presence_cell_phone_distracting.pdf.

65 **"Não é que tenhamos pouco tempo de vida":** Sêneca, *Shortness of Life*, 1–4.

66 **Uma precondição crítica para o fluxo:** Mihaly Czikszentmihalyi, *Flow: The Psychology of Optimal Experience* (Nova York: Harper Perennial, 2008).

NOTAS

66 **Os estoicos escreveram:** Sêneca, *Letters From a Stoic*, 26.

67 **"A frequência com que nossa mente deixa o presente":** Bradt, "Wandering Mind Not a Happy Mind".

67 **Os resultados de seu estudo:** Matthew A. Killingsworth e Daniel T. Gilbert, "A Wandering Mind Is an Unhappy Mind", *Science* 330, n° 6006 (2010): 932, http://www.danielgilbert.com/KILLINGSWORTH%20&%20GILBERT%20(2010).pdf.

67 **"Os 75 anos e 20 milhões de dólares gastos no Grant Study":** Scott Stossel, "What Makes Us Happy, Revisited", *Atlantic*, maio de 2013, https://www.theatlantic.com/magazine/archive/2013/05/thanks-mom/309287/.

68 **Quando estamos totalmente presentes:** George Leonard, *Mastery: The Keys to Success and Long-Term Fulfillment* (Nova York: Plume, 1992), 40.

68 **Não demorou muito para a música:** Billboard, "Mike Posner, 'Cooler Than Me'", Chart History, https://www.billboard.com/music/Mike-Posner/chart-history/HBU/song/644778.

68 **Posner — que, quando criança, preocupava os pais:** Citação da música "Come Home", de Mike Posner, do álbum *Keep Going*.

71 **No meio do vídeo:** Mike Posner, "Naughty Boy, Mike Posner—Live Before I Die", 14 de novembro de 2019, vídeo da música, 4:02, https://youtu.be/uXeZNXdu-gs.

71 **Quando estava iniciando sua caminhada:** Mike Posner (@MikePosner), status do Twitter, 29 de maio de 2019, https://twitter.com/MikePosner/status/113374382932 2948608?s=20.

72 **A atividade produtiva de Fromm é semelhante:** Erich Fromm, *The Art of Loving* (Nova York: HarperPerennial, 2006), 101.

72 **Pesquisas mostram cada vez mais que o que é importante, não necessariamente:** Ayelet Fishbach, Ronald S. Friedman e Arie W. Kruglanski, "Leading Us Not unto Temptation: Momentary Allurements Elicit Overriding Goal Activation", *Journal of Personality and Social Psychology* 84, n° 2 (2003): 296–309.

80 **"Seu trabalho é simplesmente ver e deixar ir":** Jon Kabat-Zinn, *Full Catastrophe Living: Using the Wisdom of Your Body and Mind to Face Stress, Pain, and Illness*, ed. rev. (Nova York: Bantam Books, 2013), 443.

80 **"As distrações são tigres de papel":** Bhante Gunaratana, *Mindfulness in Plain English* (Somerville, MA: Wisdom Publications, 2011), 119.

80 **Estudos mostram que a atenção:** "How the Internet May Be Changing the Brain", *Neuroscience News*, 5 de junho de 2019, https://t.co/rUgy7hPkJg.

82   **Embora a data exata seja:** Wumen Huikai, citações do autor, Great Thoughts Treasury, http://www.greatthoughtstreasury.com/author/author-209.

84   **"Como passamos nossos dias":** Annie Dillard, quotes, Goodreads, https://www.goodreads.com/quotes/530337-how-we-spend-our-days-is-of-course-how-we.

4: SEJA PACIENTE PARA CHEGAR MAIS RÁPIDO

90   **Pesquisas conduzidas pela empresa Forrester:** "Akamai Reveals 2 Seconds as the New Threshold of Acceptability for Ecommerce Web Page Response Times", Akamai, 14 de setembro de 2009, https://www.akamai.com/us/en/about/news/press/2009-press/akamai-reveals-2-seconds-as-the-new-threshold-of-acceptability-for-ecommerce-web-page-response-times.jsp.

90   **Não há razão para acreditar:** Steve Lohr, "For Impatient Web Users, an Eye Blink Is Just Too Long to Wait", *New York Times*, 29 de fevereiro de 2012, http://www.nytimes.com/2012/03/01/technology/impatient-web-users-flee-slow-loading-sites.html.

90   **O autor Nicholas Carr:** Teddy Wayne, "The End of Reflection", *New York Times*, 11 de junho de 2016, http://www.nytimes.com/2016/06/12/fashion/internet-technology-phones-introspection.html?_r=0.

91   **Um relatório presciente de 2012:** Janna Anderson e Lee Rainie, "Millennials Will Benefit and Suffer Due to Their Hyperconnected Lives", Pew Research Center, 29 de fevereiro de 2012, https://www.pewresearch.org/internet/2012/02/29/millennials-will-benefit-and-suffer-due-to-their-hyperconnected-lives/.

93   **Escrevendo sobre esses e outros resultados:** Aaron E. Carroll, "What We Know (and Don't Know) About How to Lose Weight", *New York Times*, 26 de março de 2018, https://www.nytimes.com/2018/03/26/upshot/what-we-know-and-dont-know-about-how-to-lose-weight.html.

94   **Embora o navio tenha zarpado em 1831:** *Britannica*, s.v. "Charles Darwin", https:// www.britannica.com/biography/Charles-Darwin/The-Beagle-voyage.

94   **Em suas palavras:** "Charles Darwin", NNDB.com, https://www.nndb.com/people/569/000024497/.

96   **Em nível celular:** Martin J. MacInnis e Martin J. Gibala, "Physiological Adaptations to Interval Training and the Role of Exercise Intensity", *Journal of Physiology* 595, nº 9 (2017): 2915–30, https://www.ncbi.nlm.nih.gov/pmc/articles/PMC5407969/.

95 **Um estudo de 2018 publicado na prestigiosa revista *Nature*:** Lu Liu *et al.*, "Hot Streaks in Artistic, Cultural, and Scientific Careers", *Nature* 559 (2018): 396–99, https://www.nature.com/articles/s41586-018-0315-8.

97 **Vincent van Gogh produziu:** Jessica Hallman, "Hot Streak: Finding Patterns in Creative Career Breakthroughs", *Penn State News*, 6 de setembro de 2018, https://news.psu.edu/story/535062/2018/09/06/research/hot-streak-finding-patterns-creative-career-breakthroughs.

97 **De 1996 a 2008:** Jeff Stein, "Ta-Nehisi Coates's Advice to Young Journalists: Get Off Twitter", *Vox*, 21 de dezembro de 2016, https://www.vox.com/policy-and-politics/2016/12/21/13967504/twitter-young-journalists-coates.

97 **... o *Times* o chamou:** Concepción de León, "Ta-Nehisi Coates and the Making of a Public Intellectual", *New York Times*, 29 de setembro de 2017, https://www.nytimes.com/2017/09/29/books/ta-nehisi-coates-we-were-eight-years-in-power.html.

97 **Para jovens escritores:** Stein, "Ta-Nehisi Coates's Advice to Young Journalists".

98 **"Não é nada místico":** *The Atlantic*, "Creative Breakthroughs: Ta-Nehisi Coates", entrevista, 27 de setembro de 2013, vídeo, 1:15, https://www.youtube.com/watch?v=6voLZDYgPzY&feature=emb_title.

98 **"Quero enfatizar a importância":** Steven Kotler, "Is Silicon Valley Ageist or Just Smart?", *Forbes*, 14 de fevereiro de 2015, https://www.forbes.com/sites/stevenkotler/2015/02/14/is-silicon-valley-ageist-or-just-smart/#1e987d17ed65.

99 **Mesmo aqueles que começam suas empresas:** Jake J. Smith, "How Old Are Successful Tech Entrepreneurs?", *KelloggInsight*, 15 de maio de 2018, https://insight.kellogg.northwestern.edu/article/younger-older-tech-entrepreneurs.

102 **Kipchoge disse ao *The New York Times*:** Scott Cacciola, "Eliud Kipchoge Is the Greatest Marathoner, Ever", *New York Times*, 14 de setembro de 2018, https://www.nytimes.com/2018/09/14/sports/eliud-kipchoge-marathon.html.

102 **Seu treinador, Patrick Sang:** Ed Caesar, "The Secret to Running a Faster Marathon? Slow Down", *Wired*, 8 de fevereiro de 2017, https://www.wired.com/2017/02/nike-two-hour-marathon-2/.

102 **"Para ser preciso, darei o meu melhor":** Cacciola, "Eliud Kipchoge Is the Greatest Marathoner, Ever".

103 **"Devemos distinguir felicidade de entusiasmo":** Thich Nhat Hanh, *The Art of Power* (Nova York: HarperOne, 2007), 81.

105 **Foi desenvolvido no início dos anos 1950:** "The Collected Works of D. W. Winnicott", Oxford Clinical Psychology, https://www.oxfordclinicalpsych.com/page/599.

106 **Mas, de acordo com o estudioso taoista Stephen Mitchell:** Stephen Mitchell, *Tao Te Ching: A New English Version* (Nova York: Harper Perennial, 2006), prefácio, i.

107 **O mestre, escreveu Lao-tzu:** Mitchell, *Tao Te Ching*, 63.

107 **Eles descobriram que as enfatizar demais:** Lisa D. Ordóñez et al., "Goals Gone Wild: The Systematic Side Effects of Over-Prescribing Goal Setting" (artigo, Harvard Business School, 2009), http://www.hbs.edu/faculty/Publication%20Files/09-083.pdf.

109 **Quando a carga de trabalho fica aguda:** Tim J. Gabbett, "The Training–Injury Prevention Paradox: Should Athletes Be Training Smarter *and* Harder?", *British Journal of Sports Medicine* 50, nº 5 (2016): 273–80, http://bjsm.bmj.com/content/early/2016/01/12/bjsports-2015-095788.

114 **Rohitassa disse:** A tradução para o inglês da história presente nesse trecho é de Thich Nhat Hanh, *The Art of Living*, 84.

5: ACEITE A VULNERABILIDADE PARA DESENVOLVER FORÇA E CONFIANÇA GENUÍNAS

120 **"Nos mais de 200 mil dados da minha pesquisa":** Brené Brown, *Braving the Wilderness: The Quest for True Belonging and the Courage to Stand Alone* (Nova York: Random House, 2019), 146.

121 **"Vulnerabilidade não é fraqueza":** David Whyte, *Consolations: The Solace, Nourishment and Underlying Meaning of Everyday Words* (Langley, WA: Many Rivers Press, 2015), edição em áudio, 4 horas e 2 minutos.

121 **"Quero me esmiuçar":** Rainer Maria Rilke, *Rilke's Book of Hours: Love Poems to God*, tradução para o inglês de Anita Barrows e Joanna Macy (Nova York: Riverhead Books, 2005).

122 **... uma pesquisa publicada no jornal *Archives of General Psychiatry*:** Ronald C. Kessler et al., "The Epidemiology of Panic Attacks, Panic Disorder, and Agoraphobia in the National Comorbidity Survey Replication", *Archives of General Psychiatry* 63, nº 4 (2006): 415–24, https://www.ncbi.nlm.nih.gov/pubmed/16585471.

122 **Ainda assim, um pequeno número desenvolve:** "Any Anxiety Disorder", National Institute of Mental Health, https://www.nimh.nih.gov/health/statistics/prevalence/any-anxiety-disorder-among-adults.shtml.

NOTAS

122 **No *Players' Tribune*:** Kevin Love, "Everyone Is Going Through Something", *Players' Tribune*, 6 de março de 2018, https://www.theplayerstribune.com/en-us/articles/kevin-love-everyone-is-going-through-something.

123 **... o então armador do Toronto Raptors DeMar DeRozan:** DeMar DeRozan (@DeMar_DeRozan), post do Twitter, 17 de fevereiro de 2018, https://twitter.com/DeMar_DeRozan/status/964818383303688197?s=20.

123 **"É aquilo, por mais indestrutíveis que pareçamos":** Doug Smith, "Raptors' DeRozan Hopes Honest Talk on Depression Helps Others", *The Star* (Toronto), 26 de fevereiro de 2018, https://www.thestar.com/sports/raptors/2018/02/25/raptors-derozan-hopes-honest-talk-on-depression-helps-others.html.

124 **Na mitologia grega, o deus Pã:** Campbell, *The Hero with a Thousand Faces*, 66–68.

125 **"No fundo do meu coração":** Sara Bareilles, "Sara Bareilles Shows Her Vulnerabilities on New Album, 'Amidst the Chaos'", entrevista, de Robin Young, *Here & Now*, WBUR, rádio broadcast, 4 de abril de 2019, https://www.wbur.org/hereandnow/2019/04/04/sara-bareilles-amidst-the-chaos.

125 **Ela diz que, quanto mais fica:** Sara Bareilles, *Sounds Like Me: My Life (So Far) in Song* (Nova York: Simon & Schuster, 2015), 40.

127 **A humildade intelectual está associada:** Mark R. Leary et al., "Cognitive and Interpersonal Features of Intellectual Humility", *Personality and Social Psychology Bulletin* 43, nº 6 (2017): 793–813, https://journals.sagepub.com/doi/abs/10.1177/0146167217697695.

127 **Em suas memórias:** Bareilles, *Sounds Like Me*, 39.

128 **Acredita-se que esses "macacos vulneráveis":** Nick P. Winder e Isabelle C. Winder, "Complexity, Compassion and Self-Organisation: Human Evolution and the Vulnerable Ape Hypothesis", *Internet Archaeology* 40 (2015), https://www.researchgate.net/publication/277940624_Complexity_Compassion_and_Self-Organisation_Human_Evolution_and_the_Vulnerable_Ape_Hypothesis.

128 **No segundo ou terceiro dia:** "Baby's First 24 Hours", Pregnancy, Birth and Baby, https://www.pregnancybirthbaby.org.au/babys-first-24-hours.

130 **No século IV a.C.:** Mitchell, *Tao Te Ching*, 8.

131 **Como você pode imaginar:** Amy C. Edmondson, *The Fearless Organization: Creating Psychological Safety in the Workplace for Learning, Innovation, and Growth* (Hoboken, NJ: John Wiley & Sons, 2019).

131 **"Todos nós somos vulneráveis":** Amy Edmondson (@AmyCEdmondson), post do Twitter, 7 de fevereiro de 2020, https://twitter.com/AmyCEdmondson/status/1225830003453124608?s=20.

133 **A flexibilidade emocional é essencial:** Todd B. Kashdan, "Psychological Flexibility as a Fundamental Aspect of Health", *Clinical Psychology Review* 30, nº 7 (2010): 865-78, https://www.ncbi.nlm.nih.gov/pmc/articles/PMC2998793/.

135 **DeMar DeRozan diz que sua mãe:** Smith, "Raptors' DeRozan Hopes Honest Talk on Depression Helps Others".

6: INTEGRE A COMUNIDADE

140 **A taxa de solidão nos EUA:** Elizabeth Bernstein, "When Being Alone Turns into Loneliness, There Are Ways to Fight Back", *Wall Street Journal*, 4 de novembro de 2013, http://www.wsj.com/articles/SB10001424052702303936904579177700699367092.

140 **Outra pesquisa, conduzida pela AARP:** Knowledge Networks and Insight Policy Research, *Loneliness Among Older Adults: A National Survey of Adults 45+* (Washington, DC: AARP, 2010), https://assets.aarp.org/rgcenter/general/loneliness_2010.pdf.

140 **Uma pesquisa realizada em 2018:** "New Cigna Study Reveal Loneliness at Epidemic Levels in America", Cigna, 1º de maio de 2018, https://www.cigna.com/newsroom/news-releases/2018/new-cigna-study-reveals-loneliness-at-epidemic-levels-in-america.

141 **A solidão está associada a níveis:** F. M. Alpass e S. Neville, "Loneliness, Health and Depression in Older Males", *Aging & Mental Health* 7, nº 3 (2003): 212-16, https://www.tandfonline.com/doi/abs/10.1080/1360786031000101193.

141 **Pesquisadores da Brigham Young University:** Julianne Holt-Lunstad, Timothy B. Smith e J. Bradley Layton, "Social Relationships and Mortality Risk: A Meta-analytic Review", *PLOS Medicine* 7, nº 7 (2010).

141 **"Pedimos que uma pessoa":** London Real, "Esther Perel on Society & Marriage", entrevista com Brian Rose, 14 de julho de 2015, vídeo, 5min8, https://www.youtube.com/watch?v=X9HiXw8Pmbo.

142 **"Os seres humanos não se importam":** Sebastian Junger, *Tribe: On Homecoming and Belonging* (Nova York: Twelve, 2016), Introdução, 17.

143 **Quando uma ou mais dessas necessidades:** Edward L. Deci e Richard M. Ryan, "Self-Determination Theory", in P. A. M. Van Lange, A. W. Kruglanski e E. T. Higgins, eds., *Handbook of Theories of Social Psychology* (Londres, UK: Sage Publications, 2012), 416-36, https://psycnet.apa.org/record/2011-21800-020.

143 **Mas não é assim para alguém:** Jonathan Haidt, *The Righteous Mind: Why Good People Are Divided, de Politics and Religion* (Nova York: Vintage, 2013), 102.

NOTAS

143 **Um estudo de 2003 da Universidade da Califórnia:** Joan B. Silk, Susan C. Alberts e Jeanne Altmann, "Social Bonds of Female Baboons Enhance Infant Survival", *Science* 302, n° 5648 (2003): 1231–34, https://www.ncbi.nlm.nih.gov/pubmed/14615543.

143 **... babuínos socialmente isolados:** Joan B. Silk et al., "Strong and Consistent Social Bonds Enhance the Longevity of Female Baboons", *Current Biology* 20, n° 15 (2010): 1359–61, https://www.ncbi.nlm.nih.gov/pubmed/20598541; Elizabeth A. Archie et al., "Social Affiliation Matters: Both Same-Sex and Opposite-Sex Relationships Predict Survival in Wild Female Baboons", *Proceedings of the Royal Society B: Biological Sciences* 281, n° 1793 (2014), https://www.ncbi.nlm.nih.gov/pubmed/25209936.

144 **"Sentir-se sozinho e isolado":** Erich Fromm, *Escape from Freedom* (Nova York: Farrar and Rinehart, 1941), 16–17.

145 **Se alguém se torna cronicamente solitário:** John T. Cacioppo e William Patrick, *Loneliness: Human Nature and the Need for Social Connection* (Nova York: W. W. Norton, 2008).

145 **Cacioppo induziu a solidão em universitários:** John T. Cacioppo et al., "Loneliness Within a Nomological Net: An Evolutionary Perspective", *Journal of Research in Personality* 40 (2006): 1054–85, https://static1.squarespace.com/static/539a276fe4b0dbaee772658b/t/53b0e963e4b0d621f6aaa261/1404103011411/8_10.1016_CacioppoHawkleyBurleson.pdf.

146 **... o cérebro das pessoas solitárias estava sempre procurando ameaças:** Stephanie Cacioppo et al., "Loneliness and Implicit Attention to Social Threat: A High-Performance Electrical Neuroimaging Study", *Cognitive Neuroscience* 7, n° 1–4 (2016): 138–59, https://www.tandfonline.com/doi/abs/10.1080/17588928.2015.1070136.

146 **No oitavo livro de suas *Confissões*:** Santo Agostinho, *Confessions*, tradução para o inglês de R. S. Pine-Coffin (Londres, UK: Penguin, 1961), Book 8.

147 **"Eu não poderia ser feliz sem amigos":** Santo Agostinho, *Confessions*, 101.

147 **Em um famoso sermão:** Santo Agostinho, *Works of Saint Augustine*, trans. Edmund Hill, OP, John E. Rotelle (Nova York: New City Press, 1991), Sermon 299.

147 **Em uma passagem que aparece no Cânon Pali:** Bodhi, *In the Buddha's Words*.

148 **Olds and Schwartz explicam que o excesso:** Jacqueline Olds e Richard S. Schwartz, *The Lonely American: Drifting Apart in the Twenty-first Century* (Boston: Beacon Press, 2009).

148 **"A dinâmica da amizade":** David Whyte, *Crossing the Unknown Sea: Work as a Pilgrimage of Identity* (Nova York: Riverhead, 2001).

148   **... o sociólogo francês Émile Durkheim observou:** Durkheim, *Suicide*, 209.

150   **Em 2020, esse número estava perto de 70%:** Andrew Perrin e Monica Anderson, "Share of U.S. Adults Using Social Media, Including Facebook, Is Mostly Unchanged Since 2018", Pew Research Center, 10 de abril de 2019, https://www.pewresearch.org/fact-tank/2019/04/10/share-of-u-s-adults-using-social-media-including-facebook-is-mostly-unchanged-since-2018/.

151   **Em seu livro de 2020:** Lydia Denworth, *Friendship: The Evolution, Biology, and Extraordinary Power of Life's Fundamental Bond* (Nova York: W. W. Norton, 2020), 166.

151   **No geral, o efeito das redes sociais nas relações:** J. T. Hancock et al., "Social Media Use and Psychological Well-being: A Meta-analysis", 69º Annual International Communication Association Conference, Washington, DC, 2019.

151   **"Você obtém vantagens pequenas":** Lydia Denworth, "Worry over Social Media Use and Well-being May Be Misplaced", *Psychology Today*, 30 de maio de 2019, https://www.psychologytoday.com/us/blog/brain-waves/201905/worry-over-social-media-use-and-well-being-may-be-misplaced.

151   **Eles revisaram dados de mais de 350 mil adolescentes:** Amy Orben e Andrew K. Przybylski, "The Association Between Adolescent Well-being and Digital Technology Use", *Nature Human Behaviour* 3 (2019): 173–82, https://www.nature.com/articles/s41562-018-0506-1?mod=article_inline.

151   **A associação entre o uso das redes sociais e o bem-estar adolescente:** Robbie Gonzalez, "Screens Might Be as Bad for Mental Health as [...] Potatoes", *Wired*, 14 de janeiro de 2019, https://www.wired.com/story/screens-might-be-as-bad-for-mental-health-as-potatoes/.

152   **No entanto, um estudo realizado na Universidade de Pittsburgh:** Brian A. Primack et al., "Social Media Use and Perceived Social Isolation Among Young Adults in the U.S.", *American Journal of Preventive Medicine* 53, nº 1 (2017): 1–8, https://www.ncbi.nlm.nih.gov/pubmed/28279545.

152   **Estudos mostram que a presença e o toque físico:** Pavel Goldstein, Irit Weissman-Fogel e Simone G. Shamay-Tsoory, "The Role of Touch in Regulating Inter-partner Physiological Coupling During Empathy for Pain", *Scientific Reports* 7 (2017): 3252, https://www.nature.com/articles/s41598-017-03627-7.

153   **"Usar as conexões digitais como mediadoras":** Olga Khazan, "How Loneliness Begets Loneliness", *Atlantic*, 6 de abril de 2017, https://www.theatlantic.com/health/archive/2017/04/how-loneliness-begets-loneliness/521841/.

154   **Pesquisas mostram que os bebês:** Sarah Myruski et al., "Digital Disruption? Maternal Mobile Device Use Is Related to Infant Social-Emotional Functioning", *Developmental Science* 21, nº 4 (2018): e12610, https://dennis-tiwary.com/wp-

NOTAS

content/uploads/2017/10/Myruski_et_al-2017-Developmental_Science_Still-Face.pdf.

154 **"Se a única aceitação que você consegue vem de uma representação falsa"**: Olga Khazan, "How to Break the Dangerous Cycle of Loneliness", CityLab, 6 de abril de 2017, https://www.bloomberg.com/news/articles/2017-04-06/john-cacioppo-explains-the-psychology-of-loneliness.

154 **"Quando o corpo, a mente e a alma de alguém são seu capital"**: Erich Fromm, *The Sane Society* (Nova York: Henry Holt and Company, 1955).

155 **Estudos revelam que, se você testemunhar:** Jean Decety e William Ickes, eds., *The Social Neuroscience of Empathy* (Cambridge, MA: MIT Press, 2009), https://psycnet.apa.org/record/2009-02253-000.

155 **"Quando testemunhamos o que acontece aos outros"**: Kim Armstrong, "'I Feel Your Pain': The Neuroscience of Empathy", Association for Psychological Science, 29 de dezembro de 2017, https://www.psychologicalscience.org/observer/i-feel-your-pain-the-neuroscience-of-empathy.

156 **Eles descobriram que, quando alguém ficava feliz ou triste:** James H. Fowler e Nicholas A. Christakis, "Dynamic Spread of Happiness in a Large Social Network: Longitudinal Analysis over 20 Years in the Framingham Heart Study", *BMJ* 337 (2008): a2338, https://www.bmj.com/content/337/bmj.a2338.

156 **Outro estudo, chamado de "estou triste, você está triste"**: Jeffrey T. Hancock et al., "I'm Sad You're Sad: Emotional Contagion in CMC" (Proceedings of the 2008 ACM Conference on Computer Supported Cooperative Work, San Diego, 8–12 de novembro de 2008), http://collablab.northwestern.edu/CollabolabDistro/nucmc/p295-hancock.pdf.

156 **Emoções como felicidade, tristeza e raiva:** Adam D. I. Kramer, Jamie E. Guillory e Jeffrey T. Hancock, "Experimental Evidence of Massive-Scale Emotional Contagion Through Social Networks", *PNAS* 111, nº 24 (2014): 8788–90, https://www.pnas.org/content/111/24/8788.

156 **Se alguém está trabalhando na mesma sala que outras pessoas:** Ron Friedman et al., "Motivational Synchronicity: Priming Motivational Orientations with Observations of Others' Behaviors", *Motivation and Emotion* 34, nº 1 (2010): 34–38, https://www.researchgate.net/publication/225164928_Motivational_synchronicity_Priming_motivational_orientations_with_observations_of_others%27_behaviors.

156 **Um estudo de 2017 da Northwestern University:** "Sitting Near a High-Performer Can Make You Better at Your Job", Kellogg Insight, 8 de maio de 2017, https://insight.kellogg.northwestern.edu/article/sitting-near-a-high-performer-can-make-you-better-at-your-job.

157 **"efeito Shalane Flanagan":** Lindsay Crouse, "How the 'Shalane Flanagan Effect' Works", *New York Times*, 11 de novembro de 2017, https://www.nytimes.com/2017/11/11/opinion/sunday/shalane-flanagan-marathon-running.html#:~:text=.

159 **Um dos primeiros princípios de Cacioppo:** Khazan, "How to Break the Dangerous Cycle of Loneliness".

159 **Ao ajudar os outros, a parte de seu cérebro:** Brad Stulberg e Steve Magness, *Auge do Desempenho: Melhore sua técnica, evite o burnout e cresça com a nova ciência do sucesso*. Disponível pela editora Alta Books.

160 **"Cuidar dos outros é tão natural":** Shelley E. Taylor, *The Tending Instinct: Women, Men, and the Biology of Our Relationships* (Nova York: Times Books, 2002), 153–65.

160 **Estudos mostram que ele está associado a uma melhor saúde:** Jerf W. K. Yeung, Zhuoni Zhang e Tae Yeun Kim, "Volunteering and Health Benefits in General Adults: Cumulative Effects and Forms", *BMC Public Health* 18 (2018): 8, https://www.ncbi.nlm.nih.gov/pmc/articles/PMC5504679/.

160 **O voluntariado é poderoso:** Randee B. Bloom, "Role Identity and Demographic Characteristics as Predictors of Professional Nurse Volunteerism" (tese de doutorado, Capella University, 2012), https://pqdtopen.proquest.com/doc/962412634.html?FMT=ABS.

160 **É por isso que a Associação Americana de Pessoas Aposentadas investiu:** "Create the Good", AARP, https://createthegood.aarp.org/.

160 **A American Family Survey de 2018:** "Religious Landscape Study", Pew Research Center, https://www.pewforum.org/religious-landscape-study/generational-cohort/.

161 **Um estudo de 2016, publicado no *JAMA Internal Medicine*:** Shanshan Li *et al.*, "Association of Religious Service Attendance with Mortality Among Women", *JAMA Internal Medicine* 176, nº 6 (2016): 777–85, https://jamanetwork.com/journals/jamainternalmedicine/fullarticle/2521827.

161 **Um estudo de 2017 publicado no jornal:** Marino A. Bruce et al., "Church Attendance, Allostatic Load and Mortality in Middle Aged Adults", *PLOS One* 12, nº 5 (2017): e0177618, https://journals.plos.org/plosone/article?id=10.1371/journal.pone.0177618.

161 **Uma espécie projetada "em que todos devem cooperar":** Peter Sterling, *What Is Health? Allostasis and the Evolution of Human Design* (Cambridge, MA: MIT Press, 2020), 102.

163 **É por isso que os grupos de apoio:** Kathlene Tracy e Samantha P. Wallace, "Benefits of Peer Support Groups in the Treatment of Addiction", *Substance*

Abuse and Rehabilitation 7 (2016): 143–54, https://www.ncbi.nlm.nih.gov/pmc/articles/PMC5047716/.

165 **Como Aristóteles escreveu:** Aristotle, *The Nicomachean Ethics*, Oxford World Classic's Version (Oxford University Press, 2009).

166 **"Se você se casar com alguém coberto de sujeira":** Epiteto, *Discourses and Selected Writings* (Nova York: Penguin Classics, 2008).

167 **Catmull sugere alguns princípios norteadores:** Ed Catmull with Amy Wallace, *Creativity, Inc.: Overcoming the Unseen Forces That Stand in the Way of True Inspiration* (Nova York: Random House, 2014), 86–106.

168 **O mestre zen Thich Nhat Hanh:** Hanh, *The Heart of the Buddha's Teaching*, 124–27.

169 **"Na minha tradição":** Thich Nhat Hanh, "What Is Sangha?", *Lion's Roar*, 7 de julho de 2017, https://www.lionsroar.com/the-practice-of-sangha/.

7: MOVA O CORPO PARA UMA MENTE EXCELENTE

173 **Uma análise de 2019 do King's College London:** Felipe Barreto Schuch e Brendon Stubbs, "The Role of Exercise in Preventing and Treating Depression", *Current Sports Medicine Reports* 18, nº 8 (2019): 299–304, http://journals.lww.com/acsm-csmr/Fulltext/2019/08000/The_Role_of_Exercise_in_Preventing_and_Treating.6.aspx#O3-6.

173 **Outra pesquisa encontrou efeitos semelhantes:** Brett R. Gordon et al., "The Effects of Resistance Exercise Training on Anxiety: A Meta-analysis and Meta-regression Analysis of Randomized Controlled Trials", *Sports Medicine* 47, nº 12 (2017): 2521–32, https://www.ncbi.nlm.nih.gov/pubmed/28819746.

173 **Eles descobriram que entre 40% e 50%:** Felipe B. Schuch et al., "Exercise as a Treatment for Depression: A Meta-analysis Adjusting for Publication Bias", *Journal of Psychiatric Research* 77 (2016): 42–51, https://www.ashlandmhrb.org/upload/exercise_as_a_treatment_for_depression_-_a_meta-analysis_adjusting_for_publication_bias.pdf.

173 **Pesquisadores da Universidade de Limerick:** Gordon et al., "Effects of Resistance Exercise Training on Anxiety".

174 **Na década de 1640, o filósofo francês René Descartes:** David Cunning, ed., *The Cambridge Companion to Descartes' Meditations* (Cambridge, UK: Cambridge University Press, 2014), 279.

176 **… a atividade física tem o efeito oposto:** Y. Netz et al., "The Effect of a Single Aerobic Training Session on Cognitive Flexibility in Late Middle-Aged Adults", *International Journal of Sports Medicine* 28, nº 1 (2007): 82–87, http:// www.ncbi.nlm.nih.gov/pubmed/17213965.

176 **Evelyn Stevens:** Brad Stulberg, "How Exercise Shapes You, Far Beyond the Gym", The Growth Equation, https://thegrowtheq.com/how-exercise-shapes-you-far-beyond-the-gym/.

176 **Um estudo publicado no *British Journal of Health Psychology*:** Megan Oaten e Ken Cheng, "Longitudinal Gains in Self-Regulation from Regular Physical Exercise", *British Journal of Health Psychology* 11, pt. 4 (2006): 717–33, http://www.ncbi.nlm.nih.gov/pubmed/17032494.

177 **Um estudo publicado no:** Birte von Haaren et al., "Does a 20-Week Aerobic Exercise Training Programme Increase Our Capabilities to Buffer Real-Life Stressors? A Randomized, Controlled Trial Using Ambulatory Assessment", *European Journal of Applied Physiology* 116, nº 2 (2016): 383–94, http://www.ncbi.nlm.nih.gov/pubmed/26582310.

178 **Para que os praticantes de exercícios:** Pirkko Markula, "Exercise and 'Flow'", *Psychology Today*, 11 de janeiro de 2013, https://www.psychologytoday.com/us/blog/fit-femininity/201301/exercise-and-flow.

179 **… o movimento é um "hábito fundamental":** Charles Duhigg, *The Power of Habit: Why We Do What We Do in Life and Business* (Nova York: Random House, 2014).

182 **Um crescente corpo de pesquisas:** Arran Davis, Jacob Taylor e Emma Cohen, "Social Bonds and Exercise: Evidence for a Reciprocal Relationship", *PLOS One* 10, nº 8 (2015): e0136705, https://journals.plos.org/plosone/article?id=10.1371/journal.pone.0136705.

182 **Em seu livro *The Joy of Movement*:** Kelly McGonigal, *The Joy of Movement: How Exercise Helps Us Find Happiness, Hope, Connection, and Courage* (Nova York: Avery, 2019).

182 **Os cientistas do exercício se referem a isso como "união muscular":** McGonigal, *The Joy of Movement*.

182 **"Como qualquer fenômeno":** McGonigal, *The Joy of Movement*.

184 **Um estudo de 2019 dos Centros de Controle e Prevenção de Doenças:** Roland Sturm e Deborah A. Cohen, "Free Time and Physical Activity Among Americans 15 Years or Older: Cross-Sectional Analysis of the American Time Use Survey", *Preventing Chronic Disease* 16 (2019), https://www.cdc.gov/pcd/issues/2019/19_0017.htm.

NOTAS

185 **Os participantes que fizeram a caminhada curta:** Marily Oppezzo e Daniel L. Schwartz, "Give Your Ideas Some Legs: The Positive Effect of Walking on Creative Thinking", *Journal of Experimental Psychology: Learning, Memory, and Cognition* 40, nº 4 (2014): 1142–52, https://www.apa.org/pubs/journals/releases/xlm-a0036577.pdf.

185 **A ironia é que muitas escolas:** Centers for Disease Control and Prevention, *The Association Between School-Based Physical Activity, Including Physical Education, and Academic Performance* (Atlanta: U.S. Department of Health and Human Services, 2010), https://www.cdc.gov/healthyyouth/health_and_academics/pdf/pa-pe_paper.pdf.

185 **O efeito é tão poderoso:** J. Eric Ahlskog et al., "Physical Exercise as a Preventive or Disease-Modifying Treatment of Dementia and Brain Aging", *Mayo Clinic Proceedings* 86, nº 9 (2011): 876–84, http://www.mayoclinicproceedings.org/article/S0025-6196(11)65219-1/abstract.

186 **"A aptidão física e o desempenho cerebral estão ligados":** Aishwarya Kumar, "The Grandmaster Diet: How to Lose Weight While Barely Moving", ESPN, 13 de setembro de 2019, https://www.espn.com/espn/story/_/id/27593253/why-grandmasters-magnus-carlsen-fabiano-caruana-lose-weight-playing-chess.

188 **Uma metanálise que revisou 13 estudos:** Edward R. Laskowski, "What Are the Risks of Sitting Too Much?", Mayo Clinic, https://www.mayoclinic.org/healthy-lifestyle/adult-health/expert-answers/sitting/faq-20058005.

188 **Outros estudos mostram que, mesmo que você se exercite:** Peter T. Katzmarzyk et al., "Sitting Time and Mortality from All Causes, Cardiovascular Disease, and Cancer", *Medicine and Science in Sports and Exercise* 41, nº 5 (2009): 998–1005, https://www.flexchair.nl/wp-content/uploads/sites/12/2017/05/sitting_time_and_mortality_from_all_causes.pdf.

188 **Um estudo publicado no *Journal of the American Heart Association*:** Gretchen Reynolds, "Those 2-Minute Walk Breaks? They Add Up", *New York Times*, 28 de março de 2018, https://www.nytimes.com/2018/03/28/well/move/walking--exercise-minutes-death-longevity.html.

189 **Os pesquisadores concluíram que, embora todos os movimentos:** Audrey Bergouignan et al., "Effect of Frequent Interruptions of Prolonged Sitting on Self-Perceived Levels of Energy, Mood, Food Cravings and Cognitive Function", *International Journal of Behavioral Nutrition and Physical Activity* 13, nº 113 (2016), http:// ijbnpa.biomedcentral.com/articles/10.1186/s12966-016-0437-z.

192 **"Quer seja um passeio em um dia de sol":** Emmanuel Stamatakis, Mark Hamer e Marie H. Murphy, "What Hippocrates Called 'Man's Best Medicine': Walking Is Humanity's Path to a Better World", *British Journal of Sports Medicine* 52, nº 12 (2018): 753–54, https://bjsm.bmj.com/content/52/12/753.

193 **"Uma maneira simples de compreender":** Emmanuel Stamatakis *et al.*, "Self-Rated Walking Pace and All-Cause, Cardiovascular Disease and Cancer Mortality: Individual Participant Pooled Analysis of 50, 225 Walkers from 11 Population British Cohorts", *British Journal of Sports Medicine* 52, n° 12 (2018): 761–68, https://bjsm.bmj.com/content/52/12/761.

193 **Outro estudo de 2019:** Alpa V. Patel et al., "Walking in Relation to Mortality in a Large Prospective Cohort of Older U.S. Adults", *American Journal of Preventive Medicine* 54, n° 1 (2018): 10–19, https://pubmed.ncbi.nlm.nih.gov/29056372/.

193 **Embora os especialistas acreditem:** Julia Belluz, "Should You Walk or Run for Exercise? Here's What the Science Says", *Vox*, 25 de novembro de 2017, https://www.vox.com/2015/8/4/9091093/walking-versus-running; "Running Injuries", Yale Medicine, https://www.yalemedicine.org/conditions/running-injury/#.

194 **"Acima de tudo, não perca a vontade de andar":** Søren Kierkegaard, *The Laughter Is on My Side: An Imaginative Introduction to Kierkegaard*, ed. Roger Poole e Henrik Stangerup (Princeton, NJ: Princeton University Press, 1989).

196 **Pesquisas do Japão:** Yoshifumi Miyazaki et al., "Preventive Medical Effects of Nature Therapy", *Nihon Eiseigaku Zasshi* 66, n° 4 (2011): 651–56, https://www.ncbi.nlm.nih.gov/pubmed/21996763 [artigo em japonês].

196 **Outra pesquisa, da Universidade de Stanford:** Gregory N. Bratman *et al.*, "Nature Experience Reduces Rumination and Subgenual Prefrontal Cortex Activation", *PNAS* 112, n° 28 (2015): 8567–72, http://www.pnas.org/content/early/2015/06/23/1510459112.full.pdf.

8: DOS PRINCÍPIOS À AÇÃO

206 **"Não devemos abandonar, negligenciar ou negar":** Meister Eckhart, *Selected Writings*, 45.

214 **Ele escreveu e publicou, em 1960:** Maxwell Maltz, *Psycho-Cybernetics, Deluxe Edition: The Original Text of the Classic Guide to a New Life* (Nova York: Tarcher-Perigee, 2016).

214 **Algumas pessoas levaram apenas 18 dias:** Phillippa Lally et al., "How Are Habits Formed: Modelling Habit Formation in the Real World", *European Journal of Social Psychology* 40, n° 6 (2010): 998–1009, https://onlinelibrary.wiley.com/doi/abs/10.1002/ejsp.674.

215 **"A energia do hábito é mais forte do que nós":** Thich Nhat Hanh, "Dharma Talk: Transforming Negative Habit Energies", *Mindfulness Bell*, Summer 2000, https://www.mindfulnessbell.org/archive/2015/12/dharma-talk-transforming-negative-habit-energies.

215 **Mostra que confiar apenas na força:** Roy F. Baumeister, Dianne M. Tice e Kathleen D. Vohs, "The Strength Model of Self-Regulation: Conclusions from the Second Decade of Willpower Research", *Perspectives on Psychological Science* 13, nº 2 (2018): 141–45, https://www.ncbi.nlm.nih.gov/pubmed/29592652.

217 **O trabalho do pesquisador de Stanford, BJ Fogg:** "BJ Fogg", *Armchair Expert*, hosted, de Dax Shepard, podcast, 5 de março de 2020, https://armchairexpertpod.com/pods/bj-fogg.

219 **Se você realiza uma tarefa para agradar:** Para mais, ver Michelle Segar, *No Sweat: How the Simple Science of Motivation Can Bring You a Lifetime of Fitness* (Nova York: AMACOM, 2015).

9: FOQUE O PROCESSO QUE OS RESULTADOS VIRÃO

231 **Em seu clássico underground:** James P. Carse, *Finite and Infinite Games: A Vision of Life as Play and Possibility* (Nova York: Free Press, 2013).

232 **"É necessária uma vida inteira de prática regular e contínua":** Terry Patten, *A New Republic of the Heart* (Berkeley, CA: North Atlantic Books, 2018).

234 **Seus dados mostram que mais de 40%:** "New Years Resolution Statistics", Statistic Brain Research Institute, https://www.statisticbrain.com/new-years-resolution-statistics/.

234 **"Essas descobertas sugerem que":** Breines e Chen, "Self-Compassion Increases Self-Improvement Motivation".

235 **Um tema em todas as pesquisas de Neff:** Kristin Neff e Christopher Germer, *The Mindful Self-Compassion Workbook: A Proven Way to Accept Yourself, Build Inner Strength, and Thrive* (Nova York: Guilford Press, 2018).

237 **O psicólogo e professor budista Jack Kornfield:** "The Mind and the Heart", JackKornfield.com, https://jackkornfield.com/mind-heart/.

ÍNDICE

A

ação
　produtiva 31, 48
　sábia 18
aceitação 21, 29, 31–33, 36, 38–42, 44, 53, 56, 132, 137, 169, 175, 208, 211, 216–217, 221, 226, 229
　não aceitação 43
ações 206, 208–209
　autênticas 18
　compulsiva 207
　concretas 216, 220
ACT 36–37
adaptação hedonista 15
adversidade 4
alegria coletiva 182
alma 17
ambição 14
　escravo da 18
ambiente 221–223
amizade 164
amor 133, 136, 225, 235
Andrea Barber 19, 171–172
angústia 5–6, 19, 38, 41, 56, 76, 116, 117, 122
　sentimentos de 145
　subjetiva 160
ânsia incessante 8
ansiedade 6–8, 11, 16, 19, 34, 36, 40, 43, 54, 75, 122–123, 125, 127, 135, 141, 144, 173, 196, 229
　clínica 9
　crônica 171
　emocional e fisiológica 186
　latente 172
　social 47
apoio 158, 223, 225, 228
　grupos de apoio 162–163
aprendizado contínuo 231

aptidão aeróbica 192, 194
aptidão física 180, 186
áreas de evitação 131
arête 66, 68, 72
ataque de pânico 122–123
　pânico 135
atenção 64, 68, 71–74, 80–82, 179, 184
　vampiros de atenção 64
atitude 50, 216
　sábia 32, 48
　sábia e produtiva 30
　ultrarrealizadora 8
ativação comportamental 51
atividade física 173, 212
atividades produtiva 72, 74, 84
Audre Lorde 41–42
autoaperfeiçoamento 12
autocompaixão 48–49, 53, 81, 120, 128, 234–235
autoconfiança 13, 16–17, 181
autoconsciência 127
　abandono da 66
autodisciplina 49
autodistanciamento 47
automaticidade 214
autonomia 5, 142
autovalorização 120
avanço criativo 97
axiomas inspiradores 40

B

bem-estar 4, 10, 12–15, 20, 133, 143, 151, 156, 175, 183, 185, 189, 194, 200
　duradouro 153
　físico e emocional 67
bem-sucedido 5, 16, 32, 98, 230
blocos de tempo 76
bloqueios mentais 94
braintrust 166–167

Buda 38, 166
budismo 17, 36, 66, 72, 113, 119, 147, 159
  psicologia budista 72, 216
  segunda flecha 38, 56
burnout 10, 252

C

caminho 66, 68, 72, 85
capacidade 100, 216
  cognitiva 58
  de autorregulação 176
Carl Rogers 29
Charles Darwin 94
ciclo
  de compensação 95
  de negação, ilusão e sofrimento 39
  de pensamento negativo 235
  ser-fazer 225, 232
  virtuoso 220, 223
ciência do desempenho 16
ciência moderna x sabedoria antiga 21
circunstâncias 35-36, 38-39, 45, 47, 51, 113, 227
  atuais 43
cisão identitária 119
cognição 188
compaixão 158
competência 142
complexidade 213
comportamento 215, 219-222
  antiético 107
  desejado 215, 221-224
comunicação 143
comunidade 21-22, 139, 141-143, 146-151, 155, 157-161, 169, 175, 182, 195-196, 209, 211, 216, 218, 223, 226, 229
  baseada na fé 162
  contato externo 144
  formação de 153
  importância 146
  influência 156
  negligenciar a 148
  online 154
  profissional 160
  profunda 200
  real 154
  senso de comunhão 144
  significativa 165
conexão 22, 127, 130-133, 136, 141, 142-144, 151, 154, 160, 182, 223
  digital 149, 153, 155
  estabelecer 159, 200
  ilusão de 149
  pessoal 152
  social 169
confiança 21, 121, 127, 129, 131, 135, 167, 226
  pessoal e compartilhada 182
conhecimento 168

consciência 45, 53
  amorosa 17
  emergente 222
  presente, terna e ampla 39
  profunda 147
consistência 101-102, 180
contente 40
controle 5, 28, 210, 212
  emocional 184
  perda de 132
convergência 20
cooperação 143, 182
coragem 129, 134
Covid-19 10, 42-43, 152-153, 197, 210, 239
crenças 5, 16, 206
crescimento 29, 32, 227
criatividade 16, 185, 188, 190, 224
culpa 48-49, 235
culto do pensamento positivo 38
cultura de sucesso superficial 28
curiosidade ativa 127

D

Daniel Kahneman 15
Dark Horse Project 19
decepção 32
declínio cognitivo 185
DeMar DeRozan 19, 123, 126, 135
depressão 5, 9, 19, 27-28, 36, 43, 44, 123, 127, 136, 141, 173, 196, 229
  ondas debilitantes 171
desafio 17, 23, 31, 46, 163, 193, 225
descontentamento 5
desejo 31
desempenho 3-4, 12-14, 19-20, 29, 36, 40, 44, 59, 65, 93, 96, 105, 118, 129, 145, 156-157, 169, 178, 185, 189, 215
  alto desempenho 16, 21, 54, 61, 114
  aprimorado 133
  cerebral 186
  cognitivo 197
  máximo 19, 43, 126
  medidas de 98
  melhor 130, 142, 176, 209
  mental 188
  objetivos de 41
  sustentável 20
desespero 10, 30
discriminação 4
dispersão 6, 83
disposição 181
dispositivos digitais 74, 110, 178, 227
dissonância cognitiva 21, 117, 119, 206
distrações 60-61, 64, 69, 73-77, 80, 110, 124, 179, 216, 221
  eliminação de distrações 66
  hiperdistração 4

ÍNDICE

implacáveis 63
importância de eliminar distrações 97
infinitas 85
mundo da distração 79
doenças 188
doenças mentais 173
dopamina 61, 95
Dr. Craig Smit 42

E

efeito da bela bagunça 129
efeito Shalane Flanagan 157, 226
Eliud Kipchoge 101-102, 110
Émile Durkheim 9
emoção 104, 110, 133, 158, 165, 236
   controle de nossas emoções 175
empatia 152
empenho 14
endorfina 182
energia 21, 55, 71, 83, 130, 142, 149, 154, 159, 184, 189, 206, 223, 235
   frenética 11
   inquieta 222
   níveis de 189
   pico de 189
equilíbrio 18
escolha consciente 53
esforço 93, 181
   consistente 114, 180
   correto 17
esgotamento 6, 19, 36, 116
espiritualidade 160, 162
estabilidade 16, 89, 175, 186, 191, 226
estilos de vida sedentários 200
estímulo 90, 111
estoicismo 17, 119
   estoicos 37-38
   filósofo estoico 65
estratégias 108, 225, 227
estresse 4, 37-38, 177, 186, 196
   aumento do 41
   crônico 10
estressores 28
eu
   eu de bastidores 117, 119
   eu de palco 117, 131, 162
   eu é forte 146
   eu literal 159
   eu não autêntico 153
evento 38
evidências 22
exaustão 6
excelência 9, 13, 26-27, 200, 216, 220, 225-226, 229, 233, 237, 239, 240, 242, 245, 252
   cultivar a 14, 17
   do ser 169, 236
   em comunidade 155, 165

enfatizar a 232
focar a 16
inabalável 39
nutrir a 18
para o futuro 85
praticar a 71, 76, 236
princípios da 20, 29, 60, 89, 112, 119, 142, 175, 210
própria 230
sementes da 228
exercício 67, 173, 176-177, 182, 186, 192, 219
   atividade aeróbica 193-194
   atividade física regular 183
   cientistas do exercício 182
   exercícios regulares 176
   prática física 181
   programas de exercícios 182
   regra de ouro da atividade física 190
   treino de força 197
expectativas 15, 56, 210
   baixas 32
   excessivas 210
   impossíveis 5
   realistas 40
experiência 19, 21, 47, 56, 61, 73
   desafiadora 46
   interior 119

F

fadiga do Zoom 59
falácia da chegada 15, 18
fala correta 166
fantasma faminto 9
feedback 166, 179, 231
   ciclo harmonioso de 206
   negativo 167
   rápido e direto 213
   sincero 167
felicidade 7, 15, 20, 22, 29, 31-32, 56, 57, 103, 156
   busca da 16
   momentânea 32
ferramentas 225
flexibilidade emocional 133
fluxo 65, 68, 72, 74, 85, 90, 109, 178
   da vida 106
   estados de 79
   regular 186
   sanguíneo 188
foco 21, 37, 184, 224
   mecanismo de 107
   profundo 74
força 14, 21, 89, 121, 127, 136, 175, 186, 191, 226, 232, 236
   de vontade 215
   e estabilidade 17
   interior 125

interna 13
   motriz da comunidade 160
fortaleza 13
fracasso 181, 225, 233
fusão de identidade 182

G

gatilho 219-224
gratificação instantânea 91
grupo de amigos 169
grupos de interesses 163
grupos significativos 159

H

habilidades sociais 145-146
hábito fundamental 179
hábitos 214, 219
   de sucesso 217
   diários 220
   energia do hábito 214-216, 219-220, 226, 228
   formação de 214
heroísmo real 33
hiperalerta 60
humildade 44
   humildade intelectual 126
humor 8, 16, 51-52, 54, 148, 156, 174, 184, 189

I

ideia criativa 111
imediatismo 94
impacto destrutivo 116
impostor 116
   síndrome do impostor 126, 133
impulsos 30-31, 80, 81
   desagradáveis 35
individualismo heroico 5-6, 9, 11, 15, 19, 28, 33, 36, 43, 57, 88, 95, 98, 108, 113, 117, 119, 127, 142, 146, 149, 154, 174, 183, 203, 216, 229, 233
   individualismo 90
   individualismo excessivo 149
   pressões do 205
inércia 23, 230
inquietação 6, 11, 76
insatisfação 5, 8, 18
insight 35, 190, 228
insônia 10, 186
integridade 13, 52, 71-72
intencionalidade 232
interrupções 59
irrigação seletiva 72, 216

J

jogo infinito 231
Joseph Campbell 33
Judson Brewer 54

juventude 98

K

Kevin Love 19, 121, 126, 135
Kimmy Gibbler 171

L

laços 119
lacuna de conhecimento 23
Lao-tzu 18, 106, 130, 246
liberdade 130
limites 64
lista 83

M

maneira sustentável 14
mantras 50, 237, 255
meditação 46, 79-80, 222, 231, 242, 254
Meister Eckhart 18
mente-corpo 29, 174, 211, 226
metas 17, 107, 227
Michele McDonald 46
Mike Posner 68-71
mindfulness 79-82, 205
mindset 22, 27, 43, 64, 91, 95, 101, 105, 157, 183, 186, 203
   de desempenho 40
   de processo 107
mortes por desespero 9
motivação 17, 100, 142, 156, 158, 162, 186, 193, 230
   redução da 107
movimento 21, 173-175, 179, 183, 185, 186-188, 191, 198, 208, 212, 216, 218, 224, 226, 229
   aeróbico 194, 197
   de força 197
   efeitos sociais do 182
   formas de 189
   poder do 172
   prática de 178, 181, 187
   prevenir e tratar doenças 185
   protocolos de 188
   rotina de 175
   sincronizado 182
mudança 14, 23, 84, 96, 99, 113, 180, 207, 216, 220, 233
   contínua 92
   de comportamento 222, 235
   desejadas 213
   mudanças simples 213
   persistente 93
   produtiva 29
   significativa 113, 204, 209, 231
   tipo de mudança 32
multitarefa 58

ÍNDICE

N

natureza 195-196
negação 216
neurotransmissores 184
Nirvana 66, 68, 72, 85
notificações 61, 75

O

objetivos 225
  atingir 162
  falta de 5
observador
  efeito do 46
observador sábio 45, 82, 205
  lentes do 47, 53
  perspectiva do 46
obsessões 8
obstáculos 130, 215
ociosidade agitada 58
ocitocina 182
ocupação 73
onda de sucesso 96
orientação de marketing 154
otimização 8, 63

P

paciência 21, 88-89, 91, 93-94, 96-97, 100-101, 103-104, 107, 109-114, 137, 169, 175, 179, 209, 211, 216-217, 222, 226, 229
pacto de Ulisses 74
pai suficientemente bom 105
pandemia 10, 42
paradoxo 22, 29, 71, 126, 141, 253
passividade 18
paz profunda 5
pensamento 7, 30, 35, 38, 45, 51, 80, 116, 118, 131, 135, 172, 194, 206
  criativo 64, 184
  ilusório 149
  mágico 28
  obsessivo 186
  positivo 31, 39
  sentimentos intrusivos 8
percepção 184
perfeição arbitrária 117
persistência 97
  cuidadosa e constante 89
pertencimento 22, 143, 152, 169, 182
pessoas orientadas para soluções 168
poder 226
ponto de ajuste 15-16
pontos de atrito 220
pontos fortes 224
prática 8, 13, 16, 109, 230, 233, 236
  arte da 231
  bem-sucedida 232
  concretas 22, 73
  constante 203
  formal 45
  sagrada 161
preconceito 4
  preconceito de compromisso 99
preocupação suprema 72
presença 21, 60, 64, 67, 70-74, 77, 79, 84, 102-104, 111, 137, 169, 175, 178-179, 208, 211, 216, 221, 226, 229
  estar presente 36, 82
  nível de 76, 108
  valor da 82
presente x futuro 14
prevenção 185
  de exposição e resposta 75
princípios
  do alicerce 21
  sociais 143
  sólidos 179
processo 102, 105-106, 109, 180, 231-233
  criativo 110
produtividade 14, 84
progresso 93, 101, 110
  duradouro 89
  observável 95
prudência 16

Q

qualidade de combinação 99

R

raciocínio motivado 28
RAIN 46-47
reação 18
realidade 31-32, 41
realização 17, 20, 22, 32
  com a vida 169
  duradoura 5
  e satisfação 19
  externa 13
  humana 142
  pessoal 29
recompensas 219-223
  potenciais do sucesso 40
reconhecimento de padrões 20
redes sociais 5, 61, 75, 110, 150-153, 218, 222
  efeito das 151, 153
redes virtuais 166
relacionamentos digitais 165
religião 160-161
repetição 180
resignação passiva 29
resiliência 235
resistência 30, 217

resolução de problemas 184, 190
respeito 131
responsabilidade 223, 235
resultado 9, 32, 55, 72, 88, 93, 99, 107, 110, 130, 180, 227, 231, 234
risco 120
ritmo 192, 196

S

sabedoria 124
   antiga 21
Santo Agostinho 18
Sara Bareilles 19, 124–126, 248
Sarah True 19, 25, 44
satisfação 4, 15, 17, 19, 40, 133, 142, 153, 169, 184, 189
   baixa 32
   com a vida 31
   sensação de 165
saúde 183, 191
   basal 193
   física e mental 160, 169, 192, 194, 200
   mental 9, 16, 123, 127, 197
segurança 132, 136
   psicológica 130, 227
seleção de grupo 143
Sêneca 49, 58, 65, 84
senso comum 40, 235
senso de identidade 127
sentimento de pertencimento 142
sentimentos 10, 30, 35, 38, 45, 51, 80, 116, 118, 131, 135, 206, 210, 212, 218, 225
   intrusivos 7
simplicidade 213, 217
síndrome do impostor 126, 133, 207
situação desafiadora 50, 135
situação indesejável 48
sobrecarga
   patológica 9
   progressiva 180
sofrimento
   barreiras do 39
solidão 10, 12, 140, 144–145, 159, 169
   efeitos deletérios da 141
   percepção de 152
soluções rápidas 114
sono de qualidade 184
startups 98, 211, 226
Steven Hayes 19, 33–34
sucesso 7, 12, 14, 16, 94–96, 116, 183, 226, 234
sustentabilidade 7, 215

T

Tal Ben-Shahar 15
Ta-Nehisi Coates 97
taoísmo 17, 66, 72, 119

taoístas 130
Tara Brach 39
tecnologia digital 140, 147, 149
tempo 83, 85, 91, 103, 130, 142, 149, 154, 180, 206, 212, 235
   agradável e despreocupado 164
   falta de 132
   fixo 186
   ganhar 104
   uso do 160, 184
teoria da autodeterminação (TDA) 142
terapia cognitivo-comportamental (TCC) 16, 51
terapia comportamental dialética (DBT) 16, 51
terapia de aceitação e compromisso (ACT) 16, 35, 51
   ACT 35, 52
Thich Nhat Hanh 23, 62, 103, 169, 215, 245, 249, 260
TOC 7–8, 30, 36, 93, 115–116, 119, 133, 172
tranquilidade 102
transformação duradoura 228
transtorno do pânico 34
transtornos mentais 118
tribalismo político 10, 153

U

ultrarrealizadora 4
urgência 6, 49

V

valores 14, 37, 54, 158, 164
   compartilhados 165
   essenciais 52, 84
   fundamentais 220
vantagem competitiva 143
vantagem evolutiva 182
velocidade 91, 93, 98, 103, 110–113, 175, 180, 216
   alta 114
   segredo da 102
vergonha 48–49, 235
vício 9, 16
   comportamental 74
vida
   dupla 116
   espiritual 147, 161
   plena 120
   plena e alicerçada 125
   ponderada e consciente 133
vínculo 130
virtude 165
voluntariado 160
vulnerabilidade 21, 119–122, 125–127, 131, 134–136, 162–163, 169, 175, 181, 200, 209–211, 216, 218, 222, 226, 229
   macaco vulnerável 128

Projetos corporativos e edições personalizadas
dentro da sua estratégia de negócio. Já pensou nisso?

Coordenação de Eventos
Viviane Paiva
viviane@altabooks.com.br

Assistente Comercial
Fillipe Amorim
vendas.corporativas@altabooks.com.br

A Alta Books tem criado experiências incríveis no meio corporativo. Com a crescente implementação da educação corporativa nas empresas, o livro entra como uma importante fonte de conhecimento. Com atendimento personalizado, conseguimos identificar as principais necessidades, e criar uma seleção de livros que podem ser utilizados de diversas maneiras, como por exemplo, para fortalecer relacionamento com suas equipes/ seus clientes. Você já utilizou o livro para alguma ação estratégica na sua empresa?

Entre em contato com nosso time para entender melhor as possibilidades de personalização e incentivo ao desenvolvimento pessoal e profissional.

PUBLIQUE SEU LIVRO

Publique seu livro com a Alta Books. Para mais informações envie um e-mail para: autoria@altabooks.com.br

 /altabooks   /alta-books    /altabooks   /altabooks

CONHEÇA OUTROS LIVROS DA **ALTA BOOKS**

Todas as imagens são meramente ilustrativas.

 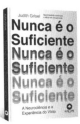

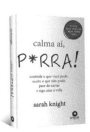 

Este livro foi impresso nas oficinas gráficas da Editora Vozes Ltda.,
Rua Frei Luís, 100 – Petrópolis, RJ.